成吉思汗的用兵之道

墨香满楼 杨爽 ——著

中国出版集团 现代出版社

图书在版编目（CIP）数据

成吉思汗的用兵之道 / 墨香满楼，杨爽著 . -- 北京：现代出版社，2021.12

ISBN 978-7-5143-9506-8

Ⅰ . ①成… Ⅱ . ①墨… ②杨… Ⅲ . ①成吉思汗（1162-1227）—传记 Ⅳ . ① K827=47

中国版本图书馆 CIP 数据核字 (2021) 第 232667 号

成吉思汗的用兵之道

作　　者　墨香满楼　杨　爽
责任编辑　刘全银　王志标
出版发行　现代出版社
地　　址　北京市安定门外安华里 504 号
邮政编码　100011
电　　话　010-64267325　64245264（传真）
网　　址　www.1980xd.com
电子邮箱　xiandai@vip.sina.com
印　　刷　三河市国英印务有限公司
开　　本　710mm × 1000mm　1/16
印　　张　15.25
字　　数　197 千字
版　　次　2022 年 1 月第 1 版　2022 年 1 月第 1 次印刷
书　　号　978-7-5143-9506-8
定　　价　45.00 元

前　言

蒙古草原曾诞生过一位让世界为之震撼的战神，他就是千古风云第一人，蒙古帝国的开创者——成吉思汗。

成吉思汗是世界历史上伟大的军事家、政治家之一。1162年，他出生在蒙古草原上的黄金家族。父亲也速该希望他成为草原上的英雄，为其取名“铁木真”。在他9岁那年，父亲被仇敌塔塔儿人毒杀，族人纷纷离去。此后，他担负起养家糊口、为父报仇、重振蒙古部的重任。六七年后，泰赤乌人对他举起了屠刀，幸运的是，在好心人的帮助下，他最终得以逃脱。19岁那年，他的妻子孛儿帖被蔑儿乞惕部人抢走。少年时期的铁木真，经历了背叛、劫掠、陷阱，现实给予他的是野蛮、残忍。

为了救回妻子孛儿帖，铁木真打响了人生中的第一场战争，并大胜而归。1189年，他成为蒙古的可汗。1190年，昔日的安答札木合对他发动了十三翼之战。后来，他大败，部下被札木合煮杀。但札木合不仁义的行为，致使他众叛亲离。铁木真虽败犹胜，他含羞忍辱，不断扩大自身势力，声望也得到了空前的提高。铁木真很快压服了仇敌塔塔儿人，诛杀了叛徒主儿乞人，攻下乃蛮部，消灭了泰赤乌部，征服了克烈部，并踏平了蔑儿乞惕部为妻子孛儿帖报仇，最终统一了蒙古草原，成为草原上的霸主。铁木真正式以“成吉思汗”的尊号一统草原。

告天即位后，成吉思汗开始编组千户、制定“札撒法律”、创建蒙古文字等，极大地推动了蒙古文明的进程。成吉思汗为了扩大自己的版图范围，把目光投向了中原地区，先后征服了西夏、畏兀儿、哈剌鲁、金国等。为了发展蒙古的经济，成吉思汗与西方强大的花剌子模国进行商业往来，于是派出500人的商队。但花刺子模国肆无忌惮，劫杀了他的商队。为了报仇，成吉思汗的铁骑历经三年时间踏平了花刺子模国，并横扫伊朗、印度、阿拉伯、俄罗斯等国家，创建了一个横跨欧亚大陆，从西伯利亚到波斯湾、从波罗的海到太平洋的大蒙古帝国。

成吉思汗戎马生涯近 50 年，依靠一批骁勇善战的将领、足智多谋的谋士，利用了蒙古骑兵的优势，创造了震惊世界的业绩，从而对中国历史乃至世界历史都产生了巨大的影响。

成吉思汗善于治军。他手下的蒙古军训练有素、纪律严明、勇猛善战，可谓人类历史上战斗力极强的军队之一；成吉思汗用兵如神。他不仅善于发挥马背上的民族所特有的骑兵优势，还勇于吸收新的战法，化敌长为己长。每一次征战，或佯攻智取，或迂回突袭，或避实击虚，或扬长避短，或速战速决，无不绽放着智与勇的璀璨光芒。

这是一部关于成吉思汗的人物传记，本书以大量的历史资料为基础，本书结构紧凑，资料翔实，故事情节异彩纷呈，环环相扣，气势磅礴，扣人心弦，以全新的视角向读者展示了成吉思汗波澜壮阔的一生。

目录 Contents

第一章

草原英雄的崛起

出其不意，毒杀也速该

铁木真有着先甜后苦、跌宕起伏的童年。父亲是蒙古部的首领，对他寄予了厚望，希望他能成为蒙古草原上的英雄。童年时候的铁木真是幸福的，但是很快，不幸降临。父亲被仇敌塔塔儿人设计毒杀，族人纷纷背叛了铁木真一家，让他们体会到现实的残酷。

1162 年，铁木真出生在斡难河上游的一个蒙古包中。当时，他的父亲也速该刚与塔塔儿人结束战斗凯旋。得知自己当上了父亲，他便用刚俘获的塔塔儿人部首领铁木真兀格的名字为儿子命名。

在蒙古语中，“铁木真”是“像铁一般坚强”的意思，而且用强大的敌人的名字为自己的孩子取名是他们的习俗。沉浸在兴奋之中的也速该抱起了自己的儿子，当他掰开小婴儿紧握的拳头时，发现小铁木真的掌心有一个血块，如同苏鲁锭长矛形状的血块。

“诃额仑，你真了不起，给我生了一个手握苏鲁锭长矛的儿子。将来他一定会成为草原上的战神。”也速该欣喜若狂。

诃额仑最初只是希望儿子能够平安健康地长大，儿子一出生就染上了战争的血腥，未免有些太过残酷。但她转念一想，草原上一直都征战不断，在弱肉强食的生存法则下，战争是人们活下去的一种手段。要想更好的生存，那就必须接受战争的洗礼，成长为真正的勇士。

很快，乞颜部首领也速该的长子手握凝血而生的消息传遍了整个蒙古草原。草原上不少部落的使者纷纷向也速该道贺，有诃额仑的娘家弘吉剌部，有与蒙古部友好的克烈部……

当克烈部的首领脱斡邻勒汗见到铁木真时，他还是一个不会走路的婴儿。脱斡邻勒汗看到铁木真一直盯着自己，就拿出了给铁木真准备的礼物——羊奶做成的糖块。但铁木真并没有去拿，相反还哭了起来。脱斡邻勒汗见此一时手足无措起来，只好抱起了铁木真。这时，铁木真一把抓住了脱斡邻勒汗手腕上一个刀形配饰，怎么也不松手。脱斡邻勒汗惊讶地说：“我的长生天，这孩子一定是你送来的战神，不然怎么会一直抓着我的护身符呢？”说完，他便把刀形配饰取了下来，送给了铁木真，铁木真这才咯咯地笑了起来。他对也速该道：“我的也速该兄弟,你这孩子长大后必然会成为草原上的英雄。他不爱小孩儿喜欢的糖果，而喜欢勇士的佩刀。”

“草原上的孩子都是拿刀枪当玩具，我这个儿子自然也一样。”也速该哈哈大笑起来。

少年时期的铁木真并没有辜负父亲对他的期望。他前额宽阔，体格和力气远在一般孩子之上。如果没有意外发生的话，很多年之后，铁木真会继承他父亲乞颜部首领的位置。不过，世事难料，意外还是毫无预警地发生了。

转眼间，铁木真就 9 岁了。一天中午，诃额仑对也速该说：“我们的大儿子铁木真这阵子正在玩娶亲游戏。我们是不是应该给他定一门亲事呢？”

也速该听后问侍从：“你觉得铁木真是一个男子汉了吗？”

“和自己的弟弟们相比，铁木真是拔尖的。与草原上的少年相比，他也是出类拔萃的。”侍从如实地回答道。

也速该面露微笑地对妻子诃额仑说：“合撒儿勇气可嘉，但智慧不足；合赤温虽然有智慧，但胆小如鼠；帖木格是平庸之辈。只有铁木真有勇有谋，今年是一个吉年，我打算为他招一门好亲事。”

在妻子诃额仑的推荐下，也速该准备去她的娘家——弘吉剌部为儿子物色一位妻子。

1171 年秋天，大草原呈现出了美丽的金黄色。也速该带着儿子铁木真坐在马车上，翻山越岭，终于来到了老相识德薛禅家中。

“也速该首领，一向可好哇？你们父子不远千里来这里是为了什么事情？”德薛禅开门见山地问道。

“我想为儿子寻一门亲事。”也速该直截了当地答道。

德薛禅打量了一下铁木真，觉得他仪表不俗，将来一定有出息，他决定把女儿许给铁木真。不过，直截了当地说未免显得自己太过于心急，所以，这种事情必须要从长计议。他思考了很久，终于想到了一个办法。

德薛禅对也速该神秘地说道：“昨天晚上，我做了一个梦，梦见一只海冬青，一只爪子抓着太阳，另一只爪子抓着月亮，落到我的手掌上。海东青是我们草原上的英雄，而太阳和月亮是草原部落的可汗和皇后。今天你就带着儿子来到了我家，让我不得不相信这是长生天的安排。”当然，这些话是德薛禅为了撮合铁木真和女儿而临时编出来的。

“这和我儿子有什么关系吗？”也速该一脸的疑惑。

“当然有关系了，我女儿孛儿帖也到了该定亲的年纪了，你何必舍近求远呢。”德薛禅郑重其事地说道。

也速该思来想去，最终决定答应德薛禅的要求。也速该没想到这么快就为铁木真定了一门亲事，当父子二人见到了眉清目秀、清新脱俗的孛儿帖时，两人都心生满意。

次日清晨，也速该正式向德薛禅提亲，连求三次德薛禅才答应。当然，并非德薛禅在摆谱，而是草原上的规矩。这个规矩意在表明想要得到任何东西都要经历挫折，如此才能好好地去珍惜，包括娶妻。如此一来，铁木真便有了妻子。不过按照蒙古草原的习俗，他需要在老丈人家中待够一年，干点活儿，然后才能将孛儿帖带回乞颜部。

三天过去了，也速该也该回去了。临走前，他对德薛禅说："我这儿子十分调皮。如果他不听话，你可以用鞭子抽他。别看他人高马大的，但最怕狗，请不要让狗吓到他。"

"最怕什么？"德薛禅有点不相信自己的耳朵。

"狗，铁木真最怕狗。"也速该一字一顿地说。

德薛禅看了铁木真一眼，然后冲也速该点了点头。

铁木真依依不舍地看着父亲骑马远去，两人都没料到，这一次分开竟成了永别。

在返回的路上，也速该和侍从遇到了一群正在野炊的陌生人。按照蒙古草原上特有的礼仪：遇到别人举行宴会时应该加入。也速该也遵守着这个礼仪，很快加入其中，和这群人尽情地吃喝起来，丝毫没有注意到他们眼中的不善。

也速该遇到的这群陌生人是塔塔儿人，而且部落中几个老者曾经见过他，所以，一眼就认出了这个乞颜部的首领来。他们来到族长身边，悄悄汇报："首领啊，你知道这人是谁吗？他便是9年前杀死铁木真兀格首领的人。"族长心中一惊，几人商议之后，决定借这次机会除掉也速该。

当酒宴半酣时，一个坐在宴席角落的小侍从向也速该敬了一杯下了毒药的马奶酒，然后仓促离去。没有丝毫防备之心的也速该开心地将毒酒一饮而尽。等药效缓慢发作时，也速该主仆二人已经在再次启程的路上。他感觉到腹部疼痛难忍，顿时明白已经中了塔塔儿人的奸计。

"我觉得我快要死了，但不见到家人我不会瞑目。"也速该对侍从说道。

侍从吓坏了，"首领，你不会有事的，不会的……"侍从一边说一边用鞭子狠狠地抽向了马匹。

也速该回到营地时再也支撑不下去了，口吐白沫，两眼无神。诃额仑吓坏了，不知道该怎么办才好。在身边人的建议下，她找来了大夫，但为时已晚。也速该轻轻地对诃额仑说："我命不久矣，去把几个孩子叫来，还有蒙力克。"

等孩子们和蒙力克到来时，生命垂危的也速该对孩子们说道："我的孩子们啊，今后一定要听你母亲的话，还要听蒙力克先生的教诲。"

也速该把头转向蒙力克说道："我的几个孩子都还小，我担心死后他们会陷入危险的境地。还有，铁木真在弘吉剌部的德薛禅家中做女婿，你快去把铁木真叫回来。"

蒙力克立马冲出了蒙古包，不分昼夜地赶往弘吉剌部。到了德薛禅的家中，由于担心对方退亲，蒙力克机灵地说道："听说铁木真会在这里待上一年时间，他的母亲十分想念，让我来领铁木真回家。过几天，我再把铁木真送过来。"

"才离开几天就这般思念？"德薛禅诧异地问道。

"是呀。你也知道，铁木真将来是要做继承人的，是父母最疼爱的孩子。"蒙力克继续抖机灵。

"好吧，既然这般想念，那就把铁木真带回去吧，记得将我的好女婿送回来。"

于是，蒙力克将铁木真接回了位于斡难河上游的不儿罕山营地。

"父亲，我回来了。"铁木真一进门就喊道。

"铁木真，你可回来了！"诃额仑大哭着喊道。

铁木真向父亲的床榻走去，这时也速该突然睁开眼睛，说道："铁木真，记住，我是被塔塔儿人毒死的。今后无论谁当了首领，只要见了塔塔儿人高于车轮的男子，一律杀死。"话刚说完，也速该紧握拳头死去了。

铁木真惊呆了，陷入了巨大的悲痛中。正当一家人陷入无限悲伤中不能自拔时，也速该担心的事情也发生了。

在蒙古草原上，部落之间为了牛羊、马匹、地盘不断征战，所以，充满了陷阱、背叛、劫掠和屠杀，只有生存的利益。一个部族的首领首先要考虑的就是让部落的人喝上酒、吃上肉。睿智的诃额仑想到丈夫死后会遭到联盟的背叛，但没承想，一切都来得那么快。

在也速该死去的当天，泰赤乌部首先起哄："今天也速该首领去见长生天了。我们应该从众多部族中选出一个首领来。一直以来，泰赤乌部是蒙古最为强大的部落，是最有能力领导蒙古各部的。"

泰赤乌部的几个领导人是也速该的堂兄弟，一直都是也速该的跟随者。诃额仑没有料到他们会率先起哄，实在让人意外。但令她更没想到的是，整个蒙古部正酝酿着一场更残酷的权力斗争，他们的目标正是诃额仑母子几人。

在也速该去世 4 个月后，蒙古草原上迎来了春天，满眼的翠绿，空气中弥漫着花香。但蒙古部没有人有心思去欣赏这美丽的春天，每个人都在为自己的生存担忧。

某天，一个十来岁的孩子从泰赤乌部营地中跑了出来，冲进了诃额仑的营帐中，大声说道：“诃额仑夫人，明天部落中要举行祭祖典礼。你早做准备。”诃额仑听后立马赏给了小孩儿一块糖。等小孩儿跑开后，诃额仑才意识到没有问祭祖的地点。

一直以来，所有蒙古贵族都要参加祭祖典礼。祭祖典礼结束后，参加祭祖的人会分得祭品。对于蒙古贵族来说，这些祭品的象征意义远大于实际意义，预示着他们是蒙古黄金家族中的一员。

到了第二天，诃额仑早早地起了床，带着铁木真朝往日的祭祀地点走去。路上，一个人告诉他们：“这次祭祀地点在斡难河西头。”

得知消息后，诃额仑改变方向，朝西奔去。等到达地点时，诃额仑才发现原本应该属于他们的位置已经被塔里忽台抢占了，但只剩孤儿寡母的他们是没有发言权的，所以，只能敢怒不敢言。

等祭祀结束后，原本安心等待的诃额仑母子却没有分到祭品。显而易见，这是对他们母子的羞辱。诃额仑走上前去，质问两位主持——俺巴孩汗的两位妻子：“为何祭祀不通知我？”

两个老太婆一脸的不屑，没有吭声。

诃额仑接着质问道：“也速该是死了，但他的儿子们还会长大。祭品人人有份，为何不分给我们？你们有什么权力把我们排除在外？”

诃额仑原本以为自己的据理力争会镇住这两个老太婆，但她高估了自己的影响力。正像她说的那样，也速该死了，他的儿子们也还没有长大。而草原是一个强者为尊的地方，如果你能带着大家过上好日子，大家会死心塌地地跟随着你。等某天你不再强大时，大家也会毫不留情地抛弃你。因此，诃额仑的话还没有说完，两个老太婆开始反驳：“我们凭什么邀请你，你有什么权利分得祭品。我们现在就迁走。大家各奔前程吧。”

看着眼前的场景，泰赤乌部的首领塔里忽台说道：“本来就应该由我们泰赤乌部人来做首领。既然要分道扬镳，我塔里忽台第一个赞成。泰赤乌部的子民们，我们迁徙吧。”

诃额仑止不住内心的愤怒，却也无可奈何，她转头带着孩子们离开。“母亲，我们不用求他们，总有一天，他们会来求我们的。”铁木真安慰母亲道。

第二天，塔里忽台便率领泰赤乌部拔寨而去，抛弃了诃额仑母子。塔里忽台不仅带走了本部，还带走了包括乞颜部在内的其他部落的人。也速该成就的统一大业付诸东流。

蒙力克的父亲察剌合气不过，翻身上马，追上了泰赤乌部。他死死地拉住塔里忽台的缰绳，恳请他们不要抛弃诃额仑母子。

“今日深水已经干涸，坚石已经破碎。我们失去了保护伞，这样的生活是没有保障的。还不如早早散去，各自安好。我警告你，你赶紧滚开，不然对你不客气。”塔里忽台说道。

察剌合愤怒地喊道：“你们这群忘恩负义的家伙，会遭雷劈的。”

塔里忽台拿起手中的长矛，朝察剌合刺了过去。察剌合倒在了地上，血流如注。塔里忽台视而不见，带领着队伍扬长而去。

察剌合身受重伤，回到诃额仑的营帐中时已经快不行了。铁木真见状一边哭泣一边说：“我的好公公，是什么人刺伤了你？”这个时候的铁木真已经深切体会到现实的残酷。

诃额仑看着奄奄一息的察剌合，顿时心中涌起了一股愤懑之情，她手拿九尾大纛，翻身上马，快速地追上了泰赤乌部。她拦住了塔里忽台，说道：“你们这么快就忘了与也速该在一起的誓言了吗？你们对得起养育你们的斡难河吗？你们现在背叛了当初的誓言抛弃了他的后代，就不怕遭受长生天的惩罚吗？”

这个时候，铁木真也从马背上跳了下来，苦苦哀求道：“各位叔叔伯伯，请你们不要离开我们，蒙古部落需要你们，请看在我父亲的分儿上，留下来吧。”

诃额仑母子俩的话起到了短暂的效果，让不少人低下了头，也差点镇住了塔里忽台。但是，他已经下定决心抛弃诃额仑一家，立刻说道：“什么誓言？同生共死吗？也速该已经死了，难道让我们也去死吗？”

诃额仑气得浑身直打哆嗦，却也无可奈何，塔里忽台生怕她继续煽动部众，所以，一狠心，继续率领众人向前出发。诃额仑的话也起到了一些作用，一部分乞颜部人留了下来。

但这并不是胜利的曙光，而是回光返照。仅仅过了半个月，在塔里忽台的挑拨离间下，之前留下来的乞颜部人再次趁夜抛弃了诃额仑一家。让诃额仑更为气愤的是，也速该的心腹——“托孤大臣”蒙力克也离开了他们。

自力更生，艰苦的少年时代

在父亲也速该死后，铁木真一家遭受了族人的背叛，过上了朝不保夕、艰辛

的生活。但他们并没有被面前的苦难吓倒。在艰苦的磨难中，铁木真迅速成长为一个健壮、有着惊人人格魅力的人。

面对所有人的离开，诃额仑召开了家庭会议，参加会议的成员有铁木真与同胞的弟妹：合撒儿、合赤温、帖木格、帖木仑，两个同父异母的弟弟别克帖儿、别勒古台，还有别母（也速该的小妾）速赤格勒以及两个女仆。

诃额仑说："现在我们穷得只剩下两个蒙古包了，如果我们想要在草原上生存下去就需要一个壮实的劳动力。但你们岁数太小，而我又是一个女人。目前有两个办法：一个是我们厚着脸皮去投靠塔里忽台，再一个就是自力更生。"

听完之后，大家都沉默了。最终，铁木真打破了沉默，对母亲说道："塔里忽台就是一个畜生。我们去投靠他干什么？还是自力更生吧。母亲，只要我们团结起来，就没有过不去的坎。"

诃额仑看着目光坚定的儿子，内心很是安慰。但是，很多事情说起来容易做起来难，诃额仑带着一家人开始了艰辛的流浪生活。为了养活一家人，不会打猎的诃额仑像一个野人般到处采摘野果子、挖野菜给孩子们填肚子，哪怕是鸟儿都不吃的野果子都不放过。

为了替母亲分忧，铁木真和弟弟们常常会去河里抓鱼、射击树上的小鸟。就这样，诃额仑一家过着吃完上顿愁下顿的生活。

在诃额仑的期待中，铁木真一天天地长大。作为兄弟姐妹中的老大，铁木真很早之前就产生了"长兄如父"的想法。虽然他并不知道如何教育弟弟们，却经常给大家打气："现在的困难只是暂时的，只要我们团结下去，肯定能战胜泰赤乌部，重振乞颜部。"

就在诃额仑一家艰难度日时，他们的敌人泰赤乌部不断地发展壮大。

自从抛弃铁木真一家后，塔里忽台过了几年舒坦的日子。一天，他突然想起他们，问身边的人："诃额仑一家人是不是已经饿死在斡难河啦？"

"应该是吧。"属下不确定地说道。

不过，另一名属下却道："诃额仑一家还活得好好的，尤其她的长子铁木真，已经成长为一个健壮的小伙子了。"

塔里忽台立马忐忑起来，自语道："在也速该还健在的时候，我已看出铁木真是一个不凡之人。等他长大成人，一定会是我泰赤乌部的心腹大患。所以，必须除掉他。"

就这样，一支二十人的骑兵团队快马加鞭地冲向了诃额仑母子所在的营地。

当时的铁木真和几个兄弟正在放牧。合撒儿最先看到远处山坡下尘土飞扬，于是纵马向前，发现为首的正是仇敌塔里忽台。他大惊，立即掉转马头，向铁木真说明情况。铁木真让合撒儿赶紧去给母亲通风报信，让大家逃到山林中去，他自己殿后。

等塔里忽台赶到时，铁木真一家已经逃到山林中了。神箭手合撒儿挡在森林入口处，连放几箭，吓住了惜命的塔里忽台。

“我们要的是铁木真，其余人一概不杀。”塔里忽台使用了离间计。

“大哥，他们要捉你，快跑。”合撒儿和别勒古台冲铁木真喊道。

“关键时刻，我怎么能抛弃你们于不顾呢？”

“你没听见吗？他们只抓你。你走了，就相当于拯救了大家。”

铁木真仔细一想，还真是。于是，他翻身上马，钻入森林中。塔里忽台见铁木真已经逃进深山之中，就让部将守住森林出口守株待兔。

铁木真在深山中待了三天三夜，估计泰赤乌人已经走了，就牵着马匹出来了。等快到山口时，他发现马鞍掉了下来，“刚才还好好的，怎么突然滑落了呢？一定是长生天在警示我，敌人还在外面。”于是他小心翼翼地返回到森林中，这一躲又是三天三夜。他又饿又渴，只能啃啃树叶、小草。到了第七天，他估计敌人已经走了，再次走到山口，却发现一块白色的巨石挡住了去路。他大惊：“这还是长生天在警示我，不让我出去呀。”

于是，铁木真再次返回森林中，又吃了三天树叶、小草。到了第九天，铁木真又来到山口，一看巨石不见了，心中狂喜：“巨石不见了。这是长生天在告诉我，敌人已经撤走了。太好了，终于可以离开这个鬼地方了。”

铁木真翻身上马，准备冲出森林。就在从森林中冲出的那一刹那，他重重地摔倒在地，他的马匹被什么东西绊倒了。

泰赤乌人很快围了上来，对他拳打脚踢。

“你这个小兔崽子，还挺有毅力的，居然在里面躲了 9 天。”

就这样，铁木真被五花大绑了起来。塔里忽台又下令道：“给他套上枷锁，各个营寨轮流看守。让他看看我泰赤乌部在离开他们家后发展如何。”他打算祭祀宴会结束后立马杀掉铁木真。

塔里忽台时常举行各种宴会，自从铁木真来了后，宴会的内容多了一项，那就是展览铁木真。

塔里忽台总是对参加宴会的人说：“你们看，这就是也速该的长子铁木真。接下来，我们为他的潦倒干杯。”

每当这时，囚笼里的铁木真总是恶狠狠地盯着这些人，心中暗暗发誓："我一定会报仇，将来剥你们的皮，抽你们的筋。"

自从父亲也速该去世后，铁木真受尽了折磨，感觉幸运之神已经不再眷顾他了。就在他心灰意冷的时候，事情出现了转机。

这天，铁木真由锁儿罕失剌一家看管。锁儿罕失剌一家人都十分善良，看到铁木真戴着枷锁的模样于心不忍。在深夜时分，他的两个儿子赤老温和沉白为他取下了枷锁。这天晚上，铁木真睡了一个好觉。次日，铁木真向锁儿罕失剌一家表达了感激之情。锁儿罕失剌嘱咐铁木真道："我们给你摘下枷锁的事情，你一定要保密。不然塔里忽台肯定会要我们家人的命。"

铁木真点了点头，赤老温和沉白兄弟俩很是同情他的遭遇，却也无可奈何。

祭祀宴会的日子一天天临近，铁木真知道塔里忽台要拿他的脑袋祭天，于是一直在焦灼地寻找逃跑的机会。

几天后，塔里忽台照例举行盛大宴会。在被展览完之后，铁木真由一个瘦弱不堪的小伙子看管。他闭上眼睛，假装睡觉，大脑却在飞速地运转着。

等小伙子不注意的时候，铁木真举起手中的枷锁，朝他脑袋狠狠砸去。小伙子一声不吭地倒在地上，等他醒来的时候，大家才发现铁木真已经逃跑了。

此时的铁木真马不停蹄地逃跑，但很快意识到，泰赤乌部人数众多，轻而易举就能追上他。当路过斡难河时，他看到了河边的芦苇丛，便跳了进去。

很快，泰赤乌人便搜到了芦苇丛这里。正在他心惊胆战之时，命运之神眷顾了他，他听到有人轻轻地喊道："铁木真。"铁木真抬头一看，发现是锁儿罕失剌。

锁儿罕失剌看了看周围发现没人，便蹲下来对铁木真说："就是因为你智勇超群，塔里忽台才要置你于死地。他要是有你一半的智慧，就不会尽干些蠢事了。你躲在这里不要动。我不会告诉任何人的。"

铁木真抓住了这根救命稻草，说道："你的大恩大德，我永生不忘。"

锁儿罕失剌刚想说什么，突然听到后面的吵吵嚷嚷声。他立马站了起来，一脸的平静，迎向那群人说道："我已经细细搜索这个地方了，没有人。"

大家都知道锁儿罕失剌是一个敦厚之人，都深信不疑，于是都离开了。看见周围没有人，锁儿罕失剌蹲下来，说道："他们还会杀个回马枪的，你赶紧逃吧，逃到你母亲那里。"说完，他也赶紧离开了。

铁木真很快意识到一个问题，那就是他身上戴着枷锁，根本逃不出忽里塔台的手掌心。于是，他决定寻求锁儿罕失剌的帮助。

当铁木真出现在锁儿罕失剌面前时，锁儿罕夫剌大吃一惊，说道："我不是让你去找你母亲吗？你怎么跑到这里来啦？”

“恩人，我现在已经走投无路了。”铁木真垂头丧气地说，锁儿罕失剌听后只是叹了一口气，没再说话。

这个时候，锁儿罕失剌的两个儿子赤老温和沉白闻声从屋内走了出来，说道：“这不是铁木真吗？”他俩马上把铁木真拉进屋内，关上了门，说道：“如果鸟儿被老鹰追赶，无论是草地还是丛林，都能让其躲藏起来，难道我们几个人还不如草木吗？”

说完，赤老温和沉白帮铁木真除掉了身上的枷锁，并将其烧毁。锁儿罕失剌为铁木真端来了食物，担忧地说：“明天，塔里忽台一定会对蒙古包进行全面搜查。”

沉白忙道：“那现在给铁木真一匹好马，让他趁今天晚上逃走。”

锁儿罕失剌回答道：“笨蛋，现在到处都是站岗、搜寻的人，要怎么逃？”

赤老温说：“等他们有所松懈的时候再逃吧，这两天我们就让铁木真藏在羊毛车中。”

锁儿罕失剌思索了一下点了点头，只能这样了。几天后，塔里忽台的搜索队到了锁儿罕失剌的蒙古包前。

锁儿罕失剌的小女儿合答安立马把铁木真带进了羊毛车中，搜索队搜寻了整个蒙古包，象征性地用长矛戳了几下羊毛车，然后离开了。

铁木真在羊毛车中躲了整整一天，一出来，便向合答安表达了感激之情：“你们的恩情我会铭记一辈子的。日后你有什么难处，请找我铁木真。我一定会来保护你的，记住了。”

合答安腼腆地笑了：“你还是先逃命吧。”

锁儿罕失剌吓出了一身冷汗，于是为铁木真准备了一匹马、一些粮食，说道：“铁木真，趁着搜寻刚结束，你还是赶紧逃吧。”

一路上，铁木真再也没有遇到搜索队。当返回家中时，他激动地叫喊着：“母亲，合撒儿……”

“大哥回来了，大哥回来了。”一个熟悉的声音传入了铁木真的耳中。

说话的正是自己的幼弟帖木格，铁木真一个箭步冲了上去，抱起了自己的弟弟。

“铁木真，真的是你吗？感谢长生天保佑我儿子平安归来。”诃额仑流下了激动的泪水。

一家人团聚之后，经过商议决定搬走，最终来到了不儿罕山山脚下。

几年后，铁木真 16 岁时，家中已经有了 9 匹马——1 匹老驽马和 8 匹银合马。铁木真和弟弟们十分喜欢它们，每天精心喂养，把它们喂得膘肥体壮。有一天，铁木真照样去给马儿们喂饲料。一打开马棚，他发现 8 匹银合马不翼而飞，只剩下那匹年迈的驽马，顿时着急起来。

铁木真大声喊道："兄弟们，我们的马被人偷走了，快去抓盗马贼。"

丢了马，就如同断了全家人的活路。其他兄弟都哭丧着脸，只有铁木真眼睛喷火，平静地说："你们守好家，我去追。"

说完，铁木真身背弓箭，翻身上马。铁木真单枪匹马追了三天两夜，也没有发现盗马贼的踪迹。这天，他稍稍休息了一会儿，然后继续上路。突然，远处出现了一群马。在马群中，他发现了一个衣着干净整洁的英俊少年正在放牧。

那少年见到了疲惫不堪的铁木真，关切地问道："小兄弟，你急着赶路吗？"

"有人偷了我家 8 匹银合马，你看见了吗？"铁木真气喘吁吁地问道。

"是有人赶着一群马经过这里，但你骑着这匹老马是追不上的。"少年说道，"这样吧，小兄弟，咱俩骑我的马一起去追。"

"兄弟如此仗义，实在是感激不尽。我叫铁木真，你呢？"

"我叫博尔术。"

在路上，两人一边骑马，一边闲聊。铁木真这才知道少年是附近大富豪纳忽的儿子。

"博尔术，你是个英雄。等我追回马匹后，你去我家做客吧。"

"铁木真，我早就听说过你的大名，咱们结为兄弟吧。"

两个少年彼此看了对方一眼，都把对方深深记在了心里。

某天清晨，博尔术和铁木真下马察看盗马贼的踪迹。博尔术看着地上的踪迹，开心地说："铁木真兄弟，我敢肯定盗马贼离我们不远。我们快马加鞭，马上就能追上了。"在前行过程中，当博尔术发现铁木真的干粮已经吃完时，立马把自己仅剩的一块牛肉递给了铁木真，这让铁木真颇为感动。

到了第六天晚上，他们终于追上了盗马贼，铁木真一眼就认出了自己家的 8 匹银合马。

"博尔术，他们人多势众，我担心打不过。"铁木真说道。

"不用打，他们用偷，我们也可以用偷哇。你把马赶出来，先走，我来断后。"

夜晚时分，他俩趁盗马贼们喝酒猜拳之际将马偷了出来。等盗马贼发现时，铁木真已经走到了营帐外。双方搭箭对射了一会儿，由于盗马贼心虚，不知道铁木真他们的底细，最终没有追上来。

一路上，两人相谈甚欢。经过博尔术家时，他热情地邀请铁木真去他家做客。

第二天，铁木真要回家了，博尔术并没有挽留，因为他知道铁木真的母亲此时一定担心坏了。

为了感谢博尔术，铁木真想送给他 4 匹马，但被博尔术坚决地拒绝了。他对铁木真说："我是因为同情你的遭遇才帮助你，而不是为了你的财产。再说我家的马有很多，怎么能要你的马呢？"

铁木真很是不舍，紧紧地握住了博尔术的手。博尔术说："铁木真兄弟，你是蒙古的希望。将来如果要干一番大事业，千万不要忘了我，我一定会坚决地拥护你。"

几年后，当铁木真的势力不断发展壮大时，博尔术带着家产投靠了铁木真，成为他最忠实的部将。

拉帮结盟，拯救孛儿帖

经过几年的休养生息，铁木真一家生活稍稍有些起色，诃额仑便让铁木真迎娶了孛儿帖。但是，不幸再次降临，蔑儿乞惕部抢走了孛儿帖。为了救回孛儿帖，铁木真拉拢克烈部的脱斡邻勒汗和札答阑部的首领札木合，对蔑儿乞惕部发动了战争。

在盗马事件告一段落之后，铁木真一家终于过上了风平浪静的生活。时间飞逝，铁木真也从孩子成长为一名壮硕的少年。诃额仑一家拥有了好几处蒙古包，不少的牛、羊、马以及骆驼。

看着已经长大成人的铁木真，诃额仑做出了一个让全家人都开心的决定——给铁木真娶妻。

于是，铁木真收拾一番后去了岳父德薛禅的家中，并见到了已经成长为窈窕淑女的孛儿帖，十分激动。

德薛禅很快给铁木真和孛儿帖操办了婚宴，并给孛儿帖提供了惊人的嫁妆。嫁妆包括 20 多匹马、100 多头羊、10 多头牛以及一件价值千金的黑貂皮袄。

新婚不久，铁木真想进一步壮大自己的实力，重振乞颜部，于是开始寻求强大的后援。铁木真第一个想拉拢的人便是父亲也速该的旧友——克烈部的脱斡邻勒汗。

为了不被拒之门外，铁木真拿出了妻子孛儿帖嫁妆中那件价值连城的黑貂皮袄。在图拉河黑林边缘，铁木真见到了脱斡邻勒汗。

一见到脱斡邻勒汗，铁木真便恭恭敬敬地献上了那件黑貂皮袄，然后称自己很早就想拜见父亲最好的兄弟，这些客套话让脱斡邻勒汗很是舒心。

脱斡邻勒汗立马试穿了那件黑貂皮袄，开心得合不拢嘴，对铁木真说："我可以帮你聚拢族人，你是我也速该兄弟的儿子，那么就当我的义子和臣子吧。"

铁木真等的就是这句话，后来的事实证明，正是由于脱斡邻勒汗的支持，铁木真才战胜了蒙古其他部落，成为蒙古族的可汗。这次结盟的成功，给铁木真重振乞颜部带来了新的希望。

这时，铁木真还结识了另外一个强大的盟友——札答阑部首领札木合。

事实上，早在铁木真 11 岁那年，两人就认识了，并结为安答，还建立了深厚的友情。

当诃额仑一家搬走后，两位安答便失去了联系。等再次来到黑林的时候，铁木真又意外地遇到了札木合，而此时的札木合已经是札答阑部的首领。两人再次结盟，并发誓："肝胆相照，患难与共。"

就在铁木真四处结盟的时候，厄运再次降临。

一天，天刚蒙蒙亮，诃额仑的老仆人豁阿黑臣隐隐约约听到了马蹄声。这位老太太立马趴在地上，听了一会儿，然后冲进营帐中大喊道："大家快起来，有人偷袭。"

听到喊声后，铁木真立马从床上跳了起来，找到博尔术，让他了解一下敌情。

博尔术把耳朵贴在地上，说道："估计有上千人，但不是从泰赤乌部的方向来的，很可能来自蔑儿乞惕部。我们现在只有 100 人，是战是走，铁木真，快做决定。"

铁木真一听，思虑了一会儿，决定先撤离。铁木真命令一下，族人们一哄而散，当敌人到来时，营地一个人都没有。

豁阿黑臣的牛车行驶得比较缓慢，所以，蔑儿乞惕部人拦住了她的牛车，问道："你是什么人？"

"我是铁木真家的女仆，刚替主人剪完羊毛，现在正准备回家。"豁阿黑臣镇定地说道。

"铁木真家在哪里？"

"就在那里，不远。"豁阿黑臣用手一指。

蔑儿乞惕部人掉头就走，豁阿黑臣长长地松了一口气，小声对藏在羊毛里的孛儿帖说："我们已经安全了。"

孛儿帖忐忑不安地说道："快走。"

豁阿黑臣用鞭子狠狠地抽向牛背，不料，在前行过程中，牛车陷入了一条小沟里，突然咔嚓一声，车轴断了。

蔑儿乞惕部人又掉头回来，问豁阿黑臣："车上装的是什么？"

"羊毛。"

蔑儿乞惕部人跳下马，翻腾着那堆羊毛，很快就看到了年轻貌美的孛儿帖。

"兄弟们，二十年前的仇终于可以报了，这是铁木真的妻子孛儿帖。"一个蔑儿乞惕部人喊道。

很快，这群蔑儿乞惕部人抢走了孛儿帖，然后向自己的营地撤退。

当知道是蔑儿乞惕部人时，诃额仑便叹息道："真是因果报应啊。"

为何蔑儿乞惕部要抢劫乞颜部呢？这要从铁木真的父亲也速该说起。当时蒙古草原流行抢亲（把别人的妻子抢走当自己的妻子）。铁木真的母亲诃额仑就是也速该从蔑儿乞惕部首领脱黑脱阿的弟弟也客赤列都手中抢来的。

等蔑儿乞惕部人彻底走远后，铁木真这才带领大家从不儿罕山中走出来。看到凌乱不堪的营地后，他悲痛万分，并在山脚下跪了下来，说道："感谢长生天让我们躲过了这场劫难，我发誓一定救回孛儿帖。"说完，他便面对太阳，将腰带解开，挂在脖子上，左手举起帽子，右手搁在胸口处，对太阳行跪拜之礼，并洒下马奶酒。

在蔑儿乞惕部落营地上，首领脱黑脱阿看着孛儿帖，想起她的婆婆——诃额仑，然后想起了已经死去的弟弟也客赤列都，顿时伤感起来。他把弟弟赤勒格儿叫了过来，说道："她是铁木真的妻子，现在赏给你了。"

赤勒格儿想不到自己还能得到这么一个美貌的妻子，十分开心地将其带回营帐中……

这个时候的铁木真满心只有一个想法，那就是抢回自己的妻子。但是，蔑儿乞惕部落人多势众，实力强大，而铁木真势单力薄，根本无法与之抗衡。想来想去，他想出一个办法，那就是向克烈部的脱斡邻勒汗求助。

次日，铁木真、别勒古台以及合撒儿来到克烈部的营地，请求脱斡邻勒汗给予支援，帮忙夺回孛儿帖。脱斡邻勒汗沉思了一会儿，说道："蔑儿乞惕部竟然敢抢我儿媳妇，我定会灭了他们。"

铁木真听后万分感激，深情地说道："在我心中，一直都有两个父汗，一个是我父亲也速该，另一个便是您了。"

脱斡邻勒汗听后深受感动，柔和地建议道："蔑儿乞惕部人骁勇善战，稳妥起见，你最好再找个伙伴。”

铁木真想了想，还真找不出人来。脱斡邻勒汗见此，说道：“我给你推荐一个人吧，这个人曾经给蔑儿乞惕部落人当过奴隶，他肯定愿意帮你。”

“是谁？”

“札答阑部的首领札木合。”

铁木真高兴地跳起来，说道：“我怎么忘了我的好安答呢？”

铁木真马上去找札木合，简明扼要地说清楚事情的来龙去脉，请他帮忙出兵支援。最后，他着重强调他的义父脱斡邻勒汗已经答应出兵了。

铁木真一说完，札木合立马反问道：“你当时为何让孛儿帖坐牛车而不给她一匹马？”

铁木真表情十分尴尬，他最近一直都在为这件事情后悔不已，如果当时把自己的马匹给妻子的话，这样的事情就不会发生了。

札木合哈哈大笑起来，说道：“铁木真，你是狠心、果敢的人，将来肯定能成大事。”

随后，札木合拍了拍铁木真的肩膀，安慰道：“好兄弟，不必难过，我一定会帮你的，蒙古草原上的大老爷们儿遇到你这种事情都会这么做的。”

攻打蔑儿乞惕部人的计划是札木合制订的。脱斡邻勒汗出了6000的兵力，札木合出了6000的兵力。“铁木真，你想出多少兵力，看你自己吧。”札木合咧着嘴巴说道。

铁木真回到营地，与合撒儿、别勒古台商量出兵的事。

“光他俩就出了一万二的兵力，打败蔑儿乞惕部人肯定没问题，大哥意思一下就行了。”别勒古台说道。

“我们现在总共也有100人，我觉得挑50人就行。”合撒儿接着说道。

“我想出200人，至少200人。”铁木真一脸严肃地说。

“我们哪里有那么多人，除非让所有的女人也上战场。”合撒儿为难道。

“我这次出兵不仅仅要救出孛儿帖，还要让札木合和脱斡邻勒对我刮目相看。如果我们的兵力太少，他们肯定会瞧不起我们的。”

“说得有道理，但我们去哪里找那么多人？”合撒儿问道。

“办法是想出来的。”

铁木真先让博尔术想方设法找了几十个人，让好友者勒蔑回到家乡替他招兵买马。

一番努力后，铁木真发现人数已经超过了200，十分开心。但是，随后又发现一个问题，那就是缺少马匹。随后，他想方设法弄了一些马匹。

所有人马召集起来之后，经过一段时间的整顿，总指挥官札木合下令联盟军向蔑儿乞惕部人营地推进。

一万多大军兵分三路对蔑儿乞惕部三大氏族中最大的一部——兀都亦惕蔑儿乞惕发动突然袭击。当脱黑脱阿得知消息时，联盟军已经离他的老巢很近了。他顿时慌了神，立马慌忙迎战。

经过一天的激战，蔑儿乞惕部人被击败，不过首领脱黑脱阿见大势已去早就溜之大吉了。这时的铁木真在一群又一群妇女中疯狂寻找妻子孛儿帖，一遍又一遍地喊着她的名字。

功夫不负有心人，铁木真终于发现了头发乱糟糟、满脸都是泥土的妻子孛儿帖。

当札木合和脱斡邻勒汗剿除残余势力时，铁木真开始搜刮战利品，带走所有能带走的东西。铁木真把自己搜刮来的战利品的三分之一送给了脱斡邻勒汗，脱斡邻勒汗非常开心地接受了。

在这场战争中，札木合搜刮来的战利品最多。但是，当铁木真将自己的战利品中的一部分给他时，他当然开心地收下了。

“要不咱们合营？你感兴趣吗？”札木合随口一说。

铁木真很是乐意，他很愿意和这位年轻霸主待在一起。

“我会关照你的。”札木合露出了高傲的笑容。

原本应该是高兴的时候，但铁木真却遇到了一件让他心烦的事，那就是妻子孛儿帖马上要生了。孛儿帖在蔑儿乞惕部待了差不多9个月时间，他不清楚这个孩子是谁的。不过，他最小的妹妹帖木仑告诉他，在孛儿帖被掠走的前一天，她就知道孛儿帖怀孕了。只是当时铁木真忙于结盟，孛儿帖还没来得及告诉他这件喜事就被抢走了。

虽然妹妹帖木仑已经证明孛儿帖肚子里的这个孩子是他铁木真的，但他心里还是有一丝疑虑,从他给这个孩子取的名字就可以看出。他给这个儿子取名为“术赤”，在蒙古语中是“客人”的意思。

第二章

统一蒙古的战争

四面出击，十三联军鏖战沙场

十三翼战争是铁木真称汗以后第一场战争。在这场战争中，铁木真采用了四面出击的战术。虽然最后以失败而告终，但虽败犹胜，因为铁木真在这场战争中获得了人心，受到了族人的爱戴，他成为人心所向的大英雄。

"一山不容二虎"，这句话非常适用于蒙古大草原。当铁木真的团队慢慢壮大起来的时候，他一直依赖的伙伴已经容不下他了。因为铁木真的目标是称霸整个草原，而不仅仅是填饱自己的肚子，这样势必会导致盟友逐渐变成敌人。

当铁木真势单力薄的时候，他投靠札木合，想借他的力量振兴乞颜部。而札木合清楚铁木真的能力，他原打算借助合营将乞颜部控制在自己的势力范围内，从而达到控制铁木真的目的。但人算不如天算，事情的发展与自己的计划背道而驰……

举行春祭的那天，在隆重的仪式过后，人们在黑川忽勒山山崖下载歌载舞、饮酒作乐。铁木真随意地坐在一棵枝繁叶茂的松树下面喝酒。春祭过后没多长时间，一个传闻悄然而起，一时间，人们议论纷纷。原来，铁木真喝酒处正是多年前忽图赤大汗宣布就职的地方。这就预示着长生天已经为蒙古选好了大汗，这个人就是铁木真。

当这个传闻传到铁木真的耳中时，他本能地担心它会给自己与札木合的合营带来不利的影响。果然，札木合从此之后对他的态度有所改变，始终一副爱搭不理的样子。

那么，究竟是谁制造了这个传闻呢？他有怎样的目的呢？

"是你吧？"博尔术见到木华黎时立马问道。

"难道有什么不对吗？"木华黎很坦然地承认了。

"这种传闻势必会带来两种后果，它既会为铁木真首领赢得更为广泛的支持，也会导致他与札木合的关系疏远。'天意'可以用，但更为重要的是人心所向。"

木华黎露出了狐狸般的微笑，说道："还是将军懂我，将军是如何猜到的？"

博尔术没有直接回答，只是微微一笑："札木合那么能装，看上去没事人似的，其实恨不得掐死我们。依你看，这个联盟还能挺多久？"

"恐怕用不了多久，札木合是一个生性多疑、小肚鸡肠的人。铁木真首领名声一天比一天大，已经让他坐立难安了。他现在一定会意识到，合营对他来说是一项很大的失误。”

“说实话，其实我也不看好这次合营，铁木真首领和札木合，一个天上一个地下，铁木真首领光明磊落、胸怀坦荡，越是这样，越容易遭到他人的暗算。不过，如果他们真的分开了，我们将何去何从呢？”

“铁木真首领的势力将不断壮大，少了札木合的钳制，正好可以一展宏图。”木华黎边说边从怀里拿出一张羊皮地图，将其铺在眼前的石头上。

“将军看，这是我绘制的草原形势图，铁木真首领和札木合分开后，一定会回到桑沽尔溪，这里草木茂盛，地势好。考虑到乞颜部、札答阑以及克烈三部利益关系一致，短期内会相安无事。如此一来，铁木真首领便可征服四周分散的小部落来稳固后方，壮大自己。等乞颜部力量足够强大时，便可以对塔塔儿人开战，以洗数代的怨恨，然后再向泰亦赤惕开战，最后拿下乃蛮。到了那个时候，几百年分崩离析的草原将再次得到统一，并且还会出现一位伟大的领袖。”木华黎越说越激动，博尔术也被深深地感染了。

“那么，最终克烈部和札答阑部会如何呢？”

“克烈部，因为一直有桑昆这个搅屎棍的存在，王汗应该一直会与铁木真首领保持着亦敌亦友的关系。未来的形势将如何发展，确实难以预料。而札答阑部极有可能先分崩离析，但我们也不能忽视札木合的个人力量。不过，最终草原一定会实现统一，能担此大任的也必定是铁木真首领。”

听完这些话，博尔术深有感触，并向木华黎伸出了手，两双手紧紧地握在了一起。这一握，奠定了双方一生的友情。

最后，木华黎将地图收了起来，说道：“这张地图我花费了三年时间绘制，图中已经注明了各个大部落大致活动的区域，以及区域内的地势。请将这张地图交给铁木真首领，将来会起大作用。”

博尔术庄重地将其接了过来，说：“我希望我们二人能够共同携手为铁木真领袖效力。”

初春时节，草原上的水草新绿。按照游牧各族的习惯，他们要迁徙到水草茂盛的新牧地。经过一天的行走，庞大的迁徙队伍越过忽勒山来到平地，准备就地宿营。

在迁徙的路途中，铁木真和札木合一直并驾齐驱。不过，札木合很少开口说话，一副心事重重的样子。突然，札木合勒住了马儿，看了看被抛在身后的忽勒山，心神不宁地对铁木真说道：“义兄，小弟曾经听长辈说，靠山扎营，对牧马者有利；靠水扎营，对牧羊者有利。你能帮我解释下这是什么意思吗？”

铁木真被问住了，没有吭声。而札木合似乎也没有期待他能回答，只是意味深长地看了他一眼，便催马前行。

札木合的突然发问和自顾自的离开让铁木真心生疑窦，他勒住马反反复复思索，也不知道札木合说这句话的真实目的。

这时，诃额仑和孛儿帖的马车赶到了。“铁木真，你在干什么呢？”看到儿子沉默不语地站在那里，诃额仑关切地问道。

铁木真把札木合刚才的问话重复了一遍，诃额仑思索良久，也没有悟出其中的意思。“孛儿帖，你说这句话是什么意思呢？”诃额仑问自己的儿媳妇。

“都说札木合是一个小肚鸡肠、反复无常之人，这回算是见识到了。牧马者依山，牧羊者临水，二者本不同路。札木合借此是暗示你们不是同路中人，最好分开，这样对大家都好。”

妻子的一番解释让铁木真恍然大悟。细细想来，自己的这位安答是一个精细之人，不会随口说出这番含含糊糊的话语，其中必有一番意味。最后，铁木真结合札木合最近的种种表现，觉得妻子的解释是正确的。

想到这里，铁木真不禁感慨万千。他想了良久，下令本部停止驻营，连夜搬离这里，并嘱咐手下将领，尽量避免与对方起冲突。

铁木真与札木合分开的消息在札答阑本部中传开了，并引起了强烈的反响。不少首领在权衡利弊之后觉得铁木真更适合领导他们。他们虽然有各自的小算盘，但最终的利益却是一致的。于是他们纷纷离开了札木合，归顺了铁木真。其中有几个重要人物的到来，让铁木真如虎添翼，第一个便是德高望重的萨满教教主豁尔赤。从血缘关系来说，札木合和铁木真只是概念上的父系远祖，而札木合与豁尔赤却有着一脉相承的母系血统。这次他置札木合于不顾，可见札木合不得人心。除此之外，还有年轻的将领忽必来、博尔术的堂弟斡歌连以及者勒蔑的弟弟速不台，这三人后来成为铁木真的左膀右臂。特别是速不台，不但为铁木真立下了汗马功勋，家里更是人才辈出，出了四代名将，在蒙古的历史上留下了浓墨重彩的一笔。

离开札木合之后，铁木真的力量不断壮大。在各族首领的一致推荐下，铁木真登上汗位，开始打造自己的王国。1189 年是蒙古历史上极其重要的一年，不到 27 岁的铁木真成为蒙古的可汗。

铁木真深知部落联盟的重要性，一上台便开始笼络与他实力相当的部落。从这里也能看出他的高明之处。他先派使者将这一消息告诉了他的义父——克烈脱斡邻勒汗。克烈脱斡邻勒汗开心地表示，蒙古各部不能长时间各自为政，早就应该选出一位出类拔萃的大汗，而最合适的人选无疑就是铁木真。

克烈脱斡邻勒汗的态度无疑巩固了铁木真的地位，为了与自己昔日的安答和解，善良而光明磊落的铁木真还是让使者去给札木合报信。札木合虽对铁木真称汗这一事早有心理准备，但当事情发生时，他还是难以接受。

见到铁木真派来的使者——合撒儿、者勒蔑以及博尔术，札木合开始不住地抱怨："没有我，铁木真的妻子孛儿帖还是蔑儿乞人的怀中物。也是我，帮助铁木真召回他的旧部，帮他不断壮大自己的力量。而他铁木真上次竟然与我不辞而别，还带走了我的几个部下。这次连招呼都不打一声就称汗，明显是不把我放在眼里。"

合撒儿只好硬着头皮说道："这次是乞颜部贵族与各部首领共同推举铁木真为乞颜部的首领，今天特地来到札答阑部通报一声，希望札木合安答给以盟友般的支持。"

札木合面无表情，让合撒儿颇为难堪。三位使者回去将情况告诉了铁木真，铁木真、诃额仑、孛儿帖、别勒古台等听完后都一声不吭。

过了良久，别勒古台拍案而起，道："他札木合不一样收留了塔里忽台，他算哪门子安答？"

四弟合赤温也站了起来，说道："我们与札木合从来都不是一路人。"

五弟帖木格更加直接，道："开战就开战，我们也不怕他。"

"都闭嘴！"铁木真吼道，几个弟弟都不吭声了。母亲诃额仑和善地说："你们不能意气用事，虽然目前我们已经有了一万部将，但有不少敌人虎视眈眈，他们巴不得我们与札木合打斗一场。反过来想想，虽然札木合不是一个好安答，但也算不上是一个敌人，你们说呢？"

"在我最困难的时候，札木合曾经帮助过我。不管怎样，我都不能置这份恩情于不顾，我希望他能成为我的盟友，而不是敌人。即使我们成为敌人，我也宁愿他砍我一刀，而不是我砍他。"铁木真一生重情重义，如果与札木合的关系不能善始善终的话会让他寝食难安。次日，铁木真颁布了一道旨意：札答阑部和克烈部都是乞颜部的盟友，对他们要忍让。

不过，铁木真的一味忍让并没有换来长久的相安无事。两个部落相邻，时常有矛盾发生，两个安答之间的战争终于发生了。

一天，乞颜部的牧马人正在草原上放牧。突然，一队人马出现，看上去是札答阑人。牧马人立马回避，赶着马群往后撤退。队伍中为首的是札木合的弟弟给察儿。他问一旁的脱朵："那是谁的马群，竟然如此肥壮？"

脱朵故意刺激他说："那是铁木真部下的马群，人家现在是乞颜部的可汗，咱们惹不起，赶紧躲吧。"

"躲什么躲！你能有点出息吗？"

脱朵继续添油加醋地说："你看这群马，十分肥壮。我记得以前乞颜部只有几匹瘦骨嶙峋的银合马。自从收留了主儿乞部落那群盗马贼后，他们的马瞬间就多了起来。说不定里面就有我们的马。"

"过去瞧瞧，我倒要看看铁木真到底有多厉害。"给察儿抄起一把刀，纵马向前。

飞扬跋扈的给察儿一追上乞颜部的牧马人就砍了过去，边砍边嚷道："你们乞颜部哪里有这等财物，一定是偷了我们部落的马。"

这个时候，巡边的者勒蔑刚好赶了过来，他大声呵斥道："什么人敢在此放肆？"

"又来一个送死的，你是什么人？"给察儿嚷嚷道。

"我是铁木真可汗手下的众人之长者勒蔑，你是给察儿首领吧？之前我在札木合的帐下见过你。我觉得你一定是误会了，这群马匹是乞颜部的。"

"我当然知道这是乞颜部的马匹。"不知死活的给察儿哈哈大笑起来。

"是吗？你既然知道这是乞颜部的马匹，那么你明目张胆地杀人抢马匹是不是有点过分了？"

"我还有更过分的事情要做呢。来人，把铁木真的众人之长的脑袋砍下来。"

给察儿的部下骑着马冲了过来，逼得者勒蔑举起了刀。眨眼之间，几个札答阑人纷纷落马，其余骑士见此不敢上前。

者勒蔑心平气和地说："给察儿，你哥哥是铁木真结拜的安答，我不想为了几匹马伤了和气，你还是把那几匹马归还给我们吧。与脑袋掉到泥里啃泥相比，留着脑袋啃肉会好很多。"

给察儿听完勃然大怒："还是你的脑袋去啃泥吧。"

两马相交，两刀相碰。给察儿的身体在马上摇晃了几下，最终倒了下去，脱朵等部下看到大事不好便一哄而散。

在游牧民族中，盗马贼要遭受重罚。盗窃一匹马需要归还九匹同种类的马，如果没有马，用其子相抵；如果没有儿子，便可宰杀其人。给察儿是罪有应得，但因为他是札木合的弟弟，情况就变得复杂起来。

当札木合看到脱朵一行人抬着给察儿的尸体回来时大吃一惊，问道："脱朵，这都是怎么一回事？"

脱朵开始了自己的表演，声泪俱下："我们几人在边境牧马，铁木真的众人之长者勒蔑过来抢马。不听我们的劝说，反而杀死了给察儿。"

札木合愤恨地说道："打狗还得看主人，这铁木真也太不把我这个安答放在眼里，既然他无情，也别怪我无义，我一定要为我弟弟报这个仇。"

当天晚上，札木合便派出了使者，号令草原上十多个主要部落讨伐铁木真。

几个月的时间过去了，札木合的使者陆陆续续从草原上各个部落回来。其中，塔塔儿人、泰赤乌、亦乞剌思等十二个部落同意结盟，一共有三万多人，准备联合札木合攻打乞颜部。

在营地里，札木合与各地派来的使者制订了详细而周密的计划：十三个部落的大军分成十三路向蒙古乞颜部发动突然袭击。

铁木真得知消息后立马召集军将研究对策。博尔术说："我们集中所有的人马，最多也只有三万人，这注定是一场旗鼓相当的战争。我们也应该将兵力分成相应的路数来对付他们。"博尔术的意见立马被大家接受了。

于是，铁木真将自己的队伍分成十三翼。每翼都用土堆和木栅堆成简单的防护墙，彼此相互照应。第一翼是勇武的主儿乞部，由母亲诃额仑率领；第二翼是铁木真的嫡系部将，由铁木真亲自率领，也是全军的主力所在；第三翼到第十一翼都是乞颜部的族人和属领，分别由答里台、撒察别乞、忽察儿、泰出等人率领；最后两翼由旁支尼伦氏族人组成。

在出发之前，铁木真鼓舞士气说："今天是我部与我昔日的安答札木合的生存之战，虽然在人数上我们并不占据优势，但我们是英勇无畏的黄金家族，在长生天的保佑下一定会赢得战争的胜利。"

士兵们听完大呼："蒙古乞颜部必胜！乞颜部必胜！"

次日，札木合的十三路联军抵达答兰巴勒主惕。他见到铁木真摆出防守的姿态，哈哈大笑起来："黄金家族也有害怕的时候哇！"

在札木合的命令下，有"战神子孙"美誉的那牙勤部和兀鲁兀惕部打头阵率先出战。

这个时候，铁木真正等着去前方阵地打探消息的博尔术归来。一个士兵突然急急忙忙地跑了过来，说道："可汗，大事不好了。札木合的联军已经发现了博尔术，现在他们正驻扎在答兰巴勒主惕附近，明天就会杀向我军。"

那牙勤部和兀鲁兀惕部是名副其实的"战神子孙"。铁木真搭建起来的简易围墙根本阻挡不住他们前进的步伐。很快，那牙勤部和兀鲁兀惕部骑兵就踏破了护墙，杀进铁木真的第一翼，双方开始了一场近距离的肉搏战。主儿乞人一个接一个地倒下了，铁木真的第一翼很快就溃败了。

见此，札木合开心极了。他立马发动了第二轮进攻，攻打铁木真的第二翼，所向披靡的那牙勤部和兀鲁兀惕部再次上阵。

第二翼由铁木真亲自领导，他明白如果这翼再失守意味着什么。铁木真将腰刀拔了出来，鼓励士气道："全部的战士都要坚守在此，没有我的命令，一律不允许后退。如果后退，军法伺候！"

在铁木真的指挥下，蒙古部的箭如同雨滴般砸向了敌人，敌人一个接一个中箭倒在地上。但札木合部下的人数众多，一批人倒下了，后面的人接着攻了上来。他们最终还是攻到了护墙边上，冲破了铁木真第二翼的护墙。生死攸关的时候，博尔术和速不台两人赶到，率领部下拼命抵抗，将札木合的十三路联军挡在了护墙外面，就此双方展开了激烈的厮杀战。这时候，者勒蔑和博尔忽一刻不离铁木真左右，保护着他。

一面九尾白旄纛映入了兀鲁兀惕部首领术赤台的眼帘，他大呼道："铁木真就在这里，大家杀进去，捉了铁木真，我们就赢得战争的胜利了。"

几十个骑兵一起向前推进，再次将护墙冲开了一个大口子。兀鲁兀惕部士兵如同潮水般涌了进去，术赤台直接冲向了铁木真。博尔术和速不台已经被那牙勤部和兀鲁兀惕部团团围住，即便想救铁木真也已经是有心无力。

博尔术大声喊道："汗兄，这里危机重重，快退，到第三翼去。"

"我可能战死，也可能打了败仗，但绝对不能抛弃自己的兄弟。我一定要与你们共进退，同生死。"

这个时候，者勒蔑夹了一下马，马儿立马飞奔了出去。他抬起手来，将箭对准了术赤台。嗖的一声，箭飞了过去。术赤台见了连忙躲闪，虽然脑袋保住了，但左胸骨还是被射中了。他"啊"的一声从战马上倒了下来，他的部下见此立马将其抢了回去。主将倒了，部下便乱成了一锅粥，他们的攻势随后也慢慢减弱了。

者勒蔑抓住这个机会，快速地射出箭，每箭必中一人。转眼间，十几个人倒下了。这精准的箭法让敌人闻风丧胆。札木合见此大怒，他此时只想打败铁木真，哪里在乎这些战士的性命，随即他下达强攻的命令，铁木真急忙下令守住缺口。这个时候，喊杀声四起，原来第三翼、第四翼、第六翼、第九翼赶了过来，支援铁木真。

札木合目瞪口呆，急忙调兵过来，去迎战铁木真的援兵。与此同时，他又下令攻打蒙古其他各翼，阻止其他各翼对铁木真进行支援。

双方混战一团，扬起的灰尘遮蔽了阳光，喊杀声震天。经过半天激烈的战斗，札木合的十三路联军虽然攻破了铁木真的第七翼和第十翼，但一直没有攻下第二翼。

到了下午，博尔术来到铁木真身边说道："可汗，我觉得撤退的时间到了。"铁木真仔细研究了一番说道："可以撤退了，但一定要井然有序地撤退。"

博尔术立马下达了撤退的命令，第三翼和第四翼帮第二翼打掩护，帮助其撤退；第五翼和第六翼为第三翼和第四翼打掩护，帮助其撤退。就这样，铁木真统领下的十三翼互相打掩护，一边战斗一边撤退。

黄昏时分，在铁木真的领导下，蒙古部安全地撤退到不儿罕山，进入哲列谷中。者勒蔑和沉白先走一步，带领着百姓，将营帐、粮食以及牲口等搬到谷中，并在谷内设下埋伏。他们一边接应铁木真，一边阻击札木合的十三路联军。

当札木合率领部下追击到谷口时，他担心中埋伏而停止了进攻。

在这场战争中，蒙古部伤亡人数不到三千人，主要集中在第一翼的主儿乞部，其他各部几乎没有伤亡。札木合这边有不到两千的伤亡，各部都有损失。

札木合原本打算次日再战，但铁木真坚守谷口不迎战。他由此认为铁木真害怕了，认输了，外加自己这边的粮草即将耗尽，也不再与铁木真对峙下去。

札木合大胜而归，返回营地后，设宴庆祝战争的胜利。泰赤乌部的首领塔里忽台说道："今天我们战胜了铁木真，这是一个好消息，我们来敬札木合首领一杯。"

札木合站了起来，装腔作势地说："敌人还在我们眼前晃动，我们应该将其打趴下，让他再也站不起来，这才是英雄应该做的。至于铁木真，他是我们砧板上的鱼肉，现在让他多躺一会儿吧，他迟早会被我们吃掉的。"

众多将领站了起来，向札木合敬酒道："今天能在札木合首领这里吃肉喝酒，实在是荣幸至极。我们愿意拥护札木合首领，永不叛变。"

札木合阴沉着脸说道："我今天为各位准备了一道名贵的下酒菜。你们知道是什么吗？"大家你看我，我看你，都不知道札木合葫芦里装的是什么药。

札木合面无表情地说："我今天要请各位吃人肉大餐。只有吃了那几十个俘虏，才能一消我们心中的仇恨。"

正在大家目瞪口呆之际，士兵搬出了七十多口大锅，然后烧起了大火。锅中的油脂很快就化开了。他们将七十多个光着身子的战俘扔进了锅中，凄惨的叫声不绝于耳……

坐在宴会席上的各位首领都不敢直视，听着惨叫声，他们都一副心神不宁的模样。札木合这种毫无人性的行为让他们震惊了。

札木合得意扬扬地问道："畏答儿首领，你觉得这种对待俘虏的方法怎么样？"畏答儿面露苦笑说道："相信以后再也没有人敢背叛你了。"

札木合哈哈大笑起来："这就是我的目的，我要让所有人看到得罪我札木合的下场。"

过了一会儿，有人给每位首领端来了人肉汤。畏答儿悄然离席，将汤倒了，一脸厌恶地看着札木合，心里道："真是一个没人性的东西，要是你札木合有铁木真一半仁慈，早就登上汗位了。"他马上找了一个理由离开了宴席。

夜幕降临，星星布满了天空，宴会终于结束了。晃豁坛氏的蒙力克对术赤台说："札木合如此凶残,我们还是回到铁木真那边吧,这才是明智之举。"当天夜里，他就派一个人给铁木真送信，说明了自己的意图。

铁木真接到信后惊住了："札木合如此残暴，实在是不得人心。"他立马给蒙力克回了一封信，说道："在战场上，我是一个失败者。但内心深处，我并没有觉得自己失败了，你们的归顺让我看到了希望。我相信仁义最终会战胜残暴，欢迎你们的到来，我会像亲人一样去呵护你们，如同亲兄弟般爱护你们。"

天空泛起了鱼肚白，蒙力克和术赤台立马行动了起来，他们率领着自己的部下顺着斡难河奔向铁木真的营地，畏答儿和木华黎也在这个时候投奔了铁木真。

得道多助，失道寡助。经过十三翼之战，札木合虽然在战场上赢得了胜利，但他无情地对待俘虏，导致了众叛亲离。相反，铁木真虽然在战场上失败了，但他在道义上、政治上却获得了胜利。铁木真同情那些遭受欺负、领地被掠的部落的人，并主动把粮食和器具分给他人。这些部落的人对他充满了感激之情，便主动归顺了他。十三翼之战后，铁木真的力量不但没有被削弱，反而变得更为强大起来，声望也得到了空前的提高。

集中兵力，首战塔塔儿人

征战塔塔儿人的规模虽然不大，但有着极其重大的意义。铁木真借助他人的力量替曾祖父俺巴孩汗和父亲也速该报了仇，他的军事才能也在战争的历练中不断提高。

塔塔儿人位于蒙古东部，是金国的部属，与蒙古部有着世代的冤仇。在很久以前，塔塔儿人诱捕铁木真的曾祖父俺巴孩汗，然后将其送给金国，金国将其杀死。还有克烈部王汗的祖父马儿忽思不亦鲁也同样死于金人之手，他也是被塔塔儿人捉住，被献给金国，金国将其残忍地钉在了木驴上面。马儿忽思不亦鲁的妻子咽不下这口气，她假装投降，给塔塔儿人部献上了100袋马酒、100匹马以及100头羊。一个袋子中藏着一个克烈部勇士。趁塔塔儿人狂欢宴饮的时候，他们跳了出来，杀死了当时的塔塔儿人首领和众多塔塔儿人。

日益强大的铁木真时刻铭记与塔塔儿人部的血海深仇，一直等待报仇机会的到来。铁木真经常对手下的人说："在草原上，我们有很多敌人。但我从来没有把他们放在眼里，唯有塔塔儿人这个眼中钉，他们是我世代的仇敌，也是我解不开的心结。"从父亲也速该惨死那刻起，"向塔塔儿人报仇"这个想法便在铁木真的脑海中扎下了根。

塔塔儿人一直做着金国的爪牙，还打着"草原之尊"的旗号到处掠夺。当合塔斤部和山只昆部兴盛起来的时候，塔塔儿人便盯上了他们，金国也感受到了来自他们的威胁。1195年，在金章宗的命令下，夹谷清臣开始北伐。他来到了草原上，看着广袤而荒芜的草地、河流，心想：这也太荒凉了，人影也没有一个，从何打起？还是让他们自相残杀比较好。接着，他召来了塔塔儿人部的首领蔑兀真笑里徒，让其带兵征伐合塔斤部和山只昆部。没过多久，塔塔儿人便帮助金国消灭了两个部落。

当夹谷清臣率领士兵准备班师回朝的时候，蔑兀真笑里徒挡在了路中央，皮笑肉不笑地说道："将军取得了战争的胜利，实在是可喜可贺。但将军带着如此多的财物回去，我担心不太方便啊。"说完，他便下令部下将财物抢过来。

夹谷清臣大怒，命令蔑兀真笑里徒立马归还战利品，并向金国赔礼道歉，否则他就不客气。蔑兀真笑里徒目中无人地说道："在这场战斗中，金军胆小得如同老鼠般，是我蔑兀真笑里徒率领士兵拼了命才获得了战争的胜利。这战利品本该归我们，但你们却将其全部抢走，你觉得合适吗？"

夹谷清臣没想到塔塔儿人这只看门狗还知道反抗，立马下令去抢回战利品。塔塔儿人不甘示弱，对金军展开了猛烈的攻击。如此一来，一场金军和塔塔儿人围剿合塔斤部和山只昆部的战争演变成金军和塔塔儿人的财产争夺战。

为了教训塔塔儿人这只不听话的看门狗，第二年，金国便派出了右丞相完颜襄前往漠北讨伐塔塔儿人。完颜襄带领着精锐之师从临潢府出发，分两路对塔塔儿人进行围剿。塔塔儿人是一个小小的部落，自然不是庞大金国的对手，很快就成了完颜襄的精锐之师的手下败将。

蔑兀真笑里徒率领部下向浯勒扎河方向仓皇逃窜，后面的完颜襄紧追不舍。这次塔塔儿人损失惨重，很多人被杀死，血水染红了草地，他们的财产也被抢光了。

完颜襄赶尽杀绝，为战败的塔塔儿人精心地准备了一份“大礼”。他坐在马上，慢条斯理地对部下说：“我们天国将士不适合在草原上长久作战。但我听说草原上有一个叫铁木真的英雄，他与塔塔儿人有着深仇大恨。我们可以将这个赶尽杀绝的任务交给他，让他接替塔塔儿人充当我们的看门狗。”说完，便哈哈大笑起来。

不过，当时完颜襄的部下并不看好这个计划，因为金国也与乞颜部有世仇，想让铁木真帮助金国消灭塔塔儿人，几乎不可能实现。

“铁木真是一个聪明的人，我相信他权衡一番后肯定会答应的。俗话说：没有永远的敌人，只有永远的利益。”完颜襄胸有成竹地说道，“你派使者将这次大战的战报和塔塔儿人逃跑的方向告诉铁木真，还有克烈部的脱斡邻勒，请这两部前来协助剿灭塔塔儿人。”

铁木真一接到这个消息，先是一愣，然后脸上堆满了笑容：“好说，好说，先请使者到帐内休息，明日我一定给你们一个满意的答复。”

说完，铁木真立马召开大会。没有料到的是，大家大都持反对意见，认为金国的这个提议可笑至极。

这时，答里台站了出来说：“我们不能做金国的爪牙，但与塔塔儿人的世仇也得报。不管我们现在的选择是什么，都十分艰难，我的建议是先联合塔塔儿人对付金国。”

阿勒坛则持反对意见，说道：“难道你忘了塔塔儿人对我们做了什么吗？我们应该暂时放下与金国的仇恨，先消灭我们最大的敌人塔塔儿人。”铁木真听完后若有所思地点点头，说道：“我们不可能一下子对付两个敌人，那就先集中所有的力量消灭塔塔儿人这个世敌。这样一个报杀父之仇的大好机会，我想牢牢将其把握住。”听完铁木真的一番话，众人点了点头。

铁木真将这个消息第一个告诉了自己的义父脱斡邻勒汗。脱斡邻勒汗听说后开心地说道：“我儿今天要围剿塔塔儿人，这实在是一件开心的事情。我马上整顿军马，前去支援我儿。”铁木真知道后激动地说：“替我的祖先俺巴孩汗和主儿乞部祖先斡勒巴儿合黑报仇的时刻到了，还有我的父亲很快能在九泉之下瞑目了。去通知主儿乞人，让他们也来报仇。我们马上就能享受报仇所带来的快感了。”

铁木真又对妻子孛儿帖说：“等我们战胜了塔塔儿人，一定要好好感谢长生天。在长生天的眷顾下，我们才有了这次复仇的机会。”孛儿帖看到铁木真激动得不能自已，提醒道：“塔塔儿人一向诡计多端，你一定要多加小心。金国这次不过是借刀杀人，你也要小心提防。”铁木真笑着说道：“你太贤惠了，没有你的提醒，我真倒忘了金国这个敌人了。”

次日，铁木真正在整顿军马时，一个克烈部士兵前来称脱斡邻勒的几万大军已经来到了营寨外。铁木真一听开心地说：“父汗动作迅猛，行动力强大，我们一定能够百战百胜的。”他边说边去迎接脱斡邻勒。脱斡邻勒见到铁木真后做出了一个胜利的姿势，说道：“我们赶紧做准备，然后朝神圣的战场出发吧。”

“父汗，稍微等等，我还邀请了主儿乞人前来一同作战。”铁木真说道。

脱斡邻勒诧异地看着他说：“你刚刚因为豁里真妃的事情和主儿乞人干了一仗，我认为他们不会参战的。”但此时的铁木真早就不计较了，认为他们都是蒙古人，共同的敌人是塔塔儿人。这么好的一个报仇机会摆在眼前，没必要纠结一些小事情。

铁木真等了整整三天，主儿乞人并没有前来。看来他们难以放下那些恩恩怨怨，铁木真郁闷坏了。脱斡邻勒劝解他说：“我们还是不要再等下去了，主儿乞人小肚鸡肠，没办法。”

两路大军朝着斡难河畔向东前进，行进的过程中，脱斡邻勒问道：“我们能攻下浯勒扎河吗？金人曾经在上面修筑了堡垒和营寨。”铁木真胸有成竹地说：“那些堡垒只是做做样子而已，没什么用。我们战马一过去，就会踩踏那些堡垒。我们士气正盛，一定会赢得这场战争的。”

一个骑士奔了过来，报告道：“可汗，浯勒扎河就在眼前，我们可以驻扎在此，明日就可以向塔塔儿人发动猛烈的进攻了。”铁木真目光坚定道：“那好，我们找一个开阔之地当营地，让大军少作休整，等待作战时机的到来。”

当天夜里，铁木真和脱斡邻勒等人漫步于浯勒扎河河边。脱斡邻勒开口道：“明天我们趁塔塔儿人毫无防范之际发动突然袭击，一定能够摧毁他们的堡垒、营帐。”铁木真摇摇头道：“我们一定要有与塔塔儿人死战的思想准备。只要我们一发动进攻，塔塔儿人一定会钻到堡垒当中，这必定是一场拉锯战。”这个时候，合撒儿上前道：“塔塔儿人一向诡计多端，我现在潜入他们的军营中探个究竟。”铁木真禁止了，“你只身前去只能是送死。”合撒儿这才作罢。

大战在即，塔塔儿人忙于应战。寨墙内，白发苍苍的蔑兀真笑里徒明白他不是铁木真和脱斡邻勒的对手，塔塔儿人族的死期到了。他见敌人在北面没有布下兵力，于是让也客扯连保护自己的侄子札邻不合赶紧离开。札邻不合不愿抛下自己的叔叔：“叔叔，我们一起逃。”蔑兀真笑里徒摇摇头道：“没戏了，铁木真来了。铁木真父亲也速该杀死你父亲的那天，铁木真降生，他父亲便用你父亲的名字给自己的儿子命名。那一年，你用毒酒毒死了他父亲。他现在报仇来了！”

蔑兀真笑里徒指着寨墙道："你看，他们已经包围了我们。如果现在我们撤退，就会被他们的铁骑踩成肉饼。你还是带人赶紧逃吧，留得青山在，不怕没柴烧。"

札邻不合泪流满面，说道："请叔叔保重。"他跪在了地上磕了一下头，然后大步离开。

次日，铁木真来到了联军面前，鼓舞士气道："克烈部和乞颜部的英雄们，我们的仇敌就在眼前，我们要用敌人的鲜血抚平我们内心的伤痕。"他下令大军兵分两路，对塔塔儿人进行夹击，将塔塔儿人围攻在浯勒扎河上游。蔑兀真笑里徒站在堡垒里观看外面的战况。当铁木真率领着部下冲向塔塔儿人营地时，蔑兀真笑里徒挥动着大旗，率领部下向后方撤退。

塔塔儿人快速逃走，这是铁木真所没有想到的。他觉得塔塔儿人曾经也是一大部落，不管怎么样也得抵抗一阵子。他懂得穷寇莫追的道理，准备先收兵回营商讨一番再作打算。但脱斡邻勒有着不一样的想法，他既想在金国面前卖弄一番，又想不费力气消灭塔塔儿人卖铁木真一个人情。于是，他策马向前，率领军队对塔塔儿人进行追击，将他们围困在松树寨和枫树寨之中。

蔑兀真笑里徒仓皇失措，只能率领一部分没来得及撤退的部众藏进了堡垒中。

很快，铁木真率领着军队追了过来。两股势力采用了闪电战，先是乱箭齐发，射击结束后，他们手持马刀冲进了塔塔儿人的营地。

不到半天，塔塔儿人的营盘便被攻破了。蔑兀真笑里徒也稀里糊涂地死在敌军的铁蹄之下。铁木真举起长枪对着天空呐喊："父亲，你看到了吗？我今天已经惩罚了塔塔儿人，替你报了仇，明天我就要惩罚女真人。"

塔塔儿人凭借金国的支持，一直欺压着蒙古乞颜部，使乞颜部几代英雄都付出了生命的代价。这回，铁木真利用两者之间的矛盾，在金国的支持下，初战塔塔儿人，将塔塔儿人依靠中原主子称霸蒙古草原的局面打破了。随着这场战役的结束，铁木真也真正地强大起来。

和往日一样，铁木真将一半战利品分给了脱斡邻勒。尽管有人明确地表示反对，但铁木真并没有改变自己的决定。

这场战役之后，铁木真和脱斡邻勒受到了金国丞相完颜襄的接见。

"克烈部、蒙古乞颜部可汗参见完颜丞相。"

"二位可汗请坐。"

铁木真和脱斡邻勒在侧面落座。完颜襄一脸的笑容，亲切地说道："这次脱斡邻勒可汗和铁木真可汗顺承天意，杀死了贼人蔑兀真笑里徒，这是何等的功劳，实在是可喜可贺！”

铁木真谦虚地说：“哪里哪里，这次能够获胜完全凭借完颜丞相的神机妙算。如果说功劳，也是脱斡邻勒父汗功劳大。”

“铁木真汗实在是太过谦虚了。二位都对金朝有功劳，定要好好嘉奖。以在下的权限，封脱斡邻勒为王。”

脱斡邻勒站了起来，谢恩道：“多谢丞相的提携。”

完颜襄接着说道：“至于铁木真，暂时先封为札兀惕忽里。希望你能统领诸部兵马为大金国守护好边疆。”

铁木真站起来，谢恩道：“铁木真一定不辜负大金朝重托。”

不管是“王”还是“札兀惕忽里”，都是一个空头衔。

铁木真和脱斡邻勒走了出来，完颜襄得意地笑了。金朝对付草原部落的方法，就是利用一个部落去攻打另外一个部落。之前，他们利用蔑儿乞人和塔塔儿人去对付蒙古人。现在他们利用蒙古部和克烈部人对付最近不大听话的塔塔儿人。这一招屡试不爽，完颜襄心里乐开了花。

统一军令，压服塔塔儿人

铁木真再次发动了对塔塔儿人的战争，为了使自己对军队的领导权发挥到最大，在战争开始之前，他统一军令，对塔塔儿人部发动猛烈攻击。塔塔儿人部几乎被灭族。从此以后，蒙古草原上只剩下乃蛮部的太阳汗和克烈部的王汗两大势力能够与铁木真相抗衡。

在克烈部、蒙古以及金国的联合打击下，塔塔儿人部遭受了巨大的打击。但瘦死的骆驼比马大，虽然它遭受多次打击，但依然有四个部的实力完整地保留了下来。铁木真打算决一死战，彻底铲除他们，以绝后患。不仅可以替祖先报仇，还能壮大自己的势力。

对于铁木真来说，这是一次至关重要的战役。他没有向父汗请求帮助，而是打算独自去完成。在之前的战役中，每个部落在击败敌人后都会下马去缴获战利品。除了上缴一部分，其余归个人所有。在这次出兵作战前，铁木真立下军规：首先，一定要在取得战争的完全胜利后才能收兵，胜利后，所缴获的财产归部落所有，部落再对每个人进行分配，任何人都不得独自占有战利品；其次，如果第一次进攻被打退，一定要回到阵前，尽一切努力发动第二次进攻。违反军纪者，一律处斩。

铁木真的军令一出立马得到了响应，全军纪律严明。备战完毕，铁木真率领军队向西出发，来到了塔塔儿部的边境。塔塔儿人也做好了应战的准备。双方展开了激烈的战争，铁木真的士兵一次又一次地冲击着塔塔儿人的防线。塔塔儿人抵挡不住，只好向南撤退，铁木真乘胜追击，一直追击到了乌拉盖郭勒河北岸，塔塔儿人见没有了退路，便准备背水一战。

铁木真查看了地形，分析了敌人所采取的攻势，发现塔塔儿人采取了长矛形的防御阵形。塔塔儿人的两个部人分布在矛尖，位于中间。剩下的两个部人分布在矛尖两边的背脊处。他们以身后的河流为天然屏障，如此一来，便可以集中力量来抵御敌人，而不用担心被完全包围。

铁木真兵分三路，中间的一路士兵人数最少，主要是对付塔塔儿人阵形的矛尖；其余两路兵力较多，主要是对付塔塔儿人阵形的矛脊。其实这就是迂回包围战术，中间一路主要是为了迷惑住敌人，两翼才是打击敌人的主要力量。

在铁木真的率领下，中间一路率先对敌人发动攻击。由于中间一路兵力最少，塔塔儿人的突出部轻轻松松地应对了这次攻击。铁木真又连续发动了三次猛烈的攻击，完全迷惑住了敌人。另外两路出其不意地对塔塔儿人两个侧翼发动了猛烈的攻击。

在铁木真两路军的夹击下，塔塔儿人的两个侧翼慢慢收缩，挤压着中间突出部，使其散乱开来。塔塔儿人的防御阵地越来越小。最后，铁木真三路军会合，包围圈已经形成。蒙古大军彻底地战胜了塔塔儿人，活跃了半个世纪的塔塔儿人从此退出了历史的舞台。

戏剧性的一幕发生在战后。在取得战争的胜利后，铁木真得知有人违反了他的军令，私自在战场上缴获战利品。究竟是谁吃了熊心豹子胆，不把铁木真放在眼里？原来是铁木真的叔叔答里台、堂兄忽察儿、阿勒坛这三位亲王。

铁木真脸色十分难看地说："我在战前就统一了军令，你们竟然敢违反规定。但看在你们是亲王的分儿上，这次就不治你们罪了。但你们需要上缴私藏的战利品，还有这次战利品，你们没份儿。"

三人虽然心生不满，但看着兵权在握的铁木真，只好忍下了这口气。回到家中，他们认为铁木真让他们尊严扫地，于是投奔了脱斡邻勒汗，决定和铁木真对抗到底。

在这个时候，铁木真让自己的兄弟合撒儿为自己物色一位塔塔儿人姑娘做自己的妃子。

两天后，合撒儿来到了铁木真面前，开心地向兄长铁木真汇报道："大哥，我已经帮大哥物色了一个美若天仙的女子。"铁木真询问了这名女子的名字、年龄、长相、家世等。听完后，他开心地说："你把这位塔塔儿人女子送过来吧，如果她用心侍奉我，我一定会让她永享富贵。"

合撒儿领命而去。当天夜里，铁木真向妻子孛儿帖提起了这件事情，孛儿帖虽然心有不满，但她明白自己要照顾四个儿子和铁木真的母亲，而铁木真常年出征在外，的确需要一个贴心的人来伺候他。想到这里，她大度地同意了，只是提醒铁木真："塔塔儿人被我们赶尽杀绝了，希望这位名叫也速干的女子不要怨恨才好。"

铁木真看到孛儿帖同意了，开心地说："我的好妻子，你放心，既然也速干成为我的妃子，那么我肯定不会杀掉她的家人的。"

几天后，铁木真便见到了那个名叫也速干的美人。也速干眉清目秀、国色天香,有着江南美女的神韵。铁木真见后暗道:"塔塔儿人竟然有如此美貌的女子。"他一眼就看上了也速干，于是大大地赏赐了合撒儿。

虽然纳妃是一件喜事，但目前还有一件难事摆在铁木真面前，那就是如何处置塔塔儿人俘虏。为此，铁木真召开了一次会议。他说："父亲临终时交代，那就是凡是超过车轮高的塔塔儿人男子都要杀掉。而塔塔儿人女子、孩子则一律贬为奴隶。"

"塔塔儿人固然可恶，但如果将其赶尽杀绝，长生天肯定会愤怒的。"众将领上前劝解道。

"大哥，如果将所有高过车轮的塔塔儿人男人都杀掉，那是不是意味着我帐下收养的孤儿也要杀掉呢？"合撒儿说道。

"你们为何要同情塔塔儿人？不要再说了。"铁木真面露怒色，下面的人便不再为塔塔儿人求情。

其实这并不是一个好主意，因为铁木真部落中已经有不少的塔塔儿人。很早以前,乞颜部和塔塔儿人部就开始通婚。铁木真亲弟弟合撒儿的妻子是塔塔儿人，他同父异母的弟弟别勒古台的母亲也是塔塔儿人。

大会一开完，别勒古台就从营帐中走了出来，遇到了也速干的父亲也客扯连。也客扯连正在忙于打探自己族人的命运。他走了上去，战战兢兢地问："你们商讨的结果对我们塔塔儿人有利吗？"

别勒古台是一个坦诚之人，他小声说道："可汗要将所有年轻的男子杀掉。"

也客扯连听完后目瞪口呆："没有必要这样残忍吧。"

别勒古台看了看周围，又小声地说道："这是真的。"说完，他便离开了。

听说全族人都有性命之忧，也客扯连急匆匆地跑去告诉了自己的族人。当铁木真率领军队准备消灭塔塔儿人时，他们遭到了塔塔儿人的拼死抵抗。每个塔塔儿人袖子中都藏着一把刀，如此一来，在遭受到屠杀的时候，他们同样让乞颜部蒙受了巨大的损失。

屠杀的过程是血腥的，但并没有让塔塔儿人灭族。联姻的关系让蒙古人与塔塔儿人有着千丝万缕的联系。在这场屠杀发生前，很多蒙古人偷偷藏了一些塔塔儿人，他们不愿杀死那些人。铁木真曾经交给弟弟合撒儿 800 名塔塔儿人大孩子，让他将这些人杀死。合撒儿的妻子不愿意杀死自己的族人，合撒儿也深深地同情这些无辜的孩子，他只将其中 400 人杀死了。这样一来，塔塔儿人并没有被灭种，他们秘密地分布在蒙古部每个角落，继续与蒙古人结婚生子。慢慢地，他们融合成了一个整体。

铁木真在这件事情上表现出了自己性格中坚毅的一面，对于不遵守自己命令的人，哪怕是自己的亲人，他也严惩不贷。过后，别勒古台主动承认是自己泄露了秘密，铁木真非常愤怒。他当面指责别勒古台："亲族召开的会议商讨的大事，都被你泄露了出去，这让我乞颜部人蒙受了多大的损失。以后不管什么会议，你别再参加了。"善良的别勒古台为此被冷落了很长时间。

这段时间里，铁木真每天都在陪着自己的妃子也速干。也速干能歌善舞，也很会迎合铁木真。一天，在铁木真吃饭的时候，也速干开始唉声叹气："可汗啊，你倒是放过了我的父亲，但我还有一个姐姐，名叫也遂，现在还不知道在哪里！"

"你还有一位姐姐？"铁木真惊讶地问道。

"是呀，她比我更美丽、更温柔。她是真正配得上可汗的人。"也速干说。铁木真一听马上来了兴致："天下还有这等美人，我一定要得到她，但是你不会吃醋吗？"

"其实我姐姐也是有未婚夫的，如果不是部族之间的征战，我姐姐就同她的未婚夫成亲了。但美女配英雄，这也是天经地义的事情。"其实也速干是担心铁木真某天疏远自己。如果姐姐也来服侍铁木真的话，即使自己失宠，姐姐也会改变这一现状。

铁木真思索片刻，说道："在草原上，抢别人妻子的事情时常发生，这也是小事一桩，我马上派人去搜寻你的姐姐，让她到我营帐中来。"

也速干立马将这个好消息告诉了自己的父亲也客扯连。也客扯连欣慰地说："托长生天的福，让我家人在这场战争中活下来。团聚在蒙古人的帐下，总比丢掉小命的好。”

皇天不负有心人，铁木真的部下终于在森林深处找到了正在悲伤的也遂。随后，他们将也遂带到了铁木真的帐篷里。也遂擦干了眼泪，心平气和地回答着铁木真的问话。

铁木真看了看也遂，开心地发现她同样是一个楚楚动人、迷人的美女。他关切地问：“你是在为自己的部落哭泣吗？”

“没有，草原上的男人随时都可以更换自己的伴侣，这种身份让我十分尴尬，我没有什么好哭泣的。”

“那你为何难过？”

“我和我未婚夫躲藏在森林中，被你们发现后，他独自一人逃走了。我和他曾经是一对恩爱的恋人，所以难过。”

也遂的这句话让铁木真想起了曾经的自己。在妻子孛儿帖被抢走后，他也是独自逃走了。他说道：“草原上的男人在遇到强大的敌人抢走自己的妻子时都会独自逃走。”但他又想到自己救回孛儿帖的事情，感到十分自豪。他接着说：“如果他的心里真的有你的话，他一定会回来找你的。”

也遂回答道：“感谢可汗的厚爱，我愿此生为可汗做牛做马。”铁木真很高兴，当众宣布，纳也遂为妃。次日，铁木真带着也遂去感谢他俩的媒婆——新婚妻子的妹妹也速干。也速干看到两人后也很是开心。她十分大度，将主位让给了姐姐，这让铁木真颇为感动。

这场剿除塔塔儿人的大战历经几个月，最终以铁木真获胜而结束。铁木真非常开心，因为他不仅报了杀父之仇，还得到了两个美丽的可人儿。

诛杀叛徒，吞并主儿乞

铁木真为了巩固自己的联盟，一连杀掉了这个联盟中最高贵、最飞扬跋扈的三位主儿乞亲王。他在君主独裁的路上一路狂奔，走出了成功道路上极为重要的一步。

战胜塔塔儿人让铁木真走出了称霸草原极其重要的一步，这场战役让草原上其他部落开始意识到蒙古部即将成为草原的霸主。铁木真是草原上一颗冉冉升起的新星，绽放着夺目的光芒，他赢得了草原人民的爱戴。

在壮大自己势力的同时，铁木真也走上了风口浪尖。不仅安答札木合与他决裂，连本部的亲族中也对他的行事作风很是不服。

面对各种各样的矛盾，铁木真自有一套应对方法。不管是敌人还是自己的亲族，只要他们臣服，铁木真就会为他们端上一盏香醇的马奶酒；当他们狂妄自大时，铁木真立马用“大刑”征服他们。

在十三翼之战后，蒙力克、术赤台、木华黎以及畏答儿投靠了铁木真，这让铁木真颇为开心。孛儿帖建议说：“既然可汗这么高兴，那么就举行宴会欢迎他们吧。”铁木真回答说：“这个建议不错，明天就宴饮一番。”然后他吩咐下去，让侍从准备一次丰盛的宴会，又派人去请各个驻地的首领前来宴饮。

次日，铁木真早早地起床了，但不知为何，他心跳得厉害。他安慰了自己一番，在营帐前来来回回走动。

这个时候，别勒古台走了过来说道：“可汗，今天宴会的饭菜已经准备好了，请你去看看。宴会可以按时开始。”铁木真来到厨房，对伙食主管失乞儿儿笑了笑，肯定了他的工作。

在厨房转了一圈后，铁木真又回到了营帐，等待宴会的开始。铁木真叮嘱别勒古台道：“今天一定要招待好所有的长支贵族，不要有所怠慢。”别勒古台听后点了点头。

午宴时刻很快就到了，亲族们和客人们陆陆续续落座了。铁木真吩咐道：“快给每一位客人斟上酒。”伙食主管失乞兀儿应声而来，先是给铁木真和几个主客斟酒，然后来到了主儿乞贵族面前，给撒察别乞的小母（父妾）豁别该斟上了一盏酒。这个时候，坐在一旁的撒察别乞的母亲豁里真妃立马表达了不满，她大声呵斥道：“你个贱奴，难道你心中没有长次之别吗？主儿乞的长者是我，你们怎么能无视我们的礼仪呢？”

伙食主管失乞兀儿立马下跪道歉：“请宽恕，我只是按照座位顺序斟酒，无意冒犯大妃。”豁里真妃不依不饶，依然大骂：“你这样的贱奴都这么狂妄，我们的亲族还会把我们放在眼里吗？堂堂的主儿乞贵族哪里容下你这种人来羞辱？”

失乞兀儿听不下去了，为自己辩解道：“难道一个小小的错误都不值得宽恕吗？”

豁里真妃听完更加火大，她站了起来，重重地给了失乞兀儿一巴掌。此时，宴会的气氛变得无比紧张。豁里真妃觉得心中的气儿还没有撒出去，她向自己部下下令道：“来人，给我拖出去鞭打 100 下。”

失乞兀儿也曾服侍过铁木真的父亲也速该，在受到这般羞辱后大声说道：“这是也速该首领不在了，你们才敢这样不可一世，在宴会上动用刑罚。也速该首领在世时，没有人敢如此对我。”

铁木真是一个聪明之人，他听出了弦外之音。失乞兀儿这番话是说给他听的，责备他软弱无能，连一个小小的伙食主管都保护不了。其实铁木真心里十分生气，“打狗还得看主人，这豁里真妃实在是太放肆了。”铁木真一下子捏扁了手中的酒杯。

诃额仑和孛儿帖一同按住了铁木真的手，铁木真看了母亲和妻子一眼，说道：“豁里真妃婶母，何必与一个奴隶一般见识呢？你那高贵的身份是谁都不会忘的。孛儿帖，去给豁里真妃婶母斟酒。”

孛儿帖拿起酒斗，走到豁里真妃面前。豁里真妃装模作样地站了起来说道：“让可汗的大妃给我斟酒，担当不起呀。”

孛儿帖挤出了笑容说：“您是先可汗的大妃，当然担当得起。”

失乞兀儿被轰出去后，豁里真妃还嫌事情不够大，说道：“以后这样无法无天的厨子最好不要，要是找不到好厨子，我送你一个。”铁木真内心无比愤怒，脸上依然赔笑：“婶母受气了，希望不要放在心上。”

接下来发生了一件事情，让铁木真愤怒的情绪有了发泄口。

原来在宴会进行前，铁木真就让别勒古台负责照看客人们的马匹。主儿乞人首领也单独派了一个叫作不里孛阔的头目看守主儿乞人的马匹。失乞兀儿被打后，别勒古台来到铁木真身旁，小声地说：“我到外面看一下，不要闹出什么事才好。”

一走出营帐，别勒古台看到有一个人影在他们的马棚里晃动，他立马闪到一边，看到了一个小偷正在偷他们马匹上的笼头。得手后，那小偷走了出来，正打算逃离犯罪现场。别勒古台挡住了他，大声喝道：“你是什么人？光天化日之下偷可汗的马笼头，谁给你的胆子。”

这个时候，主儿乞的后勤官不里孛阔走了出来，说道：“合答吉歹，我让你去看守马车，你怎么到这里来了，走错地方了吧？快去。”

别勒古台立马向不里孛阔投诉合答吉歹的偷窃行为，没有料到的是，不里孛阔有意袒护小偷，说道：“他只是走错了马棚而已，你要马笼头，我让他还给你便是。”

别勒古台是一条铮铮铁骨的汉子，哪容得下他人睁着眼睛说瞎话。他愤怒地说道：“你要是想袒护小偷，那就把我砍倒在地。”

说完，两人就在营帐外面大打出手。不里孛阔拿出大刀，狠狠地向别勒古台砍了过去。别勒古台立马闪到了一边，同样抽出了大刀，冲向了不里孛阔。但不里孛阔是主儿乞有名的大力士，过了两三下招儿，就砍伤了别勒古台，将其右胳膊砍得鲜血直流。

受伤的别勒古台生生地咽下了这口气，因为他意识到这是可汗的宴会，不想让可汗太过难堪。他简单地包扎了一下自己的伤口，然后若无其事地回到了宴会营帐。

铁木真是一个细心之人，见到弟弟别勒古台胳膊上有血，便问道："你怎么受伤啦？"别勒古台刚开始说不小心弄伤的。铁木真刨根问底，问出了事情的来龙去脉。他听完大怒，意识到一味地忍让是换不来和平的。现在，对方一再挑事，这是对他汗位的蔑视。

铁木真爆发了，直接拍案而起，说道："把主儿乞这帮盗马贼给我拿下。"

现场一片大乱，铁木真命令部下砍来粗树枝，将捅乳杵抽了出来，亲自指挥部下与主儿乞人厮打了起来。半天过后，乞颜部人胜利了。铁木真将豁里真妃扣留了下来，而主儿乞人夹着尾巴灰溜溜地逃回了驻地。从此，主儿乞人离开了铁木真的驻地，另起炉灶。

过后，铁木真意识到在宴会上与人打斗有失可汗的风范，最后客客气气地将豁里真妃送回了主儿乞部。也是这个时候，金国使者前来邀请铁木真前去攻打塔塔儿人部。主儿乞人之前一直是铁木真最亲密的盟友，但这个时候他们让铁木真大失所望。

在铁木真与塔塔儿人厮杀的时候，主儿乞首领撒察别乞和泰出将铁木真的大本营洗劫一空，还杀掉了他十多个部下。铁木真百般忍让，却换来如此难堪的局面。这一刻，他再也忍不下去了，他咆哮道："等我打败塔塔儿人，一定要废了主儿乞。"

撒察别乞和泰出也不是傻子，他们知道铁木真的为人，知道袭击他的老巢一定会引来他的报复。但他俩为何还要如此肆无忌惮呢？也许是认为铁木真会命丧塔塔儿人马蹄之下，也许他们根本就没有把铁木真放在眼里。

一直以来，主儿乞部是蒙古联盟中强大的三个部落之一，也是三大部落之首。但他们没有意识到乞颜部的铁木真已经真正成长了起来，主儿乞部这种狂妄的自信让人心生敬畏，但马上遭到了反噬。

在击败塔塔儿人后，铁木真把矛头对准了主儿乞人。1197 年春，铁木真率领乞颜部向主儿乞部开战了。

铁木真的大军很快杀到了主儿乞驻地，但此时的主儿乞人已经搬离了。于是，铁木真带领大军顺着主儿乞人搬离的方向狂奔过去，两军最终相遇在朵罗安孛勒答黑（七道岭）。

此时撒察别乞和泰出正悠闲自在地坐等铁木真，他们已经做好了交战的准备。此时的铁木真无法用闪电战，因为主儿乞人最擅长闪电战。当然也不能突袭，因为主儿乞人已经做好了战争的准备，正坐等他发动战争呢。

正在铁木真一筹莫展之际，主儿乞人坐不住了。他们先发动了战争，骑兵先上阵，一时间，箭如雨点般落到了铁木真的驻地。铁木真不愧是打过仗的人，他咬紧牙关，率领部下抵挡住了主儿乞部人五轮箭雨的攻击。泰出眼看形势一片大好，于是眉飞色舞地对撒察别乞说道："给铁木真一个机会。"撒察别乞点了点头，下令停止了进攻，做好防守。

铁木真列阵，两翼保持弧形阵势，主力集中在列阵中央靠后的位置，然后缓缓地前进。泰出看到后提醒撒察别乞道："小心对方使诈。"虽然撒察别乞知道铁木真肯定有打算，但他却看不明白。当铁木真的两翼进入他们的射程之内时，撒察别乞下令道："弓箭伺候，打掉两翼。"这个时候，铁木真的两翼士兵也射起了弓箭。但这种对射让撒察别乞很吃亏，因为他的部下都成为静止的靶子，而铁木真的部下一直在移动，是运动的靶子，难以射中。事实证明也是如此，不少主儿乞人倒下了。

撒察别乞很生气，他立马下达了进攻的命令。铁木真的两翼士兵见敌人冲了上来就急忙撤退。很快，主儿乞前锋和铁木真的两翼士兵展开了肉搏战。主儿乞人不愧是合不勒汗长子的后裔，三下两下就打得铁木真两翼士兵连连后退。虽然在后退，但队形并没有乱。当两翼与主力前锋连成一条直线时，他们不再后退，而是发动猛攻，攻打主儿乞人的两侧。如此一来，主儿乞人落入了铁木真的包围圈中。

然后，铁木真给主儿乞人准备了一条"逃路"。主儿乞人如同无头苍蝇般，见空就钻，眼见一个方向的兵力撤了，立马向那个方向仓皇逃窜。最先逃跑的是撒察别乞和泰出，他们丝毫没有考虑部下的性命。在这个过程中，他们甚至相互踩踏。如此一来，军队士气全无，溃败也是理所当然的事情。

士兵们一看首领都逃了更无心恋战，铁木真就率领士兵站在那条"逃路"两旁对逃兵一通乱砍。撒察别乞和泰出逃到了帖列秃山口，发现部下只剩下十几个人。他们向长生天祈祷，祈祷长生天保佑他们渡过难关，他日东山再起。但这次长生天没有答应他们。很快，铁木真追了过来，活捉了他们。

铁木真站在一棵参天大树面前审判两人："当初拥立我为可汗时，你们是怎么发誓的？你们还记得自己的誓言吗？"撒察别乞和泰出两人一声不吭。

铁木真说："你们在宴席上将我的厨子打了，我忍了；你们砍伤了我弟弟别勒古台，我也不计较了；这次为祖宗报仇，你们都是蒙古祖先的子孙，你们不来帮忙，我也不说了。过分的是，你们竟然趁我找塔塔儿人报仇之际洗劫我的营地。"

两人也是英雄好汉，自知理亏，道："可汗，不用说了，要杀就杀吧。"铁木真为了严明纪律，下令将两人斩首。

处死主儿乞两位首领后，铁木真占了主儿乞人的老巢，这个地方后来成为王国的首都。主儿乞人十分强悍，他们拿起武器便可组成军队，在后来铁木真的征伐中立下了汗马功劳。

但是事情还没有结束，有一个挑战铁木真权威的主儿乞人还活着，他就是不里孛阔。他有着"国之力士"的美誉，是合不勒汗第三子的后代，与也速该是一辈人，是铁木真的堂叔。在主儿乞人眼中，他是一个众望所归的英雄。

某天晚上，不里孛阔坐在营帐中对部将说："主儿乞的英雄们，我们要感谢长生天，因为它的保佑，我们才有今日自由而富足的生活。但我们也不要忘掉了撒察别乞和泰出首领是如何死的。"

当不里孛阔这句话传到铁木真耳朵中时，铁木真对别勒古台说："这个不里孛阔堂叔和撒察别乞、泰出是一丘之貉呀，怎么也养不熟。"不里孛阔并没有像撒察别乞和泰出那样偷袭铁木真，所以铁木真决定用计谋除掉他。如此一来，主儿乞人就能对他心悦诚服。

在接下来举行的宴会上，铁木真安排不里孛阔摔跤表演，对手就是曾被不里孛阔砍伤的别勒古台。知情人认为铁木真这个计谋太不高明，这明显是拿鸡蛋碰石头。不里孛阔是草原上让人闻风丧胆的大力士。

一上台，不里孛阔便用一只手抓住了别勒古台，一腿扫过去，就绊了别勒古台一跤，然后坐在他身上。别勒古台苦苦挣扎，寻找下手的机会。这时，不里孛阔的目光扫了铁木真一眼，发现他满脸怒色，不由得打了一个寒噤。别勒古台逮住了这个机会，翻身而起，抓住了不里孛阔一只胳膊，将其扭了一下，但不里孛阔却轻而易举地躲过去了。别勒古台一腿朝不里孛阔的脸上扫过去，被不里孛阔一把抓住。他知道今时不同往日，现在他们主儿乞部过着寄人篱下的生活，还得看铁木真的脸色生活，于是松了手。不里孛阔佯装打不过，连连躲闪，但别勒古台之前就得到了铁木真的指示，抓住一切能要不里孛阔性命的机会。

别勒古台趁不里孛阔躲闪时抱住了其大腿，将其摔倒在地。不里孛阔佯装打不过，放弃了挣扎。别勒古台看了铁木真一眼，铁木真咬了一下嘴唇，示意他可以下手了。别勒古台一用力，就用膝盖折断了不里孛阔的腰骨。

不里孛阔痛苦地喊道："我不是别勒古台的手下败将，而是败在了铁木真的权威之下啊！"说完便含恨而死。下面的那些亲王一个个面如土色，这不是摔跤表演，而是谋杀。此时的铁木真脸上带着得意的微笑。

那些亲王擦了擦额头上的汗珠，对铁木真除了佩服外还夹杂着害怕的情绪。不里孛阔一死，极大地打击了主儿乞部人的嚣张气焰，也为铁木真巩固自己的权力奠定了基础。

出其不意，攻打北乃蛮

铁木真为了扩大自己的势力，联合王汗对北乃蛮发动了一场突袭战。在战争过程中，南乃蛮加入了战斗。在札木合的影响下，王汗置铁木真于危险的境地而不顾。但当王汗遭遇危机时，忠诚的铁木真不计前嫌救王汗于水火之中。

在铁木真忙着征服主儿乞人时，克烈部的脱斡邻勒汗也没闲着，他招安了铁木真的安答札木合。虽然札木合取得了十三翼之战的胜利，但由于自己的作死行为，导致部众大都散去，实力一日不如一日。于是，他投奔了王汗。王汗想都没想就接受了，能够壮大自己的势力何乐而不为呢，谁都希望自己是草原上的老大。

两人都有各自的小心思，札木合想借助王汗的力量以图东山再起，以期他日干掉铁木真。王汗此时并不想对铁木真下手，毕竟他是铁木真的义父。铁木真自始至终对他都颇为忠诚。

铁木真征服了主儿乞人后，为了继续壮大自己的势力，1199 年冬天，对位于蒙古西部阿尔泰山下的乃蛮部进行征伐。

乃蛮部是蒙古西部最为强大的部落之一，东边与克烈部相邻，南达畏兀儿（今维吾尔），西至也儿的石河（今额尔齐斯河），北至吉利吉思。在首领难赤必勒格死后，不亦鲁黑汗和太阳汗为父汗的妃子古儿别速大打出手。乃蛮部由此分裂成两大部族，一部分以不亦鲁黑汗为首，占据了阿尔泰山大片山林；一部分以太阳汗为首，占据了阿尔泰山下广袤的平原地区。

这次铁木真把目光对准了不亦鲁黑汗，他再次拉上了自己的义父——克烈部的脱斡邻勒汗。

这个时候，铁木真与自己的安答札木合再次相逢。两人都展现出了自己的"大度"，颇有一种老友重逢之感，而王汗当然知道两人在演戏。在铁木真侃侃而谈的时候，札木合偷看他的目光简直能杀人。铁木真一副云淡风轻的模样，经常会挤出一丝假笑。

在制订攻打北乃蛮计划时，三人彼此推让，不了解实情的人要是见到这种局面肯定会感动得一塌糊涂。

札木合首先发话："寒暄完后，我们是不是该制订作战计划啦？"王汗点了点头，然后看向了铁木真。札木合醋意大发。王汗明显更看重铁木真，想让他来制订计划。但铁木真回绝了："还是我的好安答来制订作战计划比较合适。"

王汗看到了札木合蠢蠢欲动的样子，就做了一个顺水人情，让札木合制订作战计划。札木合看了一眼手下败将铁木真，说道："我的计划非常简单，就是直捣不亦鲁黑汗的老巢……"说着说着，他发现铁木真若有所思地点点头，于是停了下来，说道，"铁木真安答，你这几年功绩不错啊，灭了塔塔儿人，驯服了桀骜不驯的主儿乞人。你肯定有更好的作战方针，不妨说说，让我们开开眼。"

铁木真谦虚地说："既然札木合安答如此谦让，那还是由义父来制定作战方针吧。你们的作战经验都比我丰富，我听着就行了。"

王汗看着两个小年轻让来让去，就拿出德高望重的架势，说道："你们都不要谦虚，咱们一起来制订作战计划吧。"

很快，一个计划出炉了。这个计划十分简单，那就是兵分两路，以迅雷不及掩耳之势直捣不亦鲁黑的营地。

这个计划很快就得以实施，铁木真率领大军越过杭爱山，抵达科布多湖附近。王汗从东向西前进，进入不亦鲁黑汗的山林地区。当他们的骑兵抵达不亦鲁黑营地时，不亦鲁黑汗仓促应战。不亦鲁黑汗很有自知之明，知道自己不是铁木真和王汗两人的对手，于是放弃了营地，逃往阿尔泰山。

面对铁木真和王汗的穷追不舍，不亦鲁黑汗让部将迪土卜鲁黑前去拦截，好让部众撤退。由于双方兵力相差较大，迪土卜鲁黑根本不是铁木真和王汗的对手，很快被擒。

不亦鲁黑汗失去了后卫后在寒冷的冬天里缓慢地撤退着。铁木真率领大军越过阿尔泰山，沿着结成冰的兀派古河而下，在岂湿勒巴失湖（今乌伦古湖）附近追上了不亦鲁黑汗。不亦鲁黑汗本就不想迎战，丢下部将只身逃跑，就此失去首领的北乃蛮人很快就大败。

铁木真和王汗大获全胜，他们在杭爱山南坡与阿尔泰山北坡之间沿着拜达里格河谷前行。这是一条羊肠小道，一边是河流，一边是高山。如果乃蛮部在此设下埋伏，联军将会受到重创，但他们有战胜敌人的信心。

铁木真和王汗率领大军艰难前行，他们担心的事情还是发生了，南乃蛮猛将撒卜勒黑率领着士兵扼守这一要塞。

当时天色已晚，看不清敌情，于是铁木真建议明日再战。两军分两处驻扎，相隔不到二里地。但在当天夜里，形势发生了巨大的变化。

铁木真想着明日必有一场激烈的战斗，难以入睡，于是他走到附近的一个咸水湖边，心神不宁地徘徊着。

“可汗是在担心明天的战斗吗？”一个声音传入铁木真耳中。

铁木真一听就知道是木华黎。铁木真在第一次见到他时就十分喜欢，觉得木华黎是一个难得的人才。这次攻打北乃蛮，木华黎也让铁木真刮目相看。

铁木真转过身，问道：“你对这次作战有什么想法？”

木华黎摇了摇头说：“我也不了解南乃蛮猛将撒卜勒黑。但我知道，北乃蛮和南乃蛮一向不和，我们追击北乃蛮，已经来到了南乃蛮的边境。撒卜勒黑这次前来，不可能是来跟我们拼命的，而是不允许我们犯界。”

铁木真点了点头，木华黎接着说道：“但是如果我们力量有所削弱，我觉得他们很可能乘虚而入。”

铁木真回答道：“这件事情不可能发生，我相信我的义父。”

这边的王汗也没睡着，札木合开始在他耳边吹风。

札木合说：“这次远征最让我大开眼界的是铁木真的骑兵力量竟然如此强大。他现在羽翼丰满了，如果联合南乃蛮来对付我们，我们就死定了。”

王汗嘴角在不经意之间抽搐了一下，王汗的部将质问札木合道：“札木合，你这是在挑拨离间，有何居心？”

札木合见被识破了，便解释道：“你误会了，铁木真现在对王汗忠心不贰。但人心变幻莫测，防人之心不可无。”

王汗深深呼吸了一下，然后小声说：“传令下去，连夜拔营。”

为了不让铁木真发现自己已经偷偷离开了，王汗让人给正旺的篝火加些柴火。那篝火也很争气，整整烧了一夜。

次日，有人叫醒了铁木真，说道：“可汗，王汗营地那边没人了。”

铁木真目瞪口呆，猛地跑到帐篷之外，果然一个人都没有。他愤怒地说道：“这也太无情了。”

王汗此举让铁木真心生间隙，现在的铁木真身处险境，不管是逃走还是战斗，都可能陷入四面楚歌的境地，木华黎担心的事情终于发生了。

木华黎再次为铁木真出谋划策，说道：“趁撒卜勒黑还没来得及布阵，我们赶紧撤。”

铁木真为了避开南乃蛮骑兵的攻击，特意绕了一个圈，安全地回到营地。王汗撤退时，发生了戏剧性的一幕。那天夜里，当王汗撤退时，南乃蛮人以为联军撤了，便偷偷地跟在他们屁股后面。身经百战的撒卜勒黑在下一个险要地带对王汗发动了进攻，很快就夺走了王汗从北乃蛮那里抢来的战利品，还活捉了王汗唯一的儿子桑昆的妻子孩儿。撒卜勒黑准备一鼓作气，将王汗送到阎王那里。

正在王汗走投无路的时候，部将告诉他，札木合早就溜之大吉了。此时的王汗开始后悔："长生天啊，快来救救我吧。"

王汗的部将对他说："王汗，我们还是向铁木真求救吧。"

王汗愁眉苦脸地说："我曾抛弃了他，他肯定不会帮我的。"

部将再次劝道："铁木真是一个聪明的人，他肯定懂唇亡齿寒的道理。如果乃蛮这次吞了我们，那么下次就轮到他们了。"

王汗立马派人去向铁木真求救，铁木真这次因祸得福，前脚刚到自己的营地，后脚克烈部人飞驰前来，请求支援。

铁木真权衡了一番，自己的敌人甚多，力量还不够强大，日后说不定还用得着王汗。于是，他不计前嫌，立马派兵支援。他派博尔术、木华黎、博尔忽、赤老温这四员大将率领大军前去。

当四人赶到王汗的营地时，桑昆正在与撒卜勒黑苦战。很快，桑昆身旁的两名大将倒下了。他见形势不妙，立马掉转马头准备逃走。这时，乃蛮人追了过来，眼看桑昆马上就要被活捉，博尔术冲进了包围圈，挥动大刀左突右突，杀出了一条血路，一把将桑昆拉上马，然后飞快地逃走了。

木华黎、博尔忽、赤老温率领大军杀了过来，包围了乃蛮人。撒卜勒黑见形势不妙，立马率领士兵撤退。

第三天，王汗为了感谢铁木真的救命之恩，特地请他来到自己的营地。他说道："我马上要去见长生天了，那么谁来统治我的王国？我弟札合敢不无德，我唯一的儿子桑昆无能。如果铁木真能够把桑昆当作自己的亲弟弟，我就当你们两人的父亲，这样我也就无后顾之忧。"

众人一听都惊呆了，王汗看也不看众人错愕的神情，自顾自地说："桑昆和铁木真过来，我要按照蒙古人的习惯，面对着太阳，与铁木真重申父子之盟。"

王汗、桑昆和铁木真走到前方，跪下对天发誓："苍天在上，众神鉴临。"

王汗真诚地说："我，脱斡邻勒！"

铁木真理智地说："我，铁木真！"

桑昆勉强地说："我，桑昆！"

三人异口同声地说道："重申父子之盟。"

王汗接着说："今后父子三人共同作战，一起猎取野兽。"

铁木真说："福祸与共，患难相依。"

桑昆说："如果遇到坏人挑唆，要当面说清楚，消除一切隔阂。"

三人宣完誓后，紧紧拥在一起。王汗对自己的表演颇为满意，而桑昆则一脸的乌云，郁闷极了。

凭险作守，阔亦田之战

铁木真的安答札木合一呼百应，率领同盟军向铁木真发起了挑战。铁木真和王汗再次联合，依靠险要的地势最终取得战争的胜利。阔亦田之战是铁木真与札木合率领的联军最后一次决战，也是争夺整个蒙古草原统治权的最后一战。

铁木真的势力不断壮大，这让草原上各大部落恐慌不已。他们彼此猜忌过，彼此提防过，也彼此利用过，最后才发现快速成长起来的铁木真才是他们最大的敌人。于是，为了削弱铁木真的势力，一些旧贵族部落再次结盟。当然，铁木真的死对头札木合也开始蠢蠢欲动。他感觉这几年混得一年不如一年，而铁木真却犹如芝麻开花节节升高。他的起跑线甩铁木真好几条街，如今却被铁木真远远地抛在了后面。每当想到这里，他都烦闷不已。1201 年，在他的谋士和其他部落的撺掇下，札木合开始谋求对整个蒙古草原的统治权，他的目标与铁木真的目标不谋而合。这对同远祖并且三次结拜的安答之间有着无法调和的矛盾，只能兵戎相见，至死方休。

如果此时发生战争，札木合还是有着非常大的优势的。不少有一定实力的贵族部落都站在他这边，譬如泰赤乌部、蔑儿乞惕部、乃蛮部等。他们都有着同一个梦想，那就是把铁木真送进地狱。

在战争发动前，札木合让各个部落表决心。十二部落首领宣誓："我们中如果有违背盟约的，就摧毁他，如同摧毁这块泥土般；将他削碎，如同削碎这块木头般。"说完，他们将一大块泥土倒入河水中，举起刀斧砍下树上的树枝。

十二部首领为了向札木合表达自己的忠心，一致推举札木合为古儿罕。这是一个既古老又尊贵的头衔，也就是"众汗之汗"。当然，札木合很开心地接受了。他这么做有着自己的打算。上一个拥有"古儿罕"头衔的是王汗的叔父，曾经统治过克烈部，后来遭到了王汗的反对并取而代之。札木合这次不仅把矛头对准了铁木真，还对王汗发起了挑战。他想通过这场战争一举消灭蒙古草原上铁木真和王汗两大劲敌。如果他能赢得这场战争，就能成为草原上的最高统治者。然而，希望很丰满，现实很骨感，札木合很快就深刻领悟到这句话的意思。

札木合很快制订了突袭铁木真的计划，但是，当十二部首领准备分头行动的时候，豁罗剌思部一个名叫豁里歹的人心疼起铁木真来，准备向铁木真告密。

这次报信的过程十分惊险刺激，豁里歹一直久仰铁木真的大名，他知道消息后，立马去了自己的女婿家，向女婿说了这件事情。他女婿鼓舞他说："你应该把这个情报送到铁木真那里。"

"我也是这么想的，但具体怎么做呢？"豁里歹问道。这时，他女婿牵出了一匹马："这是我家唯一的一匹马，你拿去用吧。"

豁里歹发现这匹马老得牙齿都掉光了，很生气，问道："你就没有好马吗？"

女婿摊开两手，说道："我已经说了，这是我家仅有的一匹马，札木合将好马都征走了。"

无可奈何之下，豁里歹只好骑着这匹老马上路了。没走多远，他经过泰赤乌人的一个军营。泰赤乌人发现他后，将其拦了下来，说道："你去南边干什么去？"

豁里歹脸不红心不跳地说道："看亲戚去。"

泰赤乌人立马将他拉了下来，说道："你是去看铁木真吧？"

豁里歹回答说："这实在是冤枉，我亲戚中没有一个叫铁木真的人。长官，你冤枉了我。"泰赤乌人可没有耐心，直接抽了他一巴掌，让他闭上嘴巴，并把他关了起来。

豁里歹此时如同热锅上的蚂蚁，大喊着"冤枉"，路过的人向他投去同情的目光。有一个胆子大一点的人，在没有其他人在场的时候，悄悄走到豁里歹身边，小声说："我知道你是豁罗剌思部的，我也是，我叫哈剌蔑里乞台，你是要找铁木真去吗？"

豁里歹看了他半天，不知道他是敌是友。为了自保，他摇摇头说："我实在是冤枉啊。"

哈剌蔑里乞台诚恳地说道："我们有不少人向着铁木真，但敢向他报信的只有你一人，勇气可嘉。"

豁里歹细细地打量着哈剌蔑里乞台，并没有在他身上找到可疑点，于是他小心谨慎地说道："你的心也向着铁木真吗？"

哈剌蔑里乞台一脸认真地点点头，豁里歹反问道："你为何不去向铁木真通风报信呢？"

哈剌蔑里乞台面带微笑说："我可没你那个胆量。我顶多就是战斗的时候消极一点，或者临阵逃脱。总之，大家都希望铁木真能打赢，然后投靠他，这样就能一直有肉吃。"

豁里歹当时心乱如麻，最后决定赌一把。他说道："我的确是要去给铁木真通风报信去的。你要是也向着铁木真，那就快把我放了。不然，札木合要是偷袭成功了，铁木真就死定了。"

哈剌蔑里乞台听完哈哈大笑了起来，豁里歹心一下子就凉透了，心想：中这小子的奸计了，完了。

哈剌蔑里乞台的笑声引来了来往之人的注意，很快他停了下来，将豁里歹揪住了，对身边人说："这个人还真是去给铁木真通风报信的，我要把他揪出军营，杀了他。"

草原人认为血洒在营地里会给他们带来坏运气，所以他们给了哈剌蔑里乞台一匹马，同时叮嘱他说："去远点的地方杀了他。"

哈剌蔑里乞台上马，拖着豁里歹，飞快地冲出了营地。到了很远的地方，哈剌蔑里乞台跳了下来，将豁里歹身上的绳子解开，说道："骑上这匹马，快去给铁木真报信。"

豁里歹向哈剌蔑里乞台道了一声谢，就翻身上马，快马加鞭地奔向铁木真的营地。当时，铁木真正带领自己的人在古连勒古一带放牧。

铁木真听到消息后颇为震惊，他没有料到札木合再次向他开战。假若这次没有豁里歹的通风报信，札木合肯定会打自己一个措手不及。

铁木真再次向自己的义父王汗求助，王汗还算是一个有情有义之人，立马同意出兵。他率领大军来到克鲁伦河同铁木真的大军会合。两人商量一番后制订了作战计划，那就是两军向西渡过乌拉盖部勒河，顺着金国的内长城（金界壕）北上，正面迎击札木合的北翼、西翼两路军。

铁木真本想正面迎击敌人，打敌人一个措手不及，但这次他的运气不佳。

次日黄昏时，两军的先锋桑昆、忽察儿、阿勒坛率领士兵抵达兀惕乞牙，正打算安寨扎营。这个时候，有人前来报告称："敌人马上要到了。"

此时的铁木真仔细分析了一下敌情，担心桑昆轻敌，于是让人传令让桑昆不要轻举妄动，同时派快骑前去增援。

王汗却不紧不慢地说："想来没什么大事，我弟弟札合敢不和大将必勒格别乞也在前方，他们会分析好形势的。"

桑昆让阿勒坛率领一部分士兵前去了解情况，刚好遇到札木合西北两翼的前锋。两军前锋展开激战，不分胜负。直到两军主力到来，他们才决定休整片刻。

铁木真和王汗依山取势，占据了有利地形。他们居高临下，等待最佳战机的到来。

札木合联军来势汹汹，并且兵力强盛。铁木真一眼就看出来，札木合他们这次是倾巢而出，志在必得。

泰赤乌部首领阿兀出仗着自己力气大，自告奋勇去当前锋。他走上前一看，铁木真和王汗的前锋只有稀稀拉拉几百人，哈哈大笑起来："这么几个残兵，还不够我杀的。"此时急于复仇的乃蛮部首领不亦鲁黑汗也在一旁煽风点火："一会儿打得他们满地找牙。"

阿兀出跃跃欲试，正要率领士兵杀过去，忽然见前方尘土飞扬，上万兵马声势浩荡地杀了过来。他立马跳了回来："妈呀，这也太险了。本想杀铁木真个措手不及，没想到他早就有准备了。"

此时的札木合心里也没底，但依然故作镇定地说："蔑儿乞惕部首领的儿子忽都会作法，能够呼风唤雨，飞沙走石。只要能迷惑住敌人，我们就可以趁乱杀入敌营中。"

忽都让人端上一盆水，然后拿出自己作法要用的装备，开始装神弄鬼。事实上，乃蛮部的首领不亦鲁黑汗本人也是一个萨满巫师，"这是一种巫术，我也能作。"于是，装神弄鬼的队伍中又多了一人。

两人叽里咕噜地念了半天，也不知是上天被他们感动了还是巧合，天空顿时狂风大作，黑了下来，很快风雪交加。

札木合高兴坏了，下令各路人马向铁木真和王汗发动进攻。但让他没有想到的是，铁木真也在让巫师施法，风向很快发生了逆转（当天极有可能先刮西北风，然后又刮起了东南风）。铁木真牢牢抓住了风向转变的机会，立马发动反攻，双方混战一团。

铁木真的人马占据了有利的地势，可以顺风使箭，有着巨大的杀伤力。札木合的联军迎着风雪前行，前方还有不断飞驰而来的弓箭，进攻变得异常艰难起来。这场战争一直持续到夜晚。

札木合的十二部联军其实就是一群乌合之众，各个部落的首领都打着自己的小算盘，各部的士兵也不是真心拥护他们。他们曾经一本正经地对天盟誓，并没有使联盟的力量增强。而誓言对大家也没有什么约束力。

次日清晨，趁札木合的人还在睡梦中时，铁木真率领士兵冲进了对方的营地。札木合醒来第一反应便是逃跑，他抛弃了辎重，率领部分轻骑逃走。

铁木真和王汗商量了一番，决定兵分两路去追击敌人。铁木真去追击乃蛮部和泰赤乌部，而王汗去追击札木合。

由于札木合抛弃了辎重，所以在逃亡的过程中靠抢劫存活，抢劫的对象主要是曾经拥护他的各部。这也是他人生中一个污点，从此以后，他再也没有反抗铁木真同盟的影响力了。

王汗依旧对札木合穷追不舍，当札木合逃到额尔古纳河时决定投降，再次归顺了王汗，他的部下在目睹了他的卑鄙行径后纷纷离他而去。

白刃战，泰赤乌部的覆灭

泰赤乌部是铁木真的死敌，曾多次对铁木真发动战争，这次他们在斡难河边对峙。为了一举歼灭泰赤乌部，铁木真采用了草原勇士尽量避免的白刃战，身先士卒，多次冲锋陷阵，极大地鼓舞了蒙古大军的士气，最终取得了战争的胜利。经过这一战，铁木真的一个主要劲敌——泰赤乌部覆灭了。

当王汗追上札木合时，札木合不战而降，而铁木真的追击之路比王汗艰难不少。铁木真率领大军一路追击，来到了斡难河边，这里已经快要接近泰赤乌部人的营盘。北乃蛮首领不亦鲁黑汗继续向西逃去，而泰赤乌部人停了下来，列阵迎战。

泰赤乌部的首领阿兀出的父亲脱朵延吉儿帖当年曾迫害过铁木真母子，他见泰赤乌部人已经节节败退，便和一部分族人逃到他处。

泰赤乌部的首领阿兀出和塔里忽台知道即使投降，大概率也是死路一条，不如奋起一搏，也许会柳暗花明呢。他们将残兵败将集结了起来，与铁木真的大军隔河相对。

铁木真等人站在小山冈上，等待士兵再次集结。这时者勒蔑问道：“可汗取得了阔亦田之战的胜利，有什么感想呢？”

铁木真沉吟了片刻，回答道：“阔亦田的胜利实属巧合，得益于长生天的保佑。我发誓，我铁木真会为蒙古草原民众奋斗一辈子。”

正在他们说话时，一阵寒风袭来，铁木真打了一个寒噤。这个时候，合撒儿在他们后面喊道：“可汗，军队已经整顿好了，请可汗出发吧。”

于是，铁木真率领军队从高坡而下。此时，他内心澎湃，豪情万丈地说道：“如果我能够建立自己的国家，拥有自己的精锐部队，那么我们草原上的百姓生活会越来越好的。”

别勒古台接住了话头：“等我们建立起了自己的基业，相信可汗的英名会流芳百世的。”

铁木真边关注着泰乌赤部人的动静，边说道：“我现在最想看到曾经强大的泰乌赤部人像老鼠一样在我面前逃窜。我消灭了他们，人们就会更加爱戴我。”

别勒古台说道：“汗兄的理想远大，那么现在让我作为先锋去消灭整个泰赤乌部吧，替汗兄实现这一目标。”

铁木真连忙制止了别勒古台：“冲锋的时候还没有到来，要沉得住气，不要去送死。”

这时，一只老鹰从山脚下飞了起来，当从铁木真头顶掠过时，突然失去了平衡，摔在了铁木真面前。博尔术见此，惊慌地说道：“可汗，一只雄鹰竟然坠落在我们面前，这是不祥之兆哇。”众人也十分错愕。

军队中一个年轻人上前道：“可汗，我也懂些天象，这是长生天送给你的一份大礼。老鹰看到你而跌落，是因为你的梦想飞得比它高。”

铁木真觉得这解释有些胡扯：“那平时老鹰为何不跌落，而选择在我即将出战时跌落呢？”

年轻人挠了挠头，继续拍马屁道：“一路上，可汗都在抒发自己伟大的志向，这只雄鹰刚好听到了，听到如此惊世之语，被吓得跌了下来。”

铁木真听后笑开了花，说道：“虽然我不相信你所说的，但我还是要奖励你。”

博尔术则有些担心：“老鹰在阵前跌落而亡，恐怕是一个不祥之兆，可汗还是小心为妙。”

说着，他们来到了河边。铁木真看着前方的战场，者勒蔑再次上前请命道：“可汗，那只老鹰既让你感到了荣耀，又让你有些担心。那现在让我做先锋去消灭他们吧，这次长生天依然会保佑你的。”

铁木真眉毛拧成了一团，说道：“这次先锋位置留给我，如此一来，军队士气才会高涨。”

在追赶泰赤乌部人的过程中，铁木真发现他们并不好对付。作战时，草原上的战士会尽量避免血溅身上这种情况发生，所以他们很少会采用近距离的白刃战。除此之外，他们也认为敌人身上的气味和呼吸中带着他们的灵魂。所以，他们会极力躲开污秽，包括呼吸。只有在万不得已的情况下，才会近距离肉搏。

这个时候，博尔术小声地对铁木真说：“可汗，还是让我做先锋吧，我会一把掀翻泰赤乌部人的阵地。”

但铁木真坚定地摇摇头："感谢长生天为我带来这么多忠诚的将士，但我是统帅，更应该一马当先。"

博尔术见河对面泰赤乌部人在布阵，提醒大家："泰赤乌人十分擅长远射，大家要打起十二分精神来，一鼓作气杀入敌人营地中。"说完，他率领大军冲进了敌人的阵地。阿兀出被打得措手不及，他没有想到敌人会进行白刃战。经过短暂的慌乱后，他们立马奋起迎战。弓箭手则躲在不远的地方，瞄准目标后射出了弓箭。

铁木真看到后，面带微笑地说："他们难道想用弓箭射死骆驼吗？这次泰赤乌人在自己老家作战，真是太便宜他们了。"铁木真想速战速决，于是冒着箭雨率领士兵杀入敌人的阵地中。首领铁木真冲锋陷阵，极大地鼓舞了士气。不过，蒙古大军冲击了三四次，都无功而返。

者勒蔑是越战越勇，大喊着："长生天是一直站在我们这边的，大家一定要坚持住，胜利的曙光已经出现。"在他的鼓动下，蒙古大军发起了第五次进攻。

此时，泰赤乌部的首领塔里忽台则惊慌了。他冲弓箭手喊道："将士们，敌人队伍中冲在最前面、穿着深紫色战袍的便是铁木真。你们的弓箭要是能射中他，就会一辈子拥有享不尽的荣华富贵。"

这时一个叫作只儿豁阿歹的神箭手淡定自若地出现在了弓箭手们的前面。他问塔里忽台："铁木真在哪里？我来射他。"塔里忽台立马抬起了胳膊，指给神箭手看。

只儿豁阿歹弯弓搭箭，瞄准了铁木真的头部，然后射出。此时的铁木真正在冲锋陷阵，哪里知道有人暗算他。铁木真感到一阵疾风吹过来，但还没来得及躲闪，脖子便被射中，鲜血淋漓。幸运的是，弓箭没有伤到大动脉。

铁木真倒在了地上，者勒蔑第一个发现了他，立马冒着箭雨将铁木真背回了营地。

回到营帐没多长时间，铁木真便陷入了昏迷中。这种箭上很可能涂有毒药，但者勒蔑完全顾不上，用嘴吮吸着铁木真伤口上的瘀血，一口接着一口，直到嘴巴麻木了。最后，一刻不离地守护在铁木真的身边。

午夜过后，铁木真才恢复了知觉，气若游丝地说："我口渴，想喝点马奶酒。"

要是在平时，这是小事一桩，但现在可是比登天都难，因为他们远征之前并没有携带马奶酒。忠心耿耿的者勒蔑心急如焚，因为他害怕铁木真就此死去。他突然意识到，这里是泰赤乌部人的老家，他们一定有马奶酒。

但有一个问题摆在了者勒蔑眼前，那就是泰赤乌人不可能主动献上马奶酒。

如此一来，者勒蔑只能去偷了。但是，怎么去偷呢？泰赤乌人营地篝火烧得正旺，就是一只小羊羔出现，也会被发现的。

者勒蔑如同热锅上的蚂蚁，自言自语道："豁出去了。"他脱下了衣服、帽子和靴子，光着身体潜入敌人的营地，寻找马奶酒。对蒙古人而言，当众裸体是一种耻辱。任何一个蒙古勇士看到一个裸体男人，都会背过身去，假装没有看见，以免羞辱自己。

者勒蔑就赤身裸体穿过敌人的营地。他一进去，就有人发现了他，但他们出于礼貌将身体转了过去，也许他们认为这是自己人去上厕所。

者勒蔑在敌人的营地中找了好久，终于找到了一大块奶酪，马上将其抱在胸前，在敌人眼皮底下赤身裸体地回到了自己的营帐中。

者勒蔑赶紧用热水将奶酪融化，一口一口地喂给铁木真喝。铁木真喝了几口后苏醒了过来。当他知道者勒蔑是怎样吮吸他的伤口，是怎样冒着生命危险潜入敌营中，感动得一塌糊涂。

铁木真问道："如果你被抓，怎么解释这种事情呢？"者勒蔑淡定地说："如果真的被他们抓住，我会假装投降，说是被你剥光了衣服挣脱后逃了出来。等他们放松警惕时，我再偷一匹马逃回来。"

对于者勒蔑的救命之恩，铁木真并没有直接表达自己的感激之情，而是将这份情义深埋在心中。

次日，攻打泰赤乌部的战斗依然持续着。铁木真咬着牙，拖着沉重的身体准备再次上战场，但被众部将劝了下来。为了鼓舞士气，别勒古台穿上了铁木真紫色的战袍，率领士兵冲进了泰赤乌部人的阵地。众士兵见了，以为是首领铁木真再次率领大家冲锋陷阵，都奋勇向前。站在阵前的塔里忽台以为并没有射中铁木真而心生恐惧，打算逃走。这个时候，他手下的大将纳牙阿高喊："现在是我纳牙阿冲锋陷阵的时候了。"说完，他率领士兵冲杀进了铁木真的营地。

别勒古台为了不让纳牙阿看出破绽，于是避开他的军队，从另外一个方向向泰赤乌部发动了猛烈的进攻。

蒙古士兵看到铁木真身先士卒，斗志高昂。很快，他们攻下了敌人的营地。当纳牙阿返回主营地时，眼前一片悲惨景象，所有的泰赤乌人都倒在了地上。在别勒古台、阿勒坛、博尔术以及忽察儿等人的包围下，纳牙阿意识到无法逃走，想一死了之，但被博尔术拦了下来。

紧接着，别勒古台、忽察儿和阿勒坛每人率领一路士兵，继续清除泰赤乌部的残余势力。经此一战之后，长期与铁木真为敌的泰赤乌部已经变得不足为患了。

铁木真报了大仇后接下来要做三件事情：第一件便是寻找自己的大恩人锁儿罕失剌一家人；第二件事情是寻找大仇人塔里忽台；第三件事情便是将泰赤乌残部收入麾下。

铁木真负伤后仅仅休息了两天便开始打扫战场了，第三天，铁木真得到报告，“塔里忽台率领一部分士兵逃走了，抛弃了部落百姓”。

铁木真听说后忍着身体上的疼痛，亲自去安抚那些百姓，欢迎他们加入自己的部落。这个时候，一个身穿红衣服的女子映入他的眼帘。那个女子坐在木轮车旁呼喊着，这让铁木真颇为好奇。者勒蔑骑马过来说：“可汗，那位红衣女子一直在喊‘铁木真’呢。难道是可汗的亲戚？”铁木真听后更加疑惑，骑着马到了那位女子跟前。

“你为何呼喊着我的名字？”

那女子一听有人与自己说话便不再呼喊，也不再哭泣，说道：“铁木真是大英雄，我只要喊他的名字，他便可以救出我的丈夫。”

“我就是铁木真，咱们认识吗？你丈夫出什么事啦？”

红衣女子使劲地揉了揉眼睛，惊讶地说：“你真的是铁木真吗？我是合答安啊。铁木真曾经对我说过，在危急时分喊他的名字，他就会出现来救我，你真的是铁木真吗？”

铁木真一听心潮澎湃地说：“原来你就是合答安啊，我的救命恩人，我终于找到你了。你丈夫在哪里？”

“塔里忽台的部下将我的丈夫抓走了，还将他揍了一顿，现在还不知是死是活。”说完合答安又哭了起来。

“好合答安，别哭了，他们朝哪个方向去了？我去救你的丈夫。”

合答安停止了哭泣，用手指了指。铁木真骑着马飞奔到山冈上，只见几个泰赤乌人围住一个男人，不过那个男人已经死了。铁木真部下说道：“地上的人就是合答安的丈夫，不过已经归西了，真是可怜啊。”

铁木真下马，亲自将合答安丈夫的尸体裹好，并带了回去。

当铁木真带着尸体回到合答安跟前，她痛哭道：“为何长生天不保佑我们？难道是因为我们的命卑贱吗？如果长生天早一点让铁木真出现，你就不会死了……”

铁木真低下头来，温柔地抚摸着合答安的头发，说道：“都怪我没有早一点出现。如果你丈夫在天有灵的话，他看到你现在安全也欣慰了。”

铁木真让人裹好合答安丈夫的尸体，并吩咐他们予以厚葬。

“合答安不仅人美，心也美，她是多么地淳朴贞烈啊。”铁木真一直站在合答安身边直到她停止了哭泣，然后安排人将其带到自己的营地中。

夜幕降临时分，几个小兵向铁木真跑了过来，并汇报说：“泰赤乌部人一部分人归顺了我们，一部分人逃走了，更多的人战死了，现在他们已经完全丧失了抵抗力。”

铁木真站在众部将面前，将苏鲁锭高高举起，豪情万丈地说道：“乞颜部再次站了起来，它还会更加强大，直到统治整个蒙古草原。”

士兵们的欢呼声响彻云霄，整个营地沸腾了起来。

深夜时分，铁木真处理完手中的事情后问者勒蔑关于合答安的情况。者勒蔑说道：“她一直都在流眼泪，还没有向可汗表达感激之情。”

“唉，是我辜负了她，我曾经说过要娶她为妻的，我去看看她吧。”铁木真说完朝合答安暂住的小帐走去。

这时，合答安正在用衣角擦拭身上的泥土。铁木真走了过去，温柔地说道：“我的大恩人啊，你失去了自己的丈夫，这是一件悲伤的事情。我能体会到你内心的痛，但你要爱惜自己的身体。活下来人要好好的，死去的人才能安息。”

“我们已经尝遍了生活的苦，如今我的丈夫已死，我的父亲不知去向，活着还有什么意思。”合答安哽咽地说道。

“我的恩人，今天我们得以重逢，这是一件多么开心的事情啊。我会履行我曾经的诺言，你就踏实待在我身边吧，我不会让你再遭受颠沛流离之苦。”

次日，合答安父亲锁儿罕失剌出现在了铁木真面前，他不是一个人来的，身边还有一位年轻人。

“你是我最大的恩人，你的两个儿子已经来到了我身边，你为何才来呢？”铁木真诚恳地问道。

“我日日夜夜都想为你效劳，但如果我一走，塔里忽台就会抢走我所有的东西，我的家人也会有性命之忧的。”锁儿罕失剌说道。

铁木真点了点头，忽然看到锁儿罕失剌身边的那位年轻人，觉得有些眼熟，问道：“你是什么人？”

锁儿罕失剌介绍说：“他是泰赤乌部的神箭手，叫只儿豁阿歹。”铁木真听了后摸了摸自己的脖子，说道：“你就是那位差点射死我的神箭手吧？”

只儿豁阿歹扑通一声跪在了地上，说道：“是我射的，我知道自己罪大恶极，你现在就可以杀死我。”

铁木真上前将其扶了起来，说道：“你能坦诚自己的罪过，这很好。如果你能在战场上帮我用利箭杀死我的敌人，就像你为泰赤乌人所做的那样，我就可以饶你死罪。”

只儿豁阿歹没有想到铁木真如此爱惜自己，不禁为之折服，发自肺腑地说：“可汗,你的大恩大德,我会铭记一辈子。我愿意为你效命,横断黑水,粉碎坚头。”

铁木真满意地点点头：“好了，既然你是神箭手，那么就叫‘哲别’（箭镞的意思）吧，这样我就能牢牢记住你了。”

只儿豁阿歹得到了新生，说道：“承蒙可汗厚爱，哲别无以回报，只有献上我这满腔的热血。”

铁木真开心地说：“以后跟随我上战场，你要保护我，把利箭精准地插进敌人的心脏。”

第二天，铁木真将泰赤乌的悍将纳牙阿收在麾下。

离间计，哈兰真沙陀之战

由于札木合的不断挑拨离间，王汗和自己的义子铁木真的关系急转直下。终于，王汗决定对铁木真动武了，发动了哈兰真沙陀之战。哈兰真沙陀之战是铁木真上战场以来输得最惨的一战，经此一役，他的实力大减。但铁木真成功地团结了部下，使他们更忠于自己。

在消灭塔塔儿人部、泰赤乌部，驯服了主儿乞部后，铁木真在蒙古草原上有着非常高的威望，高得让王汗刮目相看。当然在铁木真击败泰赤乌部人时，王汗也干了一件大事，那就是击败了蔑儿乞惕人。

如今，在东到大兴安岭，西到阿尔泰山的广袤的蒙古草原上，只剩下以铁木真为首的蒙古部、以王汗为首的克烈部以及西边的乃蛮部。

为了使自己与王汗的联盟更为稳固，建立起更为亲密的关系，1202年冬天，铁木真向王汗提出：希望王汗能把女儿许配给他的大儿子术赤，还有，他还打算让自己的女儿嫁给桑昆的儿子。

铁木真如此乱点鸳鸯谱好像有些问题，如果这两门亲事都成了的话，桑昆既要喊铁木真叔叔，又要喊铁木真亲家。幸好蒙古草原上人们伦理意识淡薄，不大在乎辈分。

年迈的王汗对这两门政治婚姻没有什么意见。一向与铁木真不和的桑昆却借题发挥：“我妹妹嫁给术赤，这辈分降低了，会成为奴仆，只能在门边伺候他们。

而铁木真的女儿嫁到我们这里，却可以耀武扬威轻视我们，这样肯定不行。”

这只是桑昆的气话，蒙古部和克烈部地位平等，没有谁无视谁。桑昆为何要这样说呢？这是因为他原本就妒忌铁木真，另外，札木合也经常在他耳边吹冷风。

札木合知道桑昆一直不太喜欢铁木真，于是开始各种挑拨离间。他对桑昆说：“王汗已经明确表示你的能力不行，认铁木真做大儿子，明摆着要把克烈部的大位传给铁木真。即使不传给铁木真，照他那种喜欢东征西伐的性格，迟早会吞了克烈部的，你的前途堪忧哇。”

当然，王汗也是一个没有主见的人，对铁木真的态度一直都在左右摇摆。当感受到了铁木真的忠诚时，他就会站在铁木真这边；当铁木真不断扩大势力时，他就会感受到压力，在他人的挑拨下，会疏离甚至背叛铁木真。

当桑昆反对联姻时，札木合也在一旁煽风点火：“铁木真这家伙十分狡猾，联姻有利于他而无利于王汗。”

王汗慢条斯理地问：“此话怎讲？”

札木合开始分析：“铁木真是如何壮大自己的？是草原人都知道。这么多年来，他一直都在利用你的威望和力量。他这次联姻，也是在利用你，想依靠你铲除异己。不过我还听说他背着你在与乃蛮人来往，铁木真这是脚踏两只船。”

王汗犹豫地摇摇头，说道：“铁木真不是那样的人，他不可能联合乃蛮人来对付我。”

桑昆又点了一把火，说道：“他现在当然不会这样，因为我们还有利用的价值。譬如哪天乃蛮人惹他不开心了，他是不是可以利用一下我们？”王汗听完后心乱如麻，突然又觉得自己看不透铁木真了。他让人回复铁木真，联姻的事以后再说。

铁木真这回是热脸贴在了别人的冷屁股上，为此不开心了好几天，从此对王汗、桑昆更加反感了。

狡诈的札木合继续煽风点火，怂恿桑昆道：“我那安答虽然嘴上认你父亲为父，他只不过是想利用王汗，等利用完，不是一脚将你们踢开，就是吞并了你们。”

这时，之前受到铁木真惩罚而投奔王汗的忽察儿、阿勒坛也“义愤填膺”地说：“我们愿意帮你除掉诃额仑，杀掉她所有的儿子，包括铁木真。”

答里台也向桑昆表忠心：“我们愿意为你的光辉事业赴汤蹈火。”

桑昆早就看不惯铁木真了，他咬牙切齿地说道：“铁木真对我们大方，有意地讨好我们，不过是想骗取我那糊涂的父亲的信任。他一直垂涎克烈部可汗的位置，实在是太坏了。”

札木合分析道：“这是一件大事，要想干掉铁木真，一定要先说服王汗。”

桑昆很是胸有成竹："这事交给我吧，保准成功，那可是我亲爹，他只有我这么一个儿子。"

桑昆一见到王汗，就扑通跪在地上，数落着铁木真的种种不是，说铁木真现在是黄鼠狼给鸡拜年——不安好心，他请求王汗发兵除掉铁木真这个祸害。

王汗看着儿子，说道："铁木真多次救我于水火之中，如此过河拆桥，不太好吧，长生天也会愤怒的，起兵攻打铁木真是不是札木合的主意？"

桑昆挤出了两滴眼泪，接着说道："这与札木合没有关系。"

王汗苦口婆心地劝道："札木合是一个反复无常之人，上次攻打乃蛮时，还不是一样抛弃过我们！我看了他这些年的表现，只能用一个'差'字来形容。他嘴上功夫最厉害了，你千万不要听他的。"

桑昆说："札木合的话可以不信，但铁木真叔叔答里台的话呢？铁木真的堂兄弟们的话呢？他们为何要离开铁木真而投靠我们呢？"

王汗被问住了，皱眉问道："什么原因？"

桑昆开始一本正经地胡编了："那是因为铁木真是一个残忍而没有怜悯之心的人。你想想，三位亲王都离开了他，这还是有血缘关系的。说明了铁木真的不得人心，现在是攻打铁木真的最好时机。"

王汗想了想，说道："铁木真不是等闲之辈，现在对他发动战争就是在冒险。我现在也老了，还是过几天安稳日子吧。"

桑昆又说了一堆，说父亲不会审时度势，思想太保守等。自此，王汗的金帐中，桑昆的说客络绎不绝。

"皇天不负苦心人"，在他们的鼓动下，王汗终于同意了。王汗叹着气对桑昆说道："我是看明白了，你是铁了心要与铁木真对着干，我老了，不中用了，你想怎么干就怎么干吧，只是要承担背信弃义的惩罚。"

桑昆动情地说道："父汗请放心，这件事情跟你没有任何关系。"

得到父亲的允许后，桑昆回到自己的营地，对部下说道："前阵子，铁木真不是要和我们联姻吗？现在我们假装答应，请他们来宴饮，趁机将其一把拿下。"

铁木真收到邀请后十分开心，以为桑昆又改变了主意，打算带几个人去赴宴。路上，他们在蒙力克家中留宿。蒙力克知道了后不无担忧地说："桑昆之前断然拒绝，这还没过几天，就改变了主意，其中一定有诈。我听一些牧民说，克烈部这几天一直在召集人马，可汗，得小心提防啊。"

铁木真想了良久，说道："是得多个心眼。"于是，他派了几个部下去赴宴，并让他们告诉桑昆，说春天马儿太瘦，彩礼不够，等攒够了彩礼再来。

桑昆见一计不成有些心慌，连忙找人商量对策。最终，桑昆决定先下手为强，突袭铁木真。桑昆、札木合在忽察儿、阿勒坛的帮助下制订了作战计划。

得道多助，失道寡助，铁木真再次得到了长生天的庇佑。阿勒坛回到营帐中时对妻子和儿子说起了这件事情。妻子听完后说道："你这张嘴，尽惹祸了，小心被人告发了。"想不到隔墙还真有耳。阿勒坛的仆人端着马奶酒来到门口，听到里面的谈话内容后，连酒都不送了。这个仆人是被阿勒坛逼着离开铁木真来到克烈部的，他来到另外一个仆人的家中，说道："不好了，克烈部要攻打铁木真了，阿勒坛也要参加。"

另外一个仆人错愕地说道："他们不是一直是盟友吗？怎么也要打起来啦？"

仆人把偷听来的话重复了一遍，两人便轻手轻脚地来到阿勒坛的营帐前。此时，帐篷里传来了阵阵磨刀的声音，还有两个男人的说话声。阿勒坛说道："我终于要向铁木真讨回公道了，想当年，他是如何让我在大家面前颜面无存的……"

两个仆人权衡了一番，觉得还是投靠铁木真比较靠谱。如果铁木真得到了这一重要情报，一定大大地奖励他们。

两人说干就干，准备了马匹和干粮。等到夜深人静时分，两人翻身上马，朝铁木真营地狂奔而去。铁木真得到消息后先是不相信，再联系上次蒙力克所说的，也只得接受这个残酷的现实。他立马将部众召集了过来，准备迎战。

几天后，两军在哈兰真沙陀相遇。王汗这次也随军而来，用他自己的话来说，他是来给亲儿子坐镇的。亲儿子和干儿子相比，当然是亲儿子比较重要。

王汗站在阵前，脸不红心不跳地鼓励士兵道："克烈部的勇士们，我的好儿子铁木真要拿我这个父亲开刀了。你们一定要替天行道，为民除害啊。"然后，他转头对桑昆说，"今日之战，一定要打败铁木真，这样你就能过上安稳的日子了。"桑昆喜笑颜开地回答道："这是自然，只要能把铁木真打进地狱，整个蒙古草原就是克烈部的，父汗就能安享晚年了。"两人一唱一和，好不开心，听得札木合心里一阵阵难受。

王汗因为与铁木真有誓言在先，这次开战让他有心理包袱。于是他采取了一个掩耳盗铃、置身事外的方法，那就是让札木合当统帅。在草原上借兵的事情经常发生，只要统帅不是他王汗父子俩，就算没与铁木真撕破脸皮，也算没有违背盟约。

但札木合也不是傻子，他假装谦虚地说："我现在的作战本领远远不如铁木真。如果把那么一个强大的克烈部交给我来统领，岂不是要玷污它的威名？"

头脑简单的桑昆将札木合的话一字不差地说给王汗听。王汗冷笑道："这只狡猾的狐狸，这场战争明明是他挑动的。现在却想鹬蚌相争渔人得利，去把他给我捉来。”

但札木合的智商明显比王汗父子俩的高，等桑昆去擒拿他时，他早就逃出了营地。接下来，札木合的做法印证了王汗的猜测。

札木合逃出阵营后派两个人将王汗的作战计划告诉了铁木真，还捎上了自己的话：“王汗的作战本领还不如我，所以我相信我的好安答一定能取得战争的胜利，加油！”

铁木真的部下劝他别相信札木合的话，但铁木真分析了一番后说道：“札木合是想让我和王汗拼个你死我活，他好捡便宜，所以他给我的情报应该是真的。”

札木合给的情报是：王汗这次将克烈部所有的兵力都带来了。作战部署是以攻为主，各个队伍轮番上阵，将敌人包围住，然后兵分四路，打歼灭战。

“王汗不愧是王汗，姜还是老的辣。”铁木真分析完王汗的情报后感叹道。

很快，克烈部人发动了进攻。第一轮进攻开始了，王汗的先锋队杀了过来。铁木真披挂上阵，在前面冲锋陷阵。乞颜部兵力虽然没有占据优势，但斗志昂扬，很快击退了敌人的第一轮冲锋。

王汗见后，大手一挥，第二支队伍冲了上去。铁木真见状立马传令，让先锋术赤台向后撤退，同时让忙兀部的指挥官前去接应术赤台。

王汗的第一支队伍和第二支队伍会合在一起后再次发动了猛烈的进攻。等时机成熟后，他下令第三支队伍和第四支队伍加入战斗。四支队伍不但击退了铁木真的先锋，还将他们包围住了。

铁木真一看形势对自己不利，立马将所有的兵力投入了战场。他将后备军分成两个部分，一部分去解救被困住的先锋部落，另外一部分则避开战场，直接攻打王汗。

王汗没有料到铁木真在主力被困住的情况下会来偷袭他。他的第四支队伍是他的护卫军，在发现情况不妙时，立马撤退去保护主子。如此一来，另外三支队伍以为发生了什么事情就分神了。铁木真逮住这个机会，再次发动猛攻，逼得王汗的三支队伍连连后退。

铁木真眼看天快要黑了，于是对众将士说：“天色已晚，我们先收兵吧，明日再与我的好父亲干一仗。”

这边铁木真准备收兵，但那边的桑昆却不答应了。他眼睁睁看着战争的形势从对自己有利的方向到对自己不利的方向转变，急得如同热锅上的蚂蚁。如果不能做出点成绩来，他真的无法向父汗交代，想当初他是费了大力气才征得父汗的同意，才有了这场战争。在开战前，他还作下保证，这次要将铁木真送到阎王那里。但现在人家铁木真还活蹦乱跳的，并且还越跳越欢快。

情急之下，桑昆忘了发号指令，只身一人直接冲了下去。克烈部人在内心为他的勇敢呐喊，他那架势好像要从铁木真的千军万马中取来他的脑袋。可冲下来不到几分钟，他的腮部便插上了一支箭，从马上跌落了下来，捂着腮满地打滚。

克烈部人赶紧将桑昆抬回高处。他一直在痛苦地呻吟着，王汗开始唠叨起来："我很早就说过，铁木真不好惹，你们偏要去招惹他。看吧，我儿子脸都要没了。"

此时铁木真早就收兵了，两军初次交锋，算是打了一个平手，克烈部损失了四百多人，而铁木真也有几百人伤亡。

其实，王汗的实力更为强大，恢复也快。相比较而言，铁木真的处境艰难不少。当天晚上，和部将商量一番后，铁木真当机立断，下达了撤退的命令。

在撤退的时候，铁木真担心王汗会追击过来，于是下令一部分士兵接着一部分士兵地撤退。如果这时王汗派兵追击，那么他们把铁木真送到阎王的梦想就能够实现了。但王汗没有这样做，他现在没有心思打仗，心里只有他那无能的儿子。次日，他便拔寨回营了。

那个撤退的晚上，铁木真心情糟糕透了。一部分人认为铁木真打了败仗，便抛弃了他逃走了。草原人眼中大概只有肉吧，不考虑忠诚不忠诚的问题。当你有肉可吃的时候，大家才会跟随着你。如果只有树皮可吃，他们就会纷纷作鸟兽状逃走。

第二天清晨，铁木真清点人马，发现三万人现在只剩下 4600 多人。更为糟糕的是，他的弟弟合撒儿、第三个儿子窝阔台、爱将博尔术以及博尔忽兄弟俩不见了。他立即派人赶紧去寻找，但一直没有回音。他每天都向长生天祈祷，魂不守舍等了两天，终于等回了博尔术。

一见到博尔术，铁木真迫不及待地问："你终于回来了，真是让我担心坏了，和你一起冲锋陷阵的窝阔台和博尔忽呢？"

博尔术回答道："昨天我与他俩在一起，但在给窝阔台打掩护的时候，我的战马被射中了，导致我摔倒在地。在这个紧要关头，窝阔台射中了桑昆，导致大部分敌军涌向了桑昆。我看到了一匹驮着辎重的马，于是将绳索斩断，翻身上马，拼命奔向大军撤退的方向。也是在这个大乱的时候，我与窝阔台、博尔忽失去了联系。"

铁木真听完后说道："你真是我的好勇士，希望长生天能够保佑窝阔台和博尔忽，让他们能够安全返回。"

没过多久，一个哨兵惊慌失措地跑了过来，说道：“可汗，又有一匹战马飞奔而来，估计是哪位将军回来了。”

铁木真一听更加紧张：“只有一位将军吗？为何不是几匹战马呢？”

当战马终于来到营地时，铁木真发现战马上有两个人，这才把心放在肚子里。博尔忽嘴角流血，左胳膊已经受伤，骑在马上，后面卧躺的是窝阔台。铁木真亲自将博尔忽从马上扶了下来，并紧紧地拥抱他：“我的英雄啊，你可回来了。”

博尔忽疲惫不堪地说：“将窝阔台带回来是我的责任。感谢长生天的保佑，使我们留着性命。”众部将小心翼翼地将窝阔台抬下马，将其抬到床榻之上。

铁木真感慨万千地问：“你们是如何从敌人的阵营中逃脱出来的？”

博尔忽回答道：“我和窝阔台冲进了敌人的包围圈中。当窝阔台射中了桑昆的时候，敌人冲了上来。情急之下，我用刀狠狠地刺了一下他的战马。马咆哮着向前奔去，冲出了敌人的包围圈。我紧跟其后，挥刀乱砍，也杀出了包围圈，追向窝阔台。等我再看到他时，他脖子上已经中了一箭。我把他放在我的马上，然后抄小路走，找了一个较为隐蔽的地方休息了一下。天一亮，我就带着他朝我军撤退的方向狂奔而来，直到今天才追赶上大部队，让可汗担心了。”

铁木真听了后不由自主地流下了眼泪，拔出了宝剑，放在火堆上，烧红后，烫烙好窝阔台的伤口，此时他的心在滴血。

哈兰真沙陀之战是铁木真从上战场以来输得最惨的一战，毕竟这次他的敌人是蒙古草原一代霸主，铁木真能够捡回一条性命已属幸运。不过，铁木真还是为此伤心了很久，伤心到怀疑自己的能力。

铁木真一直向后撤退，边撤边等待弟弟合撒儿的回归，撤退到大兴安岭南麓，这里水草丰美，但已经不属于蒙古草原。他居然被赶出了草原，这让他觉得憋屈，快憋出了内伤。最后，他只能面对现实，在此安寨扎营，休养生息，以图他日东山再起。

这里距离孛儿帖的娘家——弘吉剌部很近。当确定王汗已经撤兵后，铁木真才同部将商量下一步的计划：“弘吉剌部一向没什么战斗力，我们可以让他们归顺我们，如果他们不答应，就用武力征服他们。”

铁木真派人去了弘吉剌部，对他们说：“我们是亲戚，亲戚之间应该互相帮助。我们准备在这里休养一段时间，希望能得到你们的允许，如果不答应，只能刀兵相见。”

为此，弘吉剌部立马召开了内部会议，最终同意归顺。因为铁木真虽然现在伤痕累累，但实力仍然比他们强大很多。

铁木真收服了弘吉剌部后就来到了贝加尔湖东面的董哥泽，这里水草丰美，是一个休养生息的好地方。

直到这时，铁木真才真正安顿下来，他派出使者给王汗送信。使者声情并茂地转达铁木真的话："我的父汗啊，你为何这般对我呢？我铁木真对父汗忠心耿耿，绝无不轨之心。如果我有做得不好的地方，你可以教导我一番，不必这样大费周章地毁坏我辛辛苦苦建立起来的基业，使我们不得安生，无家可归啊。"

听到这般话后，王汗满脸通红，无言以对。使者接着传达铁木真的话："我对王汗的忠心日月可鉴，王汗也是忠厚之人，一向关心爱护我，这次一定是中了某人的挑拨离间之计，我知道这并不是王汗的本意。"

王汗急忙回答说："是呀，是呀。"

使者说："王汗，去年可汗将你从乃蛮人手中救出来的时候，你们还重申父子之盟。盟言犹在耳，你就听信谗言如此践踏誓言，这让大家以后怎么相处呢？"

王汗听完满头大汗，说道："快别说了，我这是老糊涂了，老糊涂了。"说完，他拿出一把匕首，割破小指头，将鲜血滴进一只牛皮小桶中，说道，"你回去告诉铁木真，从今往后，如果我再对我儿铁木真心怀恶意，就让我这样流血不止，死无葬身之地。"

"可汗还有话带给桑昆，"使者接着说道，"我是父汗的义子，你是父汗的亲生儿子。父汗一直对我俩一视同仁，你却从中作梗，破坏我和父汗的关系。现在我也不计较了，希望你好自为之。现在不要再让父汗忧愁了，难道你想在父汗活着的时候谋权篡位？你这样做只会让父汗更加难过，如果你觉得我冤枉了你可以派使者前来解释一下，我给你这个机会。"

桑昆一向看不惯铁木真，听完后冷笑道："这铁木真还真能装，明明是他觊觎我父汗的汗位，还说我要篡位。你回去告诉他，要打就打，废话少说。我们这辈子都是仇人，改不了。"

铁木真的使者偷偷地找到了答里台、忽察儿、阿勒坛三位原蒙古亲王，愤愤转达铁木真的话："我不明白你们为何要背叛我，要知道我们是亲戚。你们当初推举我为可汗时都发誓一辈子效忠于我，你们的良心呢？你们看看吧，王汗就是一个反复无常的小人，连我这样忠心于他的人都被无情地抛弃了。不要等到他抛弃你们的时候来找我了，要知道，我们还都是蒙古人，快回来吧。"

答里台、忽察儿、阿勒坛听完后恨不得找个地缝钻进去。但是，他们已经不想回去了。具体什么原因，也许是恨铁木真当时的无情吧。即使他们不为王汗服务，也不会回到铁木真身边，他们已经有了自己的计划。

最后，铁木真的使者找到了札木合，冷言冷语地说："你从中作梗，煞费苦心地去破坏可汗和王汗之间的关系。现在好了，你如愿了，希望你们能永远在一起。"

札木合现在愁坏了，因为他多次临阵脱逃，导致王汗疏远了他，再也不愿意相信他，更不可能永远在一起。

铁木真总算把憋了好久的话说了出去，当然他不是为了要一下嘴皮子，而是使用了离间计。铁木真的这番话让三位原蒙古亲王以及札木合开始猜忌王汗，破坏了他们之间的联盟。

而桑昆坚持与铁木真对抗到底，但再也不能像上次那样随心所欲调动军队了。

一日，答里台、忽察儿、阿勒坛以及札木合坐在山坡上看风景，这时札木合说道："经过哈兰真沙陀这一战，铁木真和王汗都元气大伤。桑昆那智商为零的家伙想继续攻打铁木真，而王汗已经不想打了。父子二人意见不合，克烈部内部的凝聚力肯定会一天不如一天。他们已经不是我们能够乘凉的大树了，不如我们把这棵大树砍掉，当柴烧得了。"

答里台有些听不下去了："这样有些不太合适吧，王汗父子曾经收留我们，怎么说也是对我们有恩。"

忽察儿激动地说："这有什么不合适的？他们克烈部人的属地原本就是我们蒙古人的，此时夺回来也是理所当然的事情。"

答里台问道："那么，杀掉王汗和桑昆后干什么？"

"当然是自立为王，"札木合狡黠地说，"至于立谁为王，可以选举。"

阿勒坛说道："总归我们几个都是蒙古人，好说。"

答里台问："那你们有必胜的把握吗？不要搬起石头砸自己的脚才好。"

"我和忽察儿早就商量过了，"札木合一副胜券在握的样子，"以我们四个人的实力，是不足以对付王汗和桑昆的。但如果我们使用偷袭的办法，那就另当别论了。"

忽察儿兴奋起来："那就立即行动吧。"

在敌人地盘商量的计划很可能会被敌人知道，再加上札木合四人整天偷偷摸摸、鬼头鬼脑的，王汗再糊涂也是吃过很多盐的人，于是派人去调查他们。当发现他们四人的阴谋诡计时，迅速带人包围了他们，准备杀掉这几个狼心狗肺的家伙。

札木合也有自己的眼线，当他得知消息后骑上早就准备好的马匹，带着他们三人和部下杀出重围。经过一夜的奔波，他们终于摆脱了王汗的追击。太阳冉冉升起，给荒原染上了一层金色。札木合、答里台、忽察儿、阿勒坛找了一个隐蔽的地方坐了下来，商量该何去何从。

答里台抱怨地说道："札木合呀札木合，我该说你什么好呢？你空有一肚子的才能，可惜都泡在坏水了。你拆自己的窝我也就不说了，连我们在人家大树底下的窝也被你拆了。"

札木合恼羞成怒，说道："老东西，说不定就是你泄露我们的计谋的。"

答里台一脸苦笑："如果是我泄露的，我会跟你们一起逃跑吗？"

阿勒坛劝道："你们都不要吵了，现在我们是丧家之犬，好好商量一下接下来该怎么办吧。"

"办法还是有的。"札木合说。

"什么办法？"三人不约而同地问道。

"投奔乃蛮部的太阳汗。"

众人一声不吭，札木合接着说："现在，我们是彻底与王汗闹掰了。铁木真又躲进了草原深处，况且我们已经撕破了脸皮。现在只有太阳汗可供我们投靠，况且他还是铁木真和王汗的对手，一定会收留我们的。"

阿勒坛沉思片刻道："也只能如此了。"

忽察儿对此表示赞同，说道："敌人的敌人也就是我们的朋友，我们赶紧行动吧。"

"要去你们去吧。"答里台不同意了。

"你呢？"三人吃惊地问道。

"我还是回去找铁木真去。"

札木合跳了起来："老东西，你是不是早就有这个主意啦？"

"唉，我一直觉得离开铁木真就是一个错误。"

"你想投靠铁木真，好与我们作对，是不是？看我不杀了你。"札木合抽出了刀。

"札木合，你这是干什么？"阿勒坛一把拦住说道。

"四叔，好马不吃回头草。"忽察儿劝道。

札木合试图推开阿勒坛，答里台根本不想反抗，说道："阿勒坛，你让他把我杀了。我头发胡子都白了，死了就一了百了，再也不用到处颠沛流离了。"

"札木合，人各有志，你把刀放下。"忽察儿说道，"四叔，事已至此，我们各奔东西吧。"

荒原无边无际，札木合等人分成两伙，朝相反的方向前进，越离越远了。

当然，铁木真热情地欢迎了答里台，并向长生天发誓，他对答里台会像以前一样好。当然还有更开心的事情，那就是弟弟合撒儿回来了。

在那场哈兰真沙陀之战中，合撒儿在撤退的时候突然迷路，居然跑到王汗营地前，被捉住了。

王汗试图利用合撒儿击败铁木真，他对合撒儿说："草原上的人都知道你比铁木真有实力，能够代替铁木真。现在机会就在眼前，只要你与铁木真为敌，以后我扶持你当蒙古可汗。"

合撒儿是一个野心与能力兼备的人，在铁木真崛起的过程中，他立下了汗马功劳。但是，让王汗没有想到的是，合撒儿选择了亲情，拒绝了功利。合撒儿是这样回复可汗的："即使要称汗，我也要凭自己的本事而不必依靠他人的力量。"

王汗失望至极，正要放弃改造合撒儿。合撒儿又来找他，说道："我绞尽脑汁想了几天，发现是我没有看清现在的形势。我可以和你合作，一起将铁木真打进地狱，那时我就是蒙古的可汗了，以后我也会像铁木真一样对你忠心耿耿。"

王汗开心极了，就放了合撒儿，让他去陷害铁木真。难道王汗就不担心合撒儿再次投靠铁木真吗？他不怕。这次他多留了一个心眼，那就是只放合撒儿回去，将他的妻子孩子扣了下来。合撒儿一人离开了王汗，一路上靠吃树根草皮活了下来，历经千辛万苦，找到了铁木真。此时，他已经饿得没有人形了。

合撒儿一回来便告诉铁木真："桑昆正在集结克烈部主力，准备攻打可汗。"

铁木真听完后跺了跺脚，说道："这个桑昆太绝了，不干掉我誓不罢休，继续向后撤。"面对铁木真的仓皇撤退，不少部将心都凉了，说道："我们跟随铁木真是为了找肉吃的，不是为了跟随他四处逃亡的。要逃亡，我们自己能逃。"说完，大家便纷纷作鸟兽状逃走。

当铁木真抵达班朱尼河畔时，天色昏暗，雷声滚滚。他无限伤感地说："打了这么长时间的仗，第一次如此狼狈不堪。"纳牙阿失落地说道："可汗，现在部落只有 19 名主要将领了。"

铁木真只是长长地叹了一口气："唉，又回到原点了。"

突然袭击，征服克烈部

在困境中的铁木真并没有放弃努力，不断地招兵买马，壮大自己的势力。等他足够强大时，就对王汗发动突袭，最终征服了克烈部。铁木真把部落之间的交

往操纵得游刃有余，在与对方的交往和竞争中寻找壮大自己势力的机会，他的强大也是水到渠成的事情。

铁木真现在的处境艰难极了，他们过着吃了上顿愁下顿的生活。他们衣衫褴褛，但一直在大谈特谈蒙古草原的形势。要是这时有人经过，一定会觉得他们已经疯了。

铁木真说："现在是考验我们每个人意志力和忠诚度的时候了。"术赤台紧接着道："可汗说得对，只要我们能够吃下这苦，还会重新站起来的。到时候让王汗的脑袋在地上啃泥，将桑昆的狗头悬挂在辕门上。"

铁木真又说："王汗和札木合有着强大的实力，是我没有重视起来，还让大家和我一起吃苦，真是难为大家了。"

众将士脸上布满了阴云，俗话说：男儿有泪不轻弹。对于一个英雄来说，即使流血都不能流眼泪，但此时铁木真身边的英雄们都流下了眼泪。铁木真见此也跟着掉眼泪，但依然坚强地说："我要用将士们的眼泪来祭奠长生天，要用王汗的哭声换取将士们的笑脸。"

一个士兵走了过来："可汗，我们已经没有食物了。明天大家要饿肚子了。"者勒蔑立马接住了话头："我们去挖野草。"说完，他站起来带头挖野菜去了。

班朱尼河只是名义上的"河"，事实上只是一个烂泥坑，浑浊的泥水是苦涩的，野草也是苦涩的。

夜深人静时，铁木真等人躺在草地上仰望星空，久久都无法入睡。这时，铁木真打破了宁静："小孩儿喜欢星星，但大人喜欢太阳。"者勒蔑接着："我们现在既失去了星星，也失去了太阳，这是长生天在考验可汗。"阿儿孩说："只有经受得住考验，才能获得更大的成功。"铁木真听完面带微笑说："你这番话还挺有道理的，像一个文化人。我的志向就是做蒙古草原人的可汗。每当遭遇挫折的时候，我都给自己打气，千万不要放弃，当然这次也不例外。我们一定会重新站起来的，并且走得更远。"大家精神上得到满足后便踏实地睡去了。

次日，原野上出现了一匹野马，众人眼睛直冒绿光。他们已经吃了很多天的草根树皮了，没有沾一点荤。铁木真暗暗地下达了围攻的命令，合撒儿翻身上马，拦住了野马，然后弯弓搭箭。只听见"嗖"的一声，众人感觉到一阵风吹过脸庞，吓得闭上了眼睛。等睁开眼睛一看，他们并没有看到野马，那匹野马从他们眼前消失了。

众人失望至极，个个叹着气。铁木真安慰他们道："野马肉不好吃，咬不动，还是去挖点野草吧。”

第三天，他们又围在一起开会，商量如何攻打克烈部。突然，合撒儿发现昨天那匹溜掉的野马又出现了。众人哪有心情再开会，都站了起来，准备第二次抓野马。铁木真说：“这匹野马十分狡猾，我们无法靠近。合撒儿，要不你再试一次，毕竟你比较有经验。”

合撒儿道：“那我再试试。”说完，他再次弯弓搭箭，一箭射了过去。那匹野马嘶鸣了一声，被射中了。大家立马奔了过去，拿刀捅向了野马。

铁木真开心地说：“这是长生天在保佑我们，给我们送点美味。”

野马肉很快被煮熟了，别勒古台说道：“我们没有马奶酒，怎么办？”铁木真想了想：“那就以湖水代替酒水吧。”

别勒古台听完后笑了笑，说道：“用湖里的污水配野马肉，这是让人铭记一辈子的事情啊。”

铁木真举起酒盏，将一盏湖水一饮而尽，者勒蔑说道：“这可是好马奶酒，比平常的马奶酒更纯。”合撒儿说道：“今日我们能够在此吃肉喝酒，实在是惬意呀。汗兄要铭记这个时刻，大家都是对你忠心耿耿的好伙伴啊。”

铁木真也万分激动地说：“日后我如果能成就大业，一定不会亏待今天同我共饮湖水的你们的。”

大家喝完湖水后发誓将一生追随铁木真，这就是蒙古历史上著名的“班朱尼河盟誓”。这 19 人后来成为铁木真的核心力量，也被称为“班朱尼河派”。

正热闹的时候，速不台一眼瞥到一个人影。他马上起来望向那边，并说道：“可汗，一个有钱人过来了。”

众人都站了起来，看着有钱人来到自己的跟前。那人站在铁木真面前，说道：“我一眼就看出你是一个贵人，请问尊姓大名？”

“你为何要知道我的名号？你又是何人呢？”铁木真反问道。

“我是花剌子模的商人，名叫镇海，这次是去金国做生意的。”

“不是敌人，那便是朋友了。来，坐下来和我们一起吃肉。”镇海感到盛情难却，于是坐了下来。他看了一眼酒盏，诧异地问：“你们连马奶酒都没有吗？看来你们是一群逃亡的人啊。”

别勒古台连忙说道：“刚才同你说话的正是我们的铁木真可汗，你听说过他吗？”

镇海睁大眼睛，诧异地问道：“真的是铁木真可汗吗？可汗已经名扬天下，我在中原时屡次听过可汗的威名。”

铁木真苦笑地回答："这样说来，镇海先生不仅是商人，还是一个云游天下的智者呀。"

镇海谦虚地说："过奖了，过奖了。在金国做生意的时候，我就听人说铁木真可汗在战场上百战百胜，十分厉害，整个蒙古草原都要被你统一了。"

铁木真叹了一口气道："好马也有失蹄的时候，这不，这次交战失败了，快要成为孤家寡人了。但是我是不会气馁的，我相信自己，也相信大家。"

镇海心生敬佩地说："可汗的志向如此坚定，难得，难得。如果可汗不嫌弃的话，我愿意将手上的一千只羊送给可汗，并且希望可汗将我收在帐下。"

铁木真心花怒放道："镇海先生如此慷慨，我怎么好意思拒绝呢？"

"我敬重可汗的为人，能够为可汗效力是我人生的一大快事。"在一片欢声笑语之中，铁木真热情地欢迎镇海的加入。

这段时间里，铁木真把他的部下分派出去，为他招兵买马，要能收编的就将其收编过来，遇到财物，特别是马匹，就抢夺过来。慢慢地，铁木真的队伍再次强大起来。

这几天，铁木真根据合撒儿的情报制订出了一个抓捕王汗的计划。合撒儿按照计划返回克烈部，在路上，他听说王汗前阵子和金国发生了冲突，遭受到了金国的打击，目前也在休养生息当中，他马上将这个情报告诉了铁木真。铁木真听到后开心地说道："这正是长生天在帮助我，王汗，你的死期到了。"

合撒儿回到了王汗身边，说道："我找铁木真，找了好久都没有找到。一想到我的妻子儿女都在王汗身边就回来了，还是想继续为王汗效力。"

王汗听了这句话后，假惺惺地叹息道："长生天啊，难道我那可怜的儿子铁木真真的死掉了吗？这太可惜了，合撒儿你仔细找了吗？"

合撒儿伤心地说道："大概是死掉了，就算还活着，估计也离开了蒙古草原。"

王汗流下了开心的眼泪，说道："铁木真是一个不可多得的人才，我已经失去了一个好儿子，不能再失去你了，到我身边来吧。"

接下来，王汗开始大摆宴席，与其说是迎接合撒儿的回归，不如说是庆祝铁木真的消失。整个克烈部热闹非凡，歌舞日夜不停。

这几天，铁木真率领大军日夜兼程，直奔王汗的营盘。

铁木真的前锋有一千人，由主儿乞人统领。主儿乞人一抵达王汗的营盘就发动了猛烈的攻击，虽然王汗毫无准备，但他人多，战斗进行得异常激烈。王汗护卫队的首领对他说："王汗赶紧从后面逃跑吧，我能支撑三天。"

王汗和桑昆撒丫子就撤，护卫队与铁木真的队伍整整厮杀了三天三夜。铁木真的包围圈越来越小，护卫队只好投降。

铁木真并没有对克烈部人进行大肆屠杀，也许是因为他们曾经是最好的盟友，彼此之间有一定的感情，也许是因为对王汗心存愧疚，因为他始终记得自己是在王汗的扶持下不断壮大起来的。可以这样说，王汗是他生命中的贵人。

铁木真将克烈部的人分给了自己的功臣们，甚至还重用了王汗的弟弟札合敢不。为了让札合敢不踏实下来，他娶了札合敢不的长女亦巴哈为妾，与此同时，他还让幼子拖雷娶了札合敢不的二女儿唆鲁禾帖尼。但后来札合敢尔看不清形势，他不愿意屈身于铁木真，逃到了太阳汗那里。

铁木真一直不太喜欢亦巴哈，最后将其送给了自己的护卫术赤台。真正为克烈部赢得无限荣耀的是札合敢不的二女儿唆鲁禾帖尼，她后来成为成吉思汗家族至关重要的一个成员。她稳重、聪明，有政治头脑。她和拖雷生下了四个名扬天下的儿子：元宪宗蒙哥、元世祖忽必烈、伊利汗国之主旭烈兀、阿里不哥，她成为蒙古的“四汗之母”。当然，这都是后话。

当铁木真正忙于安抚、收编克烈部人时，王汗和桑昆正在逃亡的路上。王汗想投靠南乃蛮，而桑昆却想去西夏，于是两人分道扬镳。王汗独自一人在沙漠中逃亡，一边逃一边后悔：“都怪我太糊涂，轻信了不该信的人，招惹了不该招惹的人，才落到如今这个地步。”

夕阳笼罩着乃蛮部的边境，几个乃蛮士兵押着王汗。

一个边廷小吏正坐在地上喝酒吃肉，漫不经心地问：“这就是你们所抓的奸细？”

小兵回答道：“是他。”

王汗为自己辩解道：“不，我不是奸细，我是克烈部的脱斡邻勒汗。”

小吏愣了一下，“噗”地喷出一口酒，哈哈大笑道：“你这个肥胖的糟老头子还是王汗呢，要是你是王汗，我就是大金国的皇帝了。”

王汗对小吏大骂，说他狗眼看人低。小吏不禁怒火中烧，抽出刀来，一刀捅进了王汗的肚子。

王汗瞪着眼睛，说出人生中的最后一句话：“长生天啊，我本不该来到这里。我的儿子铁木真即使吞并了我的王国，也会让我颐养天年的吧。”

威震蒙古草原的一代霸主就这样带着无限的遗憾，稀里糊涂地死在了一个无名小卒之手。

在乃蛮部的汗廷，太阳汗正和古儿别速一边饮酒一边欣赏美女们的舞蹈。

这时，太子屈出律走了进来，说道：“父汗，一个边廷小吏抓到一个自称是克烈部王汗的人，不知道是真是假。”

古儿别速说道：“你把人带进来看看不就行了。”

屈出律回答说：“已经被小吏当成间谍处死了。”

古儿别速训斥太阳汗：“太阳汗，你是怎么管理自己的军队！一个小吏竟然能够随意做决定，我的前夫——你的父亲在世时还从来没有发生这样的事情。”

屈出律将舞女轰走，说道：“现在该怎么做呢？”

太阳汗重复着儿子的话：“那该怎么办呢？那该怎么办呢？”

屈出律补充说道：“那个王汗说自己是被铁木真打败的，才来投奔我们。”

太阳汗诧异地问道：“这不对啊，王汗是名扬天下的蒙古可汗，而铁木真是一无名小卒，这不可能的。”

屈出律说：“铁木真可不是什么无名小卒，上次我们围困王汗时，就是铁木真逼退了我们，从而将他救走了。”

“铁木真？对，就是他。你怎么这么快就忘掉了他呢？”古儿别速责怪道。

“是嘛，我怎么就想不起来了呢？”太阳汗说道。

“你满脑子都是答亦儿兀孙的小女儿忽兰吧。”

太阳汗干咳了两声，屈出律不耐烦地说：“不要扯远了，王汗这边怎么办？”

古儿别速说道：“这个好办，你去把他脑袋砍下来，让他弟弟札合敢不认认不就行了。”

“这是个好办法。”太阳汗下令道：“屈出律，你下达一个命令，让那个小吏把那个自称为王汗的人的头割下来，然后送过来。”屈出律领命出去了。

这年深秋的某天，乃蛮部太阳汗的汗廷暂时变成了王汗的灵堂。

王汗那镶满银子的头被摆放在太阳汗的宝座上。

长老缓缓地念着悼念词：“他的一生是光辉的，立下了无数的丰功伟绩。他为人谦逊而善良，使万千臣民敬仰，此时他安详地睡着了。长生天啊，请接受这无罪的灵魂吧。”

太阳汗、古儿别速、屈出律以及札合敢不等人礼拜。

礼仪仪式完毕，忽察儿对札合敢不说道：“你哥哥死后能够有此荣耀，也能够瞑目了，你不要再伤心了。”

但札木合捅了一下忽察儿，悄悄地说：“太阳汗玩的这把戏，笑死人了。”

忽察儿愣愣地看着札木合。

在汗廷内，屈出律对太阳汗说道：“父汗，你把这老东西的脑袋放在你宝座上，然后那么隆重地去祭奠，有这个必要吗？”

“你懂什么？我这是做给活人看的，我们要让我的臣民看到，我是一个多么仁慈的君王。”

“我看刚好相反，你这么做，应该不少人会认为你是一个糊涂的君王。”屈出律说完便离开了。

太阳汗气急败坏地说：“你这个逆子，你怎么能这样跟父汗说话呢，就不怕遭天谴吗？”他气得对着王汗的脑袋发起了脾气：“这都是因你这个死鬼引起的。”突然他看见王汗正笑眯眯地看着他。他揉了揉眼睛，又看了一眼，没错，王汗正冲他乐呢。他吓住了，大叫道：“快来人，把王汗的头从宝座上拿下来。”

侍卫们跑了进来，太阳汗指着一个角落说道：“快扔了，快扔了。”王汗的头被扔在了地上。

太阳汗觉得王汗的头还在对他笑，“快，快踩。”侍卫们一通狂踩。

直到王汗的头被踩碎了，太阳汗才长长地吁了一口气，说道：“长生天啊，还是你来接纳这个无处皈依的鬼魂吧。”

札合敢不的心都碎了，回到自己的帐篷里，呜咽道：“哥哥，你怎么这么惨啊？连死后都不得安宁。”哭了好久，他停了下来，说道，“哥哥，我一定要替你报仇，杀了太阳汗这个老东西。”

札木合赶紧用手捂上了札合敢不的嘴，说道：“咬人的狗是不会叫唤的。”札合敢不紧紧地抓住了札木合的手。

这边的桑昆弃父逃走后，带着几个随从从一个有水源的地方流浪到另外一个有水源的地方。一路上，他身边的人一个个地离开了，到最后只剩下一个名叫阔阔出的随从和他的妻子。

阔阔出看出主人桑昆已经是死路一条了，于是和妻子商量：“我们还是去投奔铁木真吧。”他妻子看不下去了：“在吃美味佳肴、穿绫罗绸缎的时候，桑昆视你为兄弟。现在他有困难，正需要人的帮助，你怎么能弃他而去呢？”阔阔出见妻子不走，破口大骂：“你这个愚蠢的女人，难道你喜欢桑昆？”

阔阔出妻子气愤地回答：“随便你骂，我觉得你比畜生还没有人性。如果你还是人的话，就把那个金碗留给他喝水吧。”阔阔出答应了，然后带上妻子掉转方向，朝铁木真营盘奔去。

铁木真知道了事情的来龙去脉后说：“阔阔出的妻子在主人桑昆落难的时候并没有抛弃他，这种忠于主人的人应该得到嘉奖。相对而言，阔阔出是一个不忠诚的人，不值得信任，应该被处死。”说完，他让人把阔阔出拖出去斩首，处死后示众，最后抛在荒野上。

桑昆次日醒来才发现阔阔出和妻子骑着他的马逃走了，不禁伤心不已。他艰苦徒步了一百多里路，终于来到了西夏，但西夏人不愿收留他。无奈之下，桑昆又流窜到畏兀儿人的营地，做些拦路抢劫的勾当。最后，他被畏兀儿人杀掉。直到这时，当地人才知道他是曾经强大的克烈部的继承人，当然这都是后话。这次战争后，尽管不少克烈部人得以生存下来，但实力已经被大大削弱了。

疑兵计，纳忽昆山战乃蛮

当铁木真征服了克烈部后，他最大的竞争对手便是乃蛮部了。当两军对峙时，为了迷惑太阳汗，铁木真采用了疑兵计，阻止了敌人提前发动战争，趁机休整人马。铁木真最终战胜了太阳汗，成为草原上的霸主。

征服克烈部后，铁木真的势力日益强大，如今能与之抗衡的也只有南乃蛮部的太阳汗了。但在札木合心中，这个太阳汗根本不配称作“太阳”。连太阳汗的儿子屈出律也是这样认为的。在这位年轻有为的人心中，父亲比女人还懦弱。甚至连太阳汗属下的第一猛将撒卜勒黑对他也颇有微词。

对于铁木真一天天的壮大，太阳汗除了不开心还是不开心。在他看来，蒙古人没文化，怎么能够称汗呢，他准备一举歼灭铁木真。

撒卜勒黑提醒他道：“铁木真征服了强大的克烈部，不太好对付。”

太阳汗不屑地说：“铁木真算什么东西，要知道，草原上只有一个太阳，那就是我。难不成他也想做草原上的太阳？你看着，我马上去把那个叫什么铁木真的给抓过来。”

坐在一旁的古儿别速皱了皱眉说道：“我们要那些蒙古人干什么？听说他们经常吃粗食，一身的膻味。如果你抓到了蒙古人，千万不要让他们靠近我。”

“那就把他们都杀死。”

“如果有长得标致的女孩儿啊，不妨给我挑几个，让她们好好洗一个澡，换上干净的衣服，给我挤挤羊奶、马奶也好。”

“好，小小乞颜部竟然如此猖狂，我一定要消灭他们。我马上派兵去汪古部，让他们过来同我们一起作战。然后，抓几个小童给夫人挤马奶。”

撒卜勒黑哭笑不得：“太阳汗，你这是在开玩笑吗？战争关系着国家生死存亡，不是过家家。”

太阳汗生气地说道：“你怎么和君王说话呢？”

“是先君让我随时教导你的。”

“你自己都是一个糊涂蛋，还来教导我呢。撒卜勒黑你给我看着，我是怎样打仗的，是怎样做一个乱世君王的。”

古儿别速不耐烦地站了起来：“你们怎么整天聊这些打呀杀呀的，太阳汗，走，陪我去看看裁缝给我做的新衣服去。”

二人把撒卜勒黑晾在那里，他愤怒地低喃：“先可汗，你死的时候为何不带走这个女人？留下这样的一个女人配给你那无脑儿子，乃蛮马上要从草原上消失了。”

古儿别速嘀咕道：“这只老山羊，杀了算了，整天唠唠叨叨的。”

太阳汗叹息地说：“我早就想杀了他，但先王临终前苦苦嘱咐我，要听这个老不死的话。唉。”

“先王倒是死得瞑目了，可我们不得安生啊。”

太阳汗马上安慰她：“不要担心，我迟早会让这只老山羊闭上嘴巴的。”

太阳汗派一个足智多谋、名叫卓忽难的使者去了汪古部。卓忽难是带着太阳汗的书信过去的，此时的乃蛮已经有了自己的文字。相比较而言，蒙古则没有，他们的使者出使只会带着一张嘴。

卓忽难受到了汪古部首领阿剌兀思剔吉忽里的热情接待，他递上了太阳汗的书信。阿剌兀思剔吉忽里并不识字，所以只能尴尬地说：“还是麻烦你给我读一遍吧。”

“东边有一个叫作铁木真的人称汗了，十分嚣张。我希望你能出兵助我，消灭那个什么铁木真。”

阿剌兀思剔吉忽里听完后魂不附体，现在不管是太阳汗还是铁木真，都得罪不起。他想了想，说道：“现在不少族人都在远方打猎，等他们回来时，我们商量一番后再给你一个答复吧。你给我三天时间。”

卓忽难不愧是一个聪明人，马上听懂了这句话的弦外音。次日，他就偷偷溜回了乃蛮部。

太阳汗对卓忽难的做法十分生气，认为他应该等到一个明确答复后再回来。卓忽难瞪着眼睛说：“那时就回不来了，你别想这个了，还是赶紧备战吧。”

太阳汗叹气道：“唉，我的亲戚竟然如此无情无义。”

古儿别速冷笑了一声：“一个汪古部能有多大能耐，我们乃蛮部对付蒙古部足够。”

太阳汗说道：“也好，一个小小的乞颜部能有多大的能耐。”

一个部将添油加醋道："我听说蒙古军的战马瘦得连马鞍都驮不住。"

太阳汗听完哈哈大笑："那我们胜利在望了，他们不是一直自称是马背上的枭雄吗？我看狗熊还差不多。"

札木合冷冷地看着太阳汗，眼里充满了不屑。

太阳汗的使者一离开汪古部，首领阿剌兀思剔吉忽里立马派将领秃里必答思向铁木真通风报信，告诉他乃蛮部马上要攻打蒙古部了。当时铁木真正在帖麦该川（今哈拉哈河南）处围猎，收获颇丰。他听到这个消息后说："难道草原上一个真正的英雄都没有吗？只有小人才不断向我挑衅，既然如此，我铁木真只有迎战了。整个草原世界，蒙古部也只剩下乃蛮部这个强大一点的敌人了。刚好趁这个机会除掉他们，还不用找攻打他们的借口。"

使者秃里必答思明确表示汪古部随时听从蒙古部的调遣，绝对会是铁木真的好朋友。为何汪古部选择铁木真而放弃乃蛮部呢？那是因为铁木真是草原刚兴起的一股势力，率领着乞颜部东征西伐，先后吞并了多个强大的部落。而乃蛮部沉寂了若干年，估计早就忘记怎么打仗了，只要是明眼人都知道如何去选择。

铁木真热情地款待了秃里必答思，又送给了他 1000 只羊和 500 匹马，说道："贵部对我这般仁慈，我愿意同汪古部一起讨伐乃蛮部。"

秃里必答思听完愣了一下，明明是汪古部帮助铁木真讨伐乃蛮部，怎么成了铁木真帮助他们征伐乃蛮部了？看在那么多只羊、马的分儿上，秃里必答思也不吭声了，这个时候反对的才是真傻子。以后汪古部能够跟着铁木真大口大口地吃肉，这无异于天上掉馅儿饼。

1204 年，铁木真在黑林召开了大会，并举行了庄严的出征祭旗仪式，他们将旗称为"秃黑"。这个旗来自铁木真家族，边缘镶有九角狼牙，牙端悬挂着九条牦牛尾，这便是日后让敌人望风而逃的"九斿白旗"。在祭旗仪式结束后，铁木真率领五万大军冲向了乃蛮部。

在铁木真出发的时候，汪古部也按照事先的约定从营地出发，去往图拉河南岸，那是乃蛮部的南大门。

这次蒙古大军的先锋是哲别和忽必来两位大将。行走了 20 多天后，蒙古的主力军才抵达乃蛮的边境撒阿里一带。铁木真欣赏着美景，感慨地说："西部风光是如此之好，这就是乃蛮富饶的原因吧，我马上就能将其据为已有了，真好。"

在铁木真布局的同时，太阳汗正率领军队翻越阿尔泰山。

太阳汗趾高气扬地坐在马上，屈出律、撒卜勒黑、札木合、札合敢不、忽察儿、阿勒坛、答亦儿兀孙等跟在后面。

太阳汗微笑地对自己的士兵说："我本准备带领你们去蒙古草原将铁木真他们的弓箭夺过来的。感谢长生天，铁木真坐不住了，自己送上门来了。"

士兵们乐了，太阳汗又开玩笑说："听说铁木真这次出征身边只带了两名女子。这也太少了，不够我们士兵分。唉，等我们打败他们后去蒙古的乞颜部取吧。"

撒卜勒黑没好气地说："我劝你还是先保护好自己的女人吧。"

太阳汗听完干咳了两声，驱马向前。

落在后面的札木合对阿勒坛说道："我们得做准备了，想好下一步该投靠谁。"

阿勒坛诧异地看着札木合。

札木合小声地说："这个老家伙脑袋马上要搬家了，只是这次没有人给他的脑袋镶上银子了。"

阿勒坛瞪了他一眼，说道："札木合，你这话说得也太不吉利了。太阳汗的军队兵强马壮的，我看是铁木真的死期快要到了。"

前方一片混乱，札木合和阿勒坛驱马向前。原来他们正围着一匹瘦马，那匹马身上的马鞍都快要掉下来了。

王汗见了笑着说："这是我们抓到的蒙古部战马，看它瘦得连马鞍都挂不住，轻轻一推，就能倒地，这还怎么打仗啊？"

屈出律大声高喊道："铁木真这次要完蛋了，蒙古草原上只能有太阳汗。"

士兵们高呼："蒙古草原上只能有太阳汗。"

阿勒坛看着札木合："如何？你就等着铁木真完蛋吧。"

札木合没有说话，只是翻了一个白眼。从他多次与铁木真交手的经验来看，这必定是铁木真玩的一个阴谋诡计，想让太阳汗放松警惕。

此时札木合如果告诉太阳汗这个事实，无异于打太阳汗的脸；但如果否定，这不是铁木真的阴谋诡计，那么自己为何多次败在铁木真的手下呢？就相当于间接打自己的脸。

想来想去，札木合觉得还是打可汗的脸比较爽。他上前告诉可汗："铁木真是一个十分狡猾的人，这匹马很可能是他用来迷惑太阳汗的。"

札木合刚说完就听到了一声冷笑，他转过身来，原来是屈出律在看着他。

"有人还没开战就吓破了胆儿啊，我现在已经迫不及待地想和铁木真打一仗呢，看他哪里厉害。"

此时的铁木真带领部将们在巡营。木华黎对铁木真说："可汗，我们人少，又走那么远的路，这对我们来说是不利的。我们应先在这里驻扎下来，把战马喂饱，然后再攻打敌人。"

铁木真道："晚上夜营的时候，如果太阳汗发动突然袭击怎么办？"

木华黎回答道："让每个士兵点起五堆篝火。"

合撒儿不解地问："点那么多火干什么？"

"这是疑兵计，如此一来，撒阿里一带全是篝火。"木华黎胸有成竹地说。

合撒儿茅塞顿开："是呀，太阳汗毫无战斗经验，一看到那么多篝火，肯定会不知所措的。"

铁木真和木华黎脸上堆满了笑容。

太阳汗驻兵在哈瑞河边，为了了解敌军的形势，他爬到了山坡上。不看不知道，一看吓一跳。只见对面山川里火光一片，更远处还有一路火向川里移动着。

"铁木真的兵马有点多，比天上的星星还要多，并且还在不断增兵。你，你们看！"

札木合不屑地笑了笑。

太阳汗哆哆嗦嗦地问："札木合，你和铁木真是安答，并且与他多次交手，你说他作战能力如何？"

"怎么说呢？他是那种打起仗不要命的人，他把上阵杀敌看得像赴宴那样轻松。"

太阳汗此时面如土色。

在札木合的帮助下，太阳汗制订了一个战略性的计划，名为"试探性攻击"。他们先将蒙古部引诱到阿尔泰山山麓，然后展开反击战。

太阳汗准备用这套斗狗的方法来对付铁木真，原因在于太阳汗的战马现在正是膘肥体壮之时，铁木真的马儿瘦弱。如果顺利地引诱到铁木真，他骑着瘦弱的战马一路追过来，时间长了，一定会筋疲力尽。这个时候，太阳汗若掉转马头去攻打他们，就能赢得战争的胜利了。

屈出律不屑地反驳道："铁木真哪里有这么多兵力，你为何不正面迎敌呢？怎么能像一个女人一样害怕呢？"

撒卜勒黑又给太阳汗泼了一盆冷水："太阳汗，我想起先可汗打仗的时候从来不会让敌人看见他的后背，从来不会逃跑。你怎么能这么懦弱呢？这样还不如让皇后古儿别速来当统帅。"

面对两人的冷嘲热讽，太阳汗不悦道："你们两个先不要说大话，等到了战场上，你们两个表现看看再说，明天铁木真就会杀过来的。"

屈出律跪在了太阳汗面前，请求道："父汗，开战吧。"撒卜勒黑拦在了太阳汗面前，根本不给他逃跑的机会。

“那就打吧。”太阳汗垂头丧气地说。

次日，太阳汗整顿好三支人马。两天后，乃蛮士兵来到了杭爱山。太阳汗一声令下，士兵渡过鄂尔浑河，列阵于纳忽崖前。

铁木真站在秃黑军旗下，刀锋一指，哲别、者勒蔑、忽必来以及速不台率领着各自的军队如同饿狼般冲向了乃蛮部的营地。

札木合感叹道：“铁木真的指挥技术更加炉火纯青了。”

太阳汗有气无力地鼓舞士气道：“我们去把野蛮的蒙古人擒来当奴隶吧。”

太阳汗的中军主力以血肉之躯抵挡住了蒙古先锋的猛烈进攻，但如同海洋中扑向礁石的浪花，在下一刻就被击碎了。

太阳汗惊慌失措地问札木合：“那一路杀过来的是什么人？”

札木合隐晦地答道：“那是铁木真用人肉喂养的四条狗，哲别、者勒蔑、忽必来以及速不台这四个人是铁木真的虎将，他们的额头是用青铜铸造的，舌头像锥子，心像铁块，鞭子像环刀。”

太阳汗听完颤抖了起来：“我们还是远离这些家伙比较好。”说完，太阳汗率领侍卫们从山脚退到山坡。

此时的形势对太阳汗更加不利，他的第一道防线已经被铁木真的部将冲破，正在溃败。

在对面的阵地上，铁木真发号施令。术赤台率领士兵摆开圆阵，十分骁勇，横扫一片。山坡上的太阳汗额头上冒出了汗珠，问道：“那是什么人？他们想要干什么？”札木合回答：“从旗帜上来看，应该是术赤台，他擅长抢夺敌人的财物。”太阳汗马上翻身上马，说道：“希望长生天能够宽恕这些罪人。我们还是赶紧走吧。”说完，太阳汗从山坡后撤退到半山腰。与此同时，他下达了全军向后撤退的命令。

当时屈出律正率领士兵防守着左翼，看到父汗和札木合说完话后就撤退，有些莫名其妙。他派人去告诉太阳汗，不要再向后撤退了，现在大家在高处，应该利用好这一地理优势。

太阳汗派人回复太子屈出律：“你太年轻，什么都不懂。敌人来势汹汹，直接对抗等于送死，我们向后撤退是在消耗他们的体力，等他们精疲力竭之时就可以发动反攻了。”

札木合露出诡异的笑容，在心里说道：“跑吧，这个老混蛋，我离开的时候到了。”说完，他带领着自己的亲兵从另外一条路逃走。

这边的铁木真发现太阳汗连连后退心花怒放。在进攻前，他一直担心太阳汗会利用地势进行大反攻。他立马下令，一定要对乃蛮部士兵穷追不舍，不要给他们留下任何反攻的机会。

山下，一场惨烈的大杀戮正在上演，乃蛮军此时全线溃败，而蒙古人穷追不舍。纳忽崖下遍地都是尸体。

那天，太阳汗已经被吓破了胆儿，连说话都哆嗦，撒卜勒黑和屈出律于是临时统领乃蛮士兵。两人以最快速度制订出了作战计划，他们仍然决定利用地理优势，在半山腰上设兵，形成防御，后备部队则从山后绕过，对铁木真的大本营进行偷袭。

撒卜勒黑和屈出律的计划是完美的，但他们忽视了两件至关重要的事情：首先，经过一天的撤退，部队的士气全无；其次，他们忽略了铁木真，如果他猜到两人的作战计划，那么他们的补救措施是什么？显而易见的是，他们都没有考虑到这一点。

次日，当太阳冉冉升起的时候，山上的小动物们都藏了起来，也许是被昨天的情景吓破了胆儿。屈出律一声令下，乃蛮士兵发动了反攻，摆防御阵。但铁木真却不答应了，他挥了挥手，第一支队伍冲了过去，南蛮士兵顽强地展开了抵抗。接下来，铁木真一声令下，第二支队伍、第三支队伍冲了上去……

铁木真亲自率领士兵冲进了太阳汗的营地，发现他已经被吓死了。铁木真的几支队伍已经冲破了敌人的防御线，并不断向前推进，进一步扩大战果。

屈出律发现士气低迷，只好随机应变，下令各个山头的士兵前来解围，但这刚好中了铁木真的计谋。合撒儿率领中军将前来支援敌人的部队拦住了，很快，合撒儿消灭了这支队伍。屈出律和撒卜勒黑见此都目瞪口呆，眼见支援部队顷刻间化为乌有却无能为力。更让他心惊的是，他们的大本营也遭遇了危机，因为铁木真对营地进行了烧杀抢掠。

两人交换了一下眼神后立马率领乃蛮军向后撤退，夜幕降临时分，他们再次回到原点，来到了纳忽崖前。他们迷路了，这可真是太倒霉了。

太阳汗的弟弟不亦鲁黑趁着月色从山后来到了山顶，对侄子屈出律说："铁木真是一个费油的灯，我之前同他打过仗，但没有占到任何便宜。我看咱们现在只有一条路可以走，那就是逃跑，正所谓留得青山在，不愁没柴烧。"

屈出律是一个头脑灵活的人，立即意识到此时的出路还真是逃跑，于是，他下达了"逃跑"的命令。乃蛮士兵分成几队攀缘山涧陡崖，从人几乎不可能走的小道逃走。

屈出律无疑是聪明的，因为铁木真已经把纳忽山围得水泄不通。不过，乃蛮士兵在逃跑时并没有秉承谦让的美德，而是一窝蜂地拥到山崖口，你推我，我踩你，结果不少人坠入山崖中。

这边的撒卜勒黑冲下山崖，率领亲兵同敌人展开了厮杀。他杀死了一个又一个冲上来的蒙古兵，直到筋疲力尽。最后，六把刀同时刺进了他的胸膛，他倒在了地上。

战胜了乃蛮军后，铁木真开始打扫战场，他收集了未被烧毁的财物、粮草、营帐、兵器等，收服了六万南蛮士兵。曾经追随札木合反抗铁木真的各个部落，譬如札答阑部、朵儿边部、合答斤部、撒勒只兀惕部、弘吉剌残部、泰赤乌残部等都归顺了铁木真，铁木真占领了乃蛮部所有营地。

在木华黎的陪同下，铁木真走进了太阳汗的汗宫。正在安顿被俘宫人的者勒蔑上前道："可汗，太阳汗的皇后古儿别速也被俘了。"

铁木真边走边问："你说的是太阳汗从他父亲那里继承过来的后母吗？应该是一个老太太了吧。"者勒蔑没有回答。

此时盛装打扮的古儿别速正在高大的帐篷里坐着，一看就知道是在等人，也许是在等太阳汗，也许是在等铁木真。不过人们确信，她等的是胜利者。

铁木真还没有进入营帐里，古儿别速就迎了出来，说道："臣妾古儿别速恭迎可汗。"

铁木真站住了，对古儿别速的年轻标致、优雅深感意外。

铁木真哈哈大笑起来："这离老太太远了点。"

者勒蔑回答道："是远了点。"

铁木真坐在一把椅子上："你就是高贵的古儿别速皇后吗？"

古儿别速娇滴滴地回答："不敢当，臣妾正是古儿别速。"

铁木真开门见山地问："你不是说我们蒙古人一身的膻气味吗？现在如何？"

古儿别速说："我愿意成为你的奴隶。"

铁木真哈哈大笑了起来："说得很干脆。其实我乐意增加一个后妃，就担心委屈了你那高贵的鼻子。"

者勒蔑打趣说道："闻惯了也就习以为常了。"

大家哈哈大笑起来。

铁木真摆了摆手："先把她看管起来吧。"

者勒蔑下令道："走吧，带古儿别速下去。"

第二天，者勒蔑告诉古儿别速，铁木真准备纳她为妃了。古儿别速听完后十分开心，心存感激地说："今日可汗饶我一命，日后我一定会全心全意服侍可汗。"

者勒蔑提醒她："服侍可汗与别人不同，他不喜欢女人在他面前指指点点。如果你收起锋芒，温顺点，一定会有享不尽的荣华富贵。"就这样，古儿别速便成为了铁木真的妃子。

美女计，蔑儿乞惕部的消亡

蔑儿乞惕部与铁木真积怨已深，当蔑儿乞惕部再次被打败时，蔑儿乞惕部属下的兀洼思部的首领答亦儿兀孙献出了自己美貌的女儿忽兰，换来了暂时的安宁。蔑儿乞惕部却趁机夺走了铁木真的财物，再次引发了一场战争，导致了首领脱黑脱阿被杀。

随着乃蛮部的灭亡，铁木真的蒙古部成为草原上唯一强大的力量。东起大兴安岭，南到阴山界壕，西到阿尔泰山，北到林木中百姓居住的边界，都归属铁木真。事实上，他已经成为漠北草原上真正的主人。

1204年秋天，铁木真把刀锋指向了蔑儿乞惕部首领脱黑脱阿。他曾经抢走了铁木真的妻子孛儿帖，铁木真对他是恨之入骨。可以这样说，他这次是来报仇的。

多年以来，脱黑脱阿一直过着担惊受怕的日子。几次与铁木真交手都失败而归，但他始终相信有一天他会战胜铁木真，长生天总有一天会站在他这边的。

当铁木真攻打乃蛮部时，脱黑脱阿坚决站在了乃蛮部这边。但当乃蛮部一路溃败之时，脱黑脱阿却逮着一个机会逃走了。铁木真吞并乃蛮部后便把矛头对准了脱黑脱阿。

蒙古大军抵达塔米儿河时，发现了屈出律，便乘胜追击。屈出律见敌人来势汹汹，第一反应就是逃跑，他率领士兵一直逃到阿尔泰山南面的兀泷古河畔，但蒙古大军很快就追上了他，将他们包围住。双方展开了一场战争，屈出律的士兵全部战死，只有他一人逃脱。

屈出律逃走了，发现自己已经走投无路了，只好投靠了叔父不亦鲁黑汗。

这个时候，铁木真的另外一支队伍正在向蔑儿乞惕部发动攻击，两军在合剌答勒忽扎兀儿河上游对峙。

脱黑脱阿对自己的儿子们说："这是我们与铁木真最后一次交战，是胜是败，交给长生天。"

脱黑脱阿父子率领士兵先发动了进攻。合撒儿则将军队分成三个梯队来迎战。经过半天的激烈厮杀，蒙古军胜利了。

合撒儿带着胜利的果实回到了蒙古的营地，他万分激动地对铁木真说道："强大的蔑儿乞惕部消失了，俘虏都在我们手中，这真是一件开心的事。"

铁木真开心地说："我们现在的任务是清除残余势力，以防死灰复燃。"

别勒古台上前道："我们可以将蔑儿乞惕部人分到各个部落中去，让他们成为仆人，不让他们有任何作为。"

铁木真微笑着说："这个建议好，别勒古台越来越聪明了。"脱黑脱阿的儿子忽都的两个妻子——朵列格捏和秃该夫人也成为俘虏，铁木真将朵列格捏赏给了他的第三个儿子窝阔台为妾。

脱黑脱阿父子逃了一天一夜才敢停下来，在一个小山冈上歇息。蔑儿乞惕部开始商讨他们下一步的计划，但意见不一。这时，兀洼思部的首领答亦儿兀孙站了出来："我认为眼下最好的办法就是投靠铁木真，现在他是蒙古草原的主人。在他麾下，我们不仅能留得性命，还能继续生活在蒙古草原上。"

脱黑脱阿一听暴跳如雷："你能有点志气吗？没用的草包，亏得你还是蔑儿乞惕部中的一个首领。"

合阿台氏接着说道："我站在脱黑脱阿首领这边，就算是战死，我也情愿。"

蔑儿乞惕部首领这次会议就这样不欢而散了。

脱黑脱阿父子这次的失败让兀洼思部失望透顶，首领答亦儿兀孙不想再过动荡、流离失所的生活，他决定用美人计来摆平铁木真。

散会后，答亦儿兀孙将部落的长老们都召集过来了，让他们推荐出一位美丽的女子，送给铁木真。但长老们一致的口径是：铁木真是蒙古草原上的主人，他们的地位低，女儿们配不上铁木真。如果真要送一个美丽的女子给铁木真，最合适的便是答亦儿兀孙的女儿忽兰。

答亦儿兀孙这次是搬起石头砸自己的脚，他听完后怒火中烧："这是美人计，不是真心投靠铁木真。你们这样做，不是要我女儿的命吗？"

一位长老立马反驳道："你怎么这么肯定铁木真会害了你女儿呢？说不定她抓住了这个机会飞上枝头呢？"

另外一个长老讥讽地说："我看忽兰有这个富贵命，去吧。"

答亦儿兀孙碰了一鼻子灰，唉声叹气地回到了帐篷中，他看到女儿还没有睡，便对女儿说："忽兰。"

"父亲，怎么啦？"

"二十年前，我曾劝脱黑脱阿不要去抢铁木真的妻子，但他根本听不进去。

现在我们跟他一起遭罪，要想让铁木真释去旧怨，你我父女二人要做出一些牺牲啊。”

“只要父亲你没事，让我做什么都愿意。”

“唉，是有些委屈你了，铁木真都40多岁了。”答亦儿兀孙看着女儿那美丽的脸庞说道。

“父亲，你说什么呀？”

“你愿意嫁给铁木真吗？”

忽兰有些不好意思，说道：“父亲，只要能够保族人相安无事，我愿意。”

黎明时，脱黑脱阿带领着一群人准备出发。忽都突然发现答亦儿兀孙父女不见了，问道：“答亦儿兀孙和忽兰呢？”

脱黑脱阿回答道：“估计这个叛徒投靠铁木真去了。”

“这个老东西是我们蔑儿乞惕部人的耻辱，等逮到他，看我怎么收拾他。”忽都恶狠狠地说。

脱黑脱阿若无其事：“算了，不要管他了，我们还是走自己的路吧。”

答亦儿兀孙要把女儿送给铁木真当小妾，说起来简单，做起来却有一定的难度。当时铁木真大军正在打扫战场，一片混乱，答亦儿兀孙费了很大的劲儿才来到纳牙阿的帐篷里。

答亦儿兀孙叩拜道：“将军，我是蔑儿乞惕部兀洼思部人，今天特意带上小女拜见铁木真可汗，还请将军帮个忙。”

纳牙阿在了解他们的来意后，面带微笑地说：“这是一件好事情。”纳牙阿派人把答亦儿兀孙献女的消息传给铁木真。

纳牙阿好心地提醒答亦儿兀孙：“现在正值兵荒马乱之际，前面还在打仗。你们单独行走不太安全，不如在我营帐中等待几日，等前方战事平息。那个时候，我亲自送你们去拜见可汗，你看怎么样？”

“能这样最好了，忽兰，快过来感谢纳牙阿将军。”

忽兰上前行了一个礼。纳牙阿面带微笑地说道：“这可使不得，如果忽兰成为可汗的妃子，我就是臣子，这礼我可承受不起呀。”纳牙阿派三个侍从来服侍忽兰父女俩，三天后，纳牙阿带着答亦儿兀孙父女俩启程了。

铁木真见到忽兰后两眼直放光，忽兰太美了，美得让他挪不开眼睛。忽兰抬起头来刚好与他那炙热的目光相遇，唰的一下脸红了。

也遂妃见后咳了一声。

铁木真这才醒悟过来。也遂将忽兰拉到自己身边，细声细语地问道：“可汗回来已经有六天了，你怎么才来啊？”

答亦儿兀孙回答道：“前几天战事正紧，我们在纳牙阿将军的营帐中歇息了三日。”

此时铁木真脸上布满了疑云，说道：“纳牙阿，你竟然留忽兰姑娘在你营帐中住了三个晚上，她是不是已经成为你的人了，然后将其送给我？这是欺君大罪。”

纳牙阿大声地辩解着：“我对可汗忠贞不渝，怎么会干出这种事情来呢？请可汗明察。”

铁木真依然不相信，说道：“来人，把纳牙阿押下去，给我严加拷问。”

站在一旁的答亦儿兀孙站了出来，跪在地上乞求道：“可汗，这三日来我和女儿忽兰如影随形。纳牙阿将军日夜忙于军务，根本没有时间接近我女儿，连说话的工夫都没有，接近我女儿更无从说起。”

忽兰跪在了地上，泪流满面地说道：“可汗，纳牙阿将军是一个好人。因为得到他的保护，我和父亲的性命才得以保全，可汗不要以德报怨啊，希望可汗明察。”

铁木真听了后心情才稍微好点，但心中依然存在疑虑。

“你们如何证明所说的是真的？”铁木真问道。

“我现在依然是洁白之身，愿意验身。如果我是处女之身，那么便能够证明纳牙阿将军是被冤枉的；如果不是，我愿意被处死。”

铁木真大喊：“请来巫婆，给忽兰小姐验身。”

巫婆很快就到了，带着忽兰去旁边的营帐里验身。此时的纳牙阿依然胆战心惊地跪在地上，一肚子委屈，不吭声地等待着结果，而铁木真依然是阴云满面。

很快，巫婆兴高采烈地奔了过来，报告说：“可汗，忽兰小姐依然是贞洁之身，是一个黄花大闺女。”

铁木真这才开心起来，亲自去解开了绑在纳牙阿身上的绳索。“纳牙阿对我一片忠心，我将委以重任。”纳牙阿这才把心搁回肚子里面，铁木真如此重视忽兰验身一事，那是因为这是对他最高权威的维护。

铁木真愧疚地对忽兰说道：“现在已经证明你是清白之身，这件事不须再提。”从此以后，忽兰便成了铁木真最宠爱的妃子，地位仅次于孛儿帖。

脱黑脱阿见忽兰成为铁木真的妃子便带着族人假装归顺了铁木真，铁木真便把后勤工作交给了他们，蔑儿乞惕部人非常开心。当铁木真率领士兵东征西伐的时候，他们发动了叛乱，抢走了铁木真的财物，重新回到了自己的领地上，准备和铁木真对抗到底。

脱黑脱阿始终看不清形势，这次也一样，他这么做无异于引火烧身。

铁木真自然无比愤怒，他要忽兰给他一个解释。忽兰为了保护族人而献身，哪里知道族人又给自己添了一个这么大的麻烦。她流下了伤心的眼泪，诉说着自己的不知情和无辜。铁木真看着哭泣的忽兰，相信她是无辜的，这时一个计划浮现在他脑海中。

几天后，铁木真下令突袭蔑儿乞惕部人。蔑儿乞惕部人的作战武器不少，但作战能力不行，很快就被击败了。不过，脱黑脱阿还是带领一部分人溜掉了。铁木真将剩下的蔑儿乞惕部人分散在各部去当奴隶。

1205 年春天，铁木真率领大军向脱黑脱阿发动了攻击。虽然脱黑脱阿这次占据了地理优势，但缺少天时、人和这两大因素。在战斗过程中，一支箭射中了他，直接要了他的命。就这样，这个与铁木真争斗多年的对手终于倒下了。

脱黑脱阿的两个儿子忽都和赤剌温来不及掩埋父亲的尸体，只好割下他的头颅，抱着头颅逃走了，逃到了畏兀儿地区。虽然脱黑脱阿已经倒下了，但直到 1217 年，他的蔑儿乞惕部队伍才彻底被铁木真消灭。

铁木真杀死脱黑脱阿后立马把矛头对准了不亦鲁黑。

在纳忽山一战失败后，不亦鲁黑逃回了老巢，每天过着胆战心惊的日子。他不断向长生天祈祷，让自己能够苟延残喘下去，但长生天似乎没有听到他的请求。1205 年春末，铁木真率领着蒙古大军翻过阿尔泰山，对不亦鲁黑发动了猛烈的进攻。不亦鲁黑率领士兵与铁木真的大军展开了激烈的厮杀。两天后，铁木真便活捉了不亦鲁黑，处死了他。至此，北乃蛮正式灭亡，但屈出律却再次逃脱了。

不亦鲁黑也是一代枭雄，他此生有很多遗憾，最大的遗憾也许不是命丧于铁木真之手，而是小妈古儿别速被哥哥太阳汗抢走了。

仁义之名，处死札木合

札木合和铁木真都想统一蒙古草原，成为蒙古草原唯一的主人，所以，命运注定了这对安答成不了朋友。札木合作为铁木真的主要竞争对手之一，在多年的你争我夺的斗争中，对铁木真了解甚深。最终，札木合被铁木真赐以不流血而死，这对安答之间的战斗终于落下了帷幕。

札木合这一生最大的遗憾也许是不应该和铁木真联盟，那样铁木真就不可能快速地发展起来。纳忽山之战时，他看到了太阳汗的懦弱，知道乃蛮一定会被打败，便直接逃走了。他的人品不行，导致跟随他的人越来越少。当逃到唐努山时，他身边只剩下五个人。他穷得叮当响，只能靠抢劫生存下去。唐努山十分萧条，可供他抢劫的人很少，因此他的抢劫事业也一直发展不起来。

于是，札木合干起来了兼职，当起了猎人。但唐努山终年被白雪覆盖，猎物也不多，这让札木合和五个伙伴痛苦不堪。时间长了，他们开始不住地抱怨。札木合便经常用首领的架势来镇压他们，他一直以为自己还是当年那个一呼百应的札木合。

一天，他们逮到了一只肥硕的山羊，兴奋极了，立马把山羊烤熟了。在他们狼吞虎咽之际，札木合又发挥他那天生冷嘲热讽的能力。他冷冷地看着他们："你们啊，每天都在抱怨，在跟随我之前，你们能吃上肉吗？真是几个不知足的人。"

五个人你看着我，我看着你，没有吭声，只是把羊肉扔到了地上。等札木合拿着一只羊腿到一旁去啃时，五个人站了起来，向他走了过去。札木合赶紧把羊腿藏在身后，说道："你们想干什么？要抢我这份羊肉吗？"

五个人扑向了札木合，将他捆了起来，说道："我们打算把你献给铁木真，那样我们就能经常有羊肉吃了。"

这一天，哲别向铁木真汇报："可汗，我已经有了札木合的消息了。"

"啊，你把他射死啦？"铁木真急忙问道。

"没有，五个札答阑人抓住了他，将他送了过来。"

木华黎在一旁说："这是长生天在保佑我们，这样恶贯满盈的人终究会众叛亲离。"

"我觉得杀了这种人比较好，省得他再去祸害人。"察合台回答。

"父亲，我看我们可以学习他对待俘虏的方法，将他煮了了事。"术赤说道。

铁木真一声不吭，然后叹息道："他是我结拜的安答，也是我的恩人，他还是一个有智慧的人。"

五个札答阑人见到铁木真过来便纷纷喊道："可汗，札木合是我们抓住的。"

终于，札木合和铁木真这对安答再次相见了。札木合虽然成为阶下囚，但依然保持着首领的风范，他要做的第一件事情就是要借铁木真之手杀了这五个背叛他的人。他是这样对铁木真说的："乌鸦捉住了紫鸳鸯，贱民捉住了自己的主人。我贤明的安答，你知道该怎么做了吧。"

木华黎说："他们连自己的主人都能出卖，还能忠于谁呢？这都是一些卖主求荣的败类。"

铁木真听完后道：“把他们拖出去斩了。”

五个人大喊：“可汗，你赏罚不公。”

铁木真满脸严肃道：“你们知道我为何要处死你们吗？首先你背叛了自己的主人，其次你们送来的人是我的好安答。”说完，这五个怀揣富贵梦的人立马脑袋落地了。

札木合低着头，知道铁木真是不会轻易杀他的。他和铁木真是蒙古草原上声名显赫的人物，并且两人还是安答。铁木真肯定不愿背负“杀安答”的骂名，会借杀自己之机给人留下胸怀宽广之名,这些都是札木合心知肚明的。死到临头了，札木合准备成全自己的安答一次。

铁木真的营帐中，灯火通明。铁木真和札木合对饮，铁木真先开了口：“我们又见面了，我们曾经是一辆车上的两根辕子，一根轴上的两个轮子，你却离开了我。但在征战的岁月里，你依然对我好。当我和王汗征战时，你把他的作战计划告诉了我；当我与乃蛮厮杀时，你一直吓唬太阳汗，让他无心打仗，你是我的好安答。”

札木合面带微笑，说道：“明明是你不辞而别，还带走了我的部下。你一离开我，我就开始走霉运。”

铁木真说道：“过去的都让它过去吧，你到我身边来吧。”

札木合摇了摇头，说道：“在你需要我做伴的时候，我没有来帮你平定天下；在你平定天下后，我来投奔你，那么后人会如何评价我呢？你现在是蒙古世界的大汗，而我是一个一无所有的人，我已经不配成为你的兄弟了。”

铁木真一声不吭。

札木合继续说：“你的母亲是圣明的，你的妻子充满了智慧，你还有那么多有能力的兄弟，而我什么都没有，所以，我败在你手下也是一件理所当然的事情。如果你现在让我带兵，你就不怕我哪天背叛你吗？”

铁木真机械地回答道：“我希望我们能够和好。”

札木合苦笑：“你想想，如果不杀我，只会让你寝食不安。白天吃不好，晚上睡不安稳。那种感觉就如同有个虱子在你衣领上爬，有根针藏在你衣服底下。你是一个干大事的人，不要像个女人一样犹犹豫豫。你知道如果我抓住了你会怎么做吗？我肯定会立马杀了你，根本不会有所犹豫。”

铁木真泪流满面，说道：“我有些不忍心。”

“如果你可怜我，就让我死得体面一点，请安答宣布我的罪状吧。”

铁木真叹了一口气，走到营帐外，对部下说：“我想赦免我的好安答，但他一心求死。我只好杀了他，但需要正当的理由。”

铁木真的部下有些莫名其妙：“杀人还需要什么正当的理由，这种人一点做人的道德都没有，到处挑拨离间。如果真要找一个杀他的理由，那就是他发动了十三翼之战，差点杀死了可汗。”

铁木真叹息着反身走回营帐之中，开始宣布札木合的罪行：“你发动了十三翼之战，还用七十口大锅煮了俘虏……”

札木合说道：“好了，别往下说了，光凭这个，我就该死了。”

铁木真问道：“你有什么要求吗？”

“请赐我不流血而死。”

铁木真抓住了札木合的手，说道：“我的好安答，你是一代枭雄，我要亲自送你去长生天那里。”

铁木真坐在汗廷的宝座上，部将在两旁侍立着。

札木合挤出了一丝笑容，铁木真也冲他苦笑。纳牙阿将军示意了一下，阿勒赤歹站了出来，用一个大口袋罩住了札木合。铁木真说道：“安答，请上路吧。”

阿勒赤歹用力一拉绳子，口袋里札木合倒下了。

铁木真下令道：“给我的好安答札木合举行最隆重的葬礼。”

在札木合死后，铁木真在蒙古草原上再也没有强敌了。铁木真不断扩大自己的帝国，在东征西伐的路上越走越远。

蒙古草原上有这样一个传说：在札木合死后一年，草原上新长出一种草。在青年时期，这种草十分美味，这个时候，应该马上将其摘掉。如果不将其摘掉，到了壮年时期,它浑身会长满了刺。到了老年时期,当风一吹动,它就会到处游荡，扎伤人们。可以这样说，植物界中的恶霸非它莫属，蒙古人称它为“札木合”。

相对于铁木真来说，札木合的形象与这种草十分相符。开始时，他是铁木真最好的安答，提供各种帮助。后来，他四处流窜，拨弄是非，多次让铁木真陷入危难之中。

铁木真和札木合之间的恩恩怨怨，没有谁是谁非，所有的种种不过是草原世界的生存法则的表现而已。

第三章

告天即位成大汗

论功行赏，收买人心

铁木真统一了蒙古，成为草原上的霸主，他举行了称汗的典礼仪式。在仪式上，他成为名副其实的成吉思汗，随后论功行赏，大加犒赏与他同甘共苦的兄弟们。

铁木真建立大蒙古国可以说是13世纪初历史上的大事件。这是一个战火纷飞的世纪，也是一个翻天覆地的世纪。而所有的一切都与一个名字息息相关，那就是举世闻名的蒙古族以及中华民族的英雄——元太祖成吉思汗。

铁木真成为蒙古草原上的王。1206年的春天，铁木真为了昭告一个强大的联盟体的诞生以及强化他那至高无上的地位，在斡难河源头举行了具有历史意义的忽里台大会。会议的主题就是宣告他成为蒙古草原上的大汗，象征权威的九斿白旗在草原上空冉冉升起。

对于草原世界的人们来说，立旗这个举动充满了象征意义。圣旗飘扬表明铁木真的汗位是神授的，象征着他对蒙古草原的统治权力。

这天天空晴朗，万里无云。在广阔无垠的大草原上，帐篷一个接着一个，连成了一片，成千上万匹战马在奔腾，数千支矛闪烁着耀眼的光芒。铁木真在大队人马的簇拥下出现在会场中，紧跟之后的是母亲诃额仑和妻子孛儿帖，然后是术赤、察合台、窝阔台、拖雷，接着是忽兰、也遂、合答安、也速干、古儿别速，再之后是诃额仑四个养子：阔阔出、屈出、博尔忽、失吉忽秃忽，再后面是别勒古台、合撒儿、帖木格、合赤温、帖木仑、不图；最后面是木华黎、者勒蔑、哲别、博尔术、赤老温、速不台、蒙力克、锁儿罕失剌、忽必来、术赤台、马月合乃等几千名那颜（贵族）和别乞（首领）。在庄严而隆重的称汗大典上，铁木真站在祭台上，跪了下来，所有人都跟着跪了下来，向不儿罕山（今肯特山）行三跪九叩的大礼。

通天巫阔阔出说道：“长生天让我授予你‘成吉思’称号，你只能接受，他人不得挑战。从今以后，你将代替长生天统治百姓。”铁木真正式以“成吉思汗”的尊号一统草原，这是一种宗教认可。

“成吉思汗”到底是什么意思呢？八个多世纪以来，人们有着不同的说法。大多数的说法是“海洋般的统治者”，也有人说是“宇宙皇帝”或者“坚不可摧的皇帝”。总而言之，它象征着对大草原统治的权力。

铁木真以及众人再次跪倒叩头，说道：“感谢长生天！感谢长生天！”

万民高呼：“成吉思汗万岁！成吉思汗万岁。”

接着，铁木真在会上宣布蒙古国的成立，旗下各部的追随者被称为蒙古人。

礼仪完毕之后，众人开始欢呼，铁木真的部下将他高高举起，并将其送到大汗的宝座上。然后，他们在铁木真面前行三跪九叩的大礼，同时发出一辈子跟随的誓言。

塔塔统阿从铁木真身后走了出来，宣读道：“国母诃额仑为太后；大妃孛儿帖为国后。忽兰、也遂、也速干、古儿别速为汗妃。”

众人高呼：“万岁，万岁，万万岁。”

塔塔统阿继续宣读：“将属民划分为九十五个千户，四个万户。”

第一个受封的人是蒙力克，为第一个千户官。他是铁木真的父亲也速该的托孤之臣，多次救铁木真于危难之中。成吉思汗赋予他参与国事的权力，同时授予他儿子帖卜·腾格里为宗教领袖。

第二个受封的人是博尔术，由于作战业绩突出，被封为万户官。

第三个受封的人是木华黎。木华黎虽然是奴隶出身，却是最早主张铁木真称汗的人，并且在多年的征战中为铁木真提出了不少战略性的策略和治理军队的措施，同样被封为万户官。

第四个受封的人是豁儿赤，他跟木华黎一起主张铁木真称汗，并且以君权神授的故事帮铁木真收服了几个部落的反对者，同样被封为万户官。铁木真还允许他在自己的封地里挑选30个女子为妻。

第五个受封的人是赤老温。赤老温是锁儿罕失剌的儿子,是一个英勇的战士，在跟随铁木真东征西伐的过程中立下了汗马功劳，被封为千户官。

第六个受封的人是纳牙阿。他在不久之前为铁木真送来了心爱的妃子忽兰，战功赫赫、十分忠诚。

当然，锁儿罕失剌、博尔忽、忽必来、者勒蔑、哲别、速不台、术赤台、别勒古台、屈出、阔阔出等都在受封之列。

受封的人都谢恩：“万岁、万岁、万万岁。”然后站立在两旁。成吉思汗发表了讲话，感谢追随者们的忠诚。

众人都兴高采烈起来，只有失吉忽秃忽有些难过，他情不自禁地对成吉思汗说道：“可汗，我是你的义弟，你现在赏赐有功劳的臣子，难道我没有功劳吗？我也出过不少力气。”

铁木真开心地大笑起来，诃额仑向义子投去了赞许的目光，不少人面带微笑地期待结果。失吉忽秃忽庄重严肃地说道：“可汗，不要笑，当我还在尿裤子的时候就来到了你身边。现在我胡子都一把了，始终对你忠心耿耿，是吧？”

铁木真看着刚长出胡子的义弟，笑道：“你的胡子是一把了。”

失吉忽秃忽自顾自地继续说道：“诃额仑母亲让我睡在脚下，把我当作亲儿子。你让我睡在你身边，把我当作亲弟弟，我办任何事情都一丝不苟。正值国家兴建之际，你准备如何封赏我呢？”

铁木真面带歉意地说道：“我亲弟拥有的你都有，不过我还要多给你一些补偿，封你为最高断事官，犯九罪而不罚。”

众人惊呆了，失吉忽秃忽嘟囔道：“我可不想犯罪，犯九罪而不罚有什么用？断事官？是不是以前别勒古台所做的？”

铁木真面带微笑地说道：“我的傻弟弟，最高断事官，也就意味着谁都不能违背你所说的话。你可以处死罪恶滔天的人，可以惩罚犯下偷窃罪的人，可以侦查奸诈虚伪之人。你制定的任何法律，任何人都不得更改。”

博尔忽小声地说道：“那就相当于中原的丞相。”

失吉忽秃忽急忙谢恩：“感谢成吉思汗隆恩。”

铁木真大声地说道：“我要特别说明的是，在组建这个国家的过程中吃最大苦的人是母亲。”

诃额仑听完潸然泪下，孛儿帖却低下了头。铁木真继续说道：“我的儿子之中最大的是术赤，弟弟中最小的是帖木格。今封给母亲、帖木格各一万百姓，分给术赤九千百姓。”

帖木格和术赤磕头谢恩，此时孛儿帖已经是热泪盈眶。

铁木真板着脸说道：“最后就是答里台叔父了。”

答里台急忙出列，铁木真盯着他说道：“我已经处死了阿勒坛和忽察儿了，你应该已经听说这件事情了吧？在我幼年时候，你抛弃了我们母子随泰赤乌人走了，直到我单独设营的时候你才投奔我。在受到惩罚后，你又投靠了王汗。念你回头早就饶你不死，把你流放到我看不见的地方去吧。”

答里台跪在地上哆嗦地说道：“臣知罪了。”

失吉忽秃忽急忙上前，说道：“成吉思汗，你不能这样处置答里台叔父。”

铁木真面带怒色地说道：“有功当赏，有罪当罚，你不要多管闲事。”

失吉忽秃忽又上前迈了几步，说道：“你刚才已经封我为最高断事官，我怎么能不多管闲事！”

铁木真目瞪口呆，失吉忽秃忽继续说道：“答里台叔父有过过错，但知错能改，他是自觉投靠在可汗营帐下的吧？如果你惩罚答里台叔父，以后谁还敢主动承认错误呢？只能一错再错了。并且答里台叔父每次投靠可汗之时，都是可汗危难之时。我觉得不仅不能惩罚他，还应该奖赏他。"

铁木真听完后一声不吭。

答里台跪在地上流泪道："我虽无功，但也无过啊……"

博尔术出列道："在蒙古人眼中，幼子是守灶之人。只有炉灶在，延续的烟火就在。答里台叔父怎么说也是也速该首领的幼弟，可汗怎么能将其流放呢？"

木华黎也出列劝道："可汗，如果也速该首领也在这里，他一定会原谅亲弟弟的过错的，留下这个唯一的弟弟。如果你将其流放，不是亲自将自己的炉灶毁掉了吗？"

诃额仑也叹息道："铁木真，就让他守住你贤父的营地吧，不要断了你父亲的香火。"

铁木真听完后流泪了，说道："封答里台叔父为亲王。"

答里台同样是泪流满面，重重地磕了几个头，说道："谢可汗隆恩。"

合撒儿和别勒古台过来将答里台搀扶了起来，答里台依然哭着说道："我真后悔，后悔犯下那么多的过错，你们一定要引以为戒啊。"

不少人怅然涕下。

不过这个时候也出现了一点不和谐的声音，在分封之后，蒙力克一家围坐在一起。

蒙力克对妻子、儿子们说："可汗太看重我们了，给我们家的封赏也太重了，你们兄弟七人一定要好好为可汗效力呀。"

通天巫阔阔出却嗤之以鼻，说道："还是算了，我没有看出封赏哪里重，父亲也只不过是一个千户而已。那个帖木格立下了什么功，却当上了万户爷。还有那个蔑儿乞人的种，那个术赤也当上了千户爷。"

蒙力克大怒："你不要这样胡说八道。"

蒙力克妻子走了出来，替儿子说话："儿子说的也是事实，在铁木真一家身处困境之时，我们是最后离开他们的人。在铁木真打了败仗后，你率领部将投靠了他，才使他东山再起。每次他铁木真出征，是儿子阔阔出请示了长生天，给他选择良辰吉日让他百战百胜的。他铁木真如今打下了江山，即使分一半给我们也不过分。"

蒙力克一声不吭。

成吉思汗几个儿子之间也因封户问题而矛盾重重。

某天，成吉思汗来到忽兰妃的帐篷里，忽兰妃上前替他摘下了配刀，门外传来察合台的嚷嚷声："让我进去。"

护卫队在帐外阻拦道："现在是可汗的休息时间。"

"我有重要的事情要请示，你给我让开。"

很快，察合台冲了进来。成吉思汗一脸阴云地看着他："你有什么事情？"

察合台满脸的怒气："我想问问父汗，是不是我的功劳不如术赤？是不是我的武功在他之下？为何他有九千户，而我只有一千户？"

成吉思汗说道："你说完了吗？"

"还有，即使术赤不是蔑儿乞人的种，难道我是外族人的种？"

"你给我出去。"成吉思汗冷冷地说道，察合台却无动于衷。成吉思汗大怒，抽出了刀："你给我出去！"

忽兰妃赶紧上前，对察合台使了个眼色，说道："你还不快出去。"

察合台走了出去，成吉思汗猛地将刀插在毡床上，心神不宁地来回徘徊，呼呼地喘着气。

编组千户，兵民合一

在国家成立后，成吉思汗需要做的便是建立管理机构和体制，颁布法令法规。他开创性地制定了一整套国家制度，使国家正常运转起来。成吉思汗为了巩固其统治，打破原来的牧民组织氏族制形式，实行领户分封制。这是一种军事、政治以及生产相结合的组织制度。

成吉思汗终生征战，用武力夺取政权，建立政权。换言之，就是在马背上得天下。但他清楚地意识到马背上能得天下，但不能治理天下。因此在不断扩张的同时，他也一直在为维护和巩固自己的政权而努力着。

蒙古兴起之前，成吉思汗东征西伐的时候，曾对部下许诺："如果我成为蒙古的主人，就给你们分土地，一起共享这荣华富贵。"

在蒙古国逐渐建立起来的过程中，成吉思汗不断扩张自己的领土。他践行了自己的承诺，逐渐实行了"忽必—莎余儿合勒"分封制度。

"忽必—莎余儿合勒"中的"忽必"是"分子"的意思，"莎余儿合勒"是"恩赐"的意思。根据蒙古族的传统，每个儿子都能得到父亲的一份遗产，也就是"忽必"。成吉思汗将刚刚建立起的蒙古国看作父亲也速该家族的，只要是也速该家族的一分子，都有权分得一份。成吉思汗的母亲、弟弟们、儿子们以及也速该的其他直系亲属都在分户之列。蒙古语将成吉思汗的弟兄和儿子分得的人户称作是“可卜温”，也就是汉语中的“宗王”。

成吉思汗建立起了自己的蒙古帝国后，将斡难河、怯绿连河上游以及斡耳罕河流域一带作为自己的大本营。这些地方水草茂盛鲜美，十分适合放牧，并且还是蒙古乞颜部的起源地。随着蒙古领土的不断扩大，成吉思汗接二连三地划分了诸王领地。后来元朝历史上所谓左翼诸王和右翼诸王,也是形成于这一时期。成吉思汗将自己大本营以东的地方分封给自己的弟弟们，从而形成了左翼诸王。别勒古台占据了斡难河、怯绿连河中游；合赤温的领地北与别勒古台的领地接壤，东到哈剌温山，南到合兰真沙陀和胡卢忽儿河的兀鲁灰河；合撒儿占据了古纳河、阔连海子和海剌儿河一带；帖木格占据了大兴安岭以东，延续到松花江、嫩江一带。成吉思汗将自己大本营以西的疆土分给了自己的儿子们，形成了右翼诸王。长子术赤占据了也儿的石河以西，里海、咸海以北这一带；二儿子察合台占据了别失八里以西至阿姆河一带；三子窝阔台占据了叶迷立河流域、按台山一带；按照蒙古族的习俗，幼子拖雷继承了成吉思汗的营地，占据了蒙古本部。

诸王受封，不但占有土地，而且在土地上生活的人们也归他们所有。如此一来，诸王的“忽必”就涵盖了两个方面，那就是封地和人户。用蒙古语来讲，那就是“兀鲁思”。这个词最初的意思是“人民”，后来逐渐演变为“人民—分地”“人民—国家”的含义。这个词含义的变化反映出了成吉思汗建国初期蒙古分封制的发展过程。

成吉思汗除了分封土地外还建立起了各地长官的“那颜”。

在建国初期,成吉思汗任命了 95 个千户那颜,即是“莎余儿合勒”——恩赐。“莎余儿合勒”是从成吉思汗和他的那可儿们的关系中演变出来的。那可儿们在跟随成吉思汗东征西伐的过程中立下了汗马功劳。成吉思汗为了奖赏有功之人，便任命他们为千户长。除了奖赏有军功的人外，成吉思汗为了安抚主动归顺的部落的首领，也会授予他们为千户长。由这种恩赐关系而形成的千户，一般情况下，会保存原来氏族血缘关系。在长年征战的情况下，各个部落的人数会有所减少，不少千户为了弥补这一不足会到处收集暂时没有归属的人户，有时会从其他部落里抽出一部分人户进行重新编组。

不管如何进行分封,大汗的权威都是至高无上的。对于分封给诸王的“忽必”和赐给千户长的“莎余儿合勒”都具备最高的宗主权。但是，在权位和名分上，这两者之间还是有一定区别的。诸王的“忽必”是独享的，大汗不能予以撤除。

他们有在自己的兀鲁思内设置怯薛、政务机构，任命属官、审断案件的权力，还有权力参加大汗召集的忽里台大会。而对于千户长的“莎余儿合勒”，大汗有撤除的权力。千户长也有权力参加忽里台大会，商议国家大事，但只有少数立下汗马功劳的千户长才有发言的权力。千户长没有设置政务机构的权力，一切事务均由大汗设置的军事行政系统来加以管理，包括官吏的任免权。

千户有着相同的内部结构，成吉思汗采取了十进位编制将属下的部众编入十户、百户、千户当中。千户之下，人户编组成百户和十户，设立百户长和十户长。千户长的权力是在自己的“嫩秃黑”的范围内指定牧民在哪里游牧和驻营，或者哪部分地域是禁足的。在隶属关系上，成吉思汗亲自分封万户长和千户长，并直接领导,如此一来方便统一指挥和统一调动。千户长的权力要比诸王和万户长低。

不同的地方，千户的规模不同，有的千户长管理了四千多户，有的千户长管理的还不到一千户。千户下为百户，百户下为十户。基本军事和地方行政单位为千户，代替了过去的部落和氏族结构。

最早的时候,蒙古划分部落的标准是血缘关系。随着铁木真力量的不断壮大，这种关系便被打破了，体现在大部分千户是由不同部落的人混合而成。在多年战争的情况下，原始社会晚期的部落氏族组织逐渐瓦解。原来的大部落，譬如克烈部、塔塔儿部、乃蛮部、蔑儿乞惕部、泰赤乌部等，被成吉思汗吞并后，一部分部众被杀死，一部分被分给了成吉思汗的部将们。成吉思汗的部将们还收集了离散逃亡的百姓组成千户，只有很小一部分千户是由之前同部落的人组成，譬如汪古部、亦乞列思部、斡亦剌部、尼伦蒙古部落等。在成吉思汗的批准下，他们可以选举亲族为千户长。

总而言之，千户组织是蒙古国政治、经济、军事合一的基本组织制度。随着蒙古国的不断发展，成吉思汗和后人对千户制度进行了进一步的完善。千户制逐渐发展为蒙古国政治体制的最根本制度。

首先，千户是经济组织。在依照千户分配的各部落的活动范围内，以十户、百户、千户为单位进行打猎和放牧。每一个千户长都清楚自己管理的人数、牧地的范围。千户长的任务就是掌管隶属于他的百姓，分配好牧地，指挥他们游牧。

千户制规定，所有牧民都必须在指定的牧地上居住，国家按照千户调遣军队和征派赋役，所有民户都需要在本千户管辖下登记户口，负责兵役和徭役的征发。《蒙古秘史》上有这样的一段记载：

其赋敛，谓之差发，视民户之多寡而征之……其民户皆出牛马、车仗、人夫、羊肉、马奶，为差发。

除了要向国家缴纳赋税外，牧民还需要向诸王、功臣权贵们上缴财物。在蒙古国入侵阿拉伯后，阿拉伯历史学家对蒙古的经济制度作了长期的观察后说道："鞑靼皇帝和他的部将们能够随意取用臣民的财产，想用什么就用什么，想用多少就用多少，甚至是性命。"总而言之，分配牧场、组织放牧、猎狩、征收赋税，甚至是诸王、功臣权贵们的索取，都是在千户这种基本经济组织下进行的。可以这样说，千户是蒙古的基本经济单位。

其次，千户还是蒙古的基本行政制度。建立起千户制度后，整个蒙古百姓都被纳入严密的行政结构之中，由成吉思汗任命的那颜世袭管理。俄国历史学家符拉基米尔佐夫说："百户长、千户长、万户长的职衔都是世袭的，带有这种职衔的人获得那颜这一共同的称号，即领主、军事领主、官人的意思。人民按照十户、百户、千户来划分，分给十户长、百户长以及千户长，登入特制的簿册当中。"

蒙古的行政机构十分严苛，曾经访问过蒙古的教皇使者普兰诺·加宾尼说道：

除了蒙古大汗指定的地方外，没有人敢驻扎在其他地方。蒙古大汗亲自指定王公万户们驻扎的地方，王公万户们指定千户长驻扎的地方，千户长指定百户长驻扎的地方，百户长指定十户长驻扎的地方。以此来类推，各千户所管辖的百姓，不准变动。

成吉思汗颁布的札撒（法令）中规定：牧民不得从一个十户、百户、千户中转移到另外一个十户、百户、千户，禁止到别的地方寻求帮助，否则，违反者和收容者都会被处以死罪。

与此同时，千户长们还掌管着地方行政权和司法裁判权。在其千户、百户范围内，蒙古千户那颜就如同一个专制君主，他们依照成吉思汗颁布的札撒以及蒙古习惯法来审判人民。

再次，千户同时是基本的军事单位。在被推选为成吉思汗的时候，他建立起了 89 个千人队。到了晚年时期，他的千人队规模达到了 128 个。千人队管辖着百人队，百人队管辖着十人队，属于层层隶属的军事组织，所有的千人队由左、中、右三个万人队来掌管。各级那颜千户长、百户长，也是管理军队的各级军事长官。在蒙古国，除了老弱病残外，只要家中有 15 岁到 70 岁的男子，都要服兵役。千户长会将其组编成千人队，然后出征。在平时，蒙古男子放牧，在战争爆发时，他们又将成为士兵。正所谓“上马则准备战斗，下马则屯聚收养”。即兵民合一。

各级那颜的千户长、百户长以及十户长，都是位于蒙古牧民之上的统治者，他们是成吉思汗封的世袭军事封建领主。成吉思汗对他们的赏赐以及在战争中的掠夺，使各级那颜拥有很多的财物、牲畜以及奴隶。那些立下汗马功劳的那颜，还被成吉思汗授予了各种权力。到了后来，他们便成为在蒙古百姓脑袋上横行霸道的特权基层。那些曾经救过成吉思汗性命的人，譬如锁儿罕失剌、巴歹、乞失里黑等人，均被封为“答剌罕”，即可获得自由权益的人。在成吉思汗的特赦下，他们不用上缴财物。在战争、狩猎的过程中，他们可以独享劳动成果。他们还有选择牧地的权力，并随时可以参拜成吉思汗。在成吉思汗举行宴会的时候，“答剌罕”的权力与宗王相同。由此可以看出，他们有着十分崇高的地位。

在成吉思汗发动大规模战争的情况下，蒙古社会由原本的父权制隶属关系发展为千户制，这个制度独具特色。

千户制能够对氏族部落结构进行瓦解，促进各个氏族的大融合，并且能够阻止旧氏族贵族的复辟，还具有平战结合、军民兼容等优越性。成吉思汗编制的95个千户将原来氏族的界限予以打破，同时将各氏族、部落的力量削弱了。

蒙古脱离了原始社会组织，逐步进入了封建社会时期。但这个社会的主要特征依然是父权的军事分封制。大汗、诸王、贵族以及千户长与原来氏族的兀鲁黑、门户奴隶、奴隶演变而来的哈阑则是这个社会的对立阶级。

为了巩固自己的同盟，成吉思汗经常会用联姻与敌人握手言和。所以，当进行分封的时候，他还封赏了不少姻族。姻族除了掌管本部的军队和百姓外，还有任命千户长的权力，这些皇亲国戚形成了几个半独立性的藩部。相对于皇亲国戚而言，功臣权贵们得到的封赏要少些，但都无法与“黄金家族”相媲美。虽然实行了分封制，但所有领地的主人都是成吉思汗。受封的皇亲国戚和功臣权贵们都有一个共同的称呼，那就是“投下”。成吉思汗的亲信木华黎、博尔术、博尔忽、者勒蔑、哲别、赤老温、忽必来、速不台、术赤台以及畏答儿均被称为“十投下”。

根据自己的需求，成吉思汗将部民和俘虏编入各千户组织，这使过去彼此对立、互相独立的部落、氏族瓦解，从而建立起了全国统一的政治军事组织。成吉思汗掌管整个蒙古的百姓。一个中央集权的蒙古国家由此建立。成吉思汗这一开创性的措施，不仅对自己的统治进行了维护，而且确定了蒙古以及接下来的元朝的国家制度。

成吉思汗的成就还体现在军事方面。他依靠军队起家，因此特别关心军队的建设。

成吉思汗分封完千户、万户之后，就开始扩建怯薛军。随着蒙古国的不断发展，怯薛的阵容也逐渐变得庞大起来。成吉思汗最终确定了怯薛军的规模，总人数为 10000 人，包括 1000 名宿卫军、1000 名弓箭手以及 8000 名散班。这些人有一个共同的任务，那就是确保成吉思汗的人身安全，并且依照他的意志来处理各项事务。成吉思汗深知怯薛军在十几年的征战中发挥的至关重要的作用，对部将说："以前我只有 70 个侍卫、80 个宿卫。现在长生天让我来掌管蒙古。我要从各万户、千户、百户中挑选出健壮、身手矫健的优秀民众，直接由我来调遣。"怯薛是成吉思汗的亲军，是由蒙古的世家贵族子弟以及忠实健壮者组成，是蒙古军队的精锐部队，这支军队只听令于他。怯薛军的成员以及家属都有崇高的荣誉感、责任感和使命感，对大汗忠心耿耿，肯为他肝脑涂地。

成吉思汗任命亲信博尔术、博尔忽、木华黎、合撒儿、纳牙阿、术赤台、阿儿孩等担任怯薛军的指挥官。他说："这些做我护卫的人，以后可为大中军者。"而纳牙阿则担任大中军的万户长。

成吉思汗还规定了怯薛军的兵源：每一千户要派出一个男丁和十个随从；每一个百户要派一个男丁和三个随从；每一个十户和自由人要派出一个男丁和一个随从。如果不履行这个义务，一律以逃避兵役论处，会被流放。如果有人自愿从军，其他人不得阻拦。

怯薛军的职责是对外侵略征战，对内加强自我防卫，保护大汗的安全。除此之外，怯薛军还要分管汗廷的种种事务，譬如厨师、奏乐、掌酒、典车马等。

制定札撒，明确法律依据

为了巩固自己的统治地位，成吉思汗采用了当时社会中一些有利于巩固新兴帝国秩序的习惯法，将其制定成法律，即《大札撒》法典，将其作为宪法，明确了法律的依据，强制百姓去遵守。

在建国初期，成吉思汗按照习惯法去统治蒙古各部。不过，当时世风日下，为了强化自己的权威，他这样说道："先是窃盗奸通之事甚多，子不从父教，弟不从兄教，夫疑其妻，妻忤其夫，富不济贫，下不敬上，而盗贼无罚。然至我统一此种民族于我治下以后，我首先着手之事则在使之有秩序及正义。"此后，成吉思汗制定了《大札撒》法典，强制草原上的人们去遵守。

针对当时社会中存在的主要问题，成吉思汗废除了蒙古各族一直奉行的陋习，制定了值得称赞的法律法规，具体到了每种情况、每项罪行、每个场合，并将其记录在卷帛上。他将其称为札撒大典，并颁布到蒙古各地，具有最高的法律效力，也就是当时的宪法。

整个蒙古国的百姓都要遵守这个大典。在《大札撒》法典中，成吉思汗说道："蒙古人的天职为应我的召唤而来，随我的命令而去，视我指谁而杀。"他将自己的人生目标强加到百姓身上，"蒙古人的人生目标是战胜敌人，掠取敌人的宝藏，使敌人的臣民痛苦呻吟，驾敌人马匹而去"。

《大札撒》法典上的这一条照应了接下来的这个故事。某天，成吉思汗问他的亲信们："人生最大的乐趣是什么？"亲信们回答："打猎。""征服世界。""看着坏人在自己眼前逃窜。"成吉思汗听完后说："我觉得，人生最大的乐趣莫过于到处追杀你的敌人，夺走他们的宝马，掠夺他们的财物。看着他们的妻儿在尸体旁哭泣，然后占有他们的妻儿。"

在国家制度方面，《大札撒》明确规定，首领必须由忽里台大会选举产生，否则视作无效。其中至关重要的一项规定是尊重任何一种宗教信仰，不管什么宗教都不得享有特权，这为后来蒙古国走上世界舞台提供了理论保障。

在社会管理制度方面，《大札撒》明确规定户籍制度，人人都分属于十户、百户和千户，并需要承担一定的劳动义务，不允许到处迁移，违令者处以死刑。

在军事法方面，《大札撒》明确规定以狩猎为基础的军事训练制度，其中一条十分有趣，那就是狩猎结束后，要放走那些幼小的、受伤的、雌性猎物。目的是第二年能够打到更多的猎物。

《大札撒》中还有一项关于战争期间的规定：两国在交战前应该先宣战，如顺从，则你们会获得善待和安宁；如反抗，则其后果唯有长生天知道，非我方能预料。这一条后来成为蒙古军是否屠城的标准，对于那些不愿意投降的臣民，蒙古兵只能武力相向，直到杀光他们。

只要国家有大事情发生，诸王那颜就会集中在一起，拜读札撒。札撒中规定：对于盗窃、抢劫、杀人、强奸、鸡奸、以巫蛊之术谋害他人的人，一律处以死刑。与此同时，成吉思汗认为蒙古人的根源就是草地，所以在《大札撒》法典中强调了对草原保护的法令。譬如，禁止焚烧草地、向草地上泼洒污秽物以及在草地上挖坑等。

成吉思汗同时建立起了司法行政机构，任命了最高断事官。他说道："惩治盗贼和欺骗者，该惩办的惩办，该处死的处死。"他强调要执法公道，避免滥施惩罚、处罚和罪行不相符。

成吉思汗还采用了以教育为主，教育和惩罚相结合的方针。他声称："第一次犯下过错，要予以口头警告。第二次再犯错，要予以处罚。第三次再犯错，就将其流放到边远地方。最终还是不改正，就将其送进监狱。如果在监狱里出来学好了行为规则，那就教好了。否则就让全体远近宗族一起开会研究，来决定如何惩罚他。"

成吉思汗制定的法律，以保护当时的私有制为主旨，这同样起着压迫百姓的作用。《大札撒》上记载："其于第三次丧失他人寄托之财货者，其收留逃奴或拾物者，其在战争中拾得衣物或者兵械而不归还其主者处以死刑。"

《大札撒》保证了蒙古国的稳固，使草原人民井然有序地团结在成吉思汗的周围，使大蒙古国坚不可摧、所向披靡。

在中国古代帝王的眼中，成吉思汗在 1206 年举行的忽里台大会仅仅是一次平常的登基仪式而已，但这是站在自己的角度思考问题，并不是站在成吉思汗的角度思考问题。

成吉思汗建立起蒙古国具有重大的历史意义，与秦始皇统一中原，建立起君主独裁的秦朝的历史意义相似。在他的前面，蒙古草原上没有人想过君主独裁这种方式。我们不知道，成吉思汗的这种智慧来自哪里，可能是看到了金国的统治后产生的想法，也可能是他性格使然。

当时，这是符合社会发展规律的一种表现，原因在于从原始社会末期过渡到阶级社会的一种必然发生的现象就是私有制，这是社会进步的表现。所以说，成吉思汗制定的《大札撒》法律是符合当时蒙古社会进步发展要求的。当然,《大札撒》这种法律形式比较原始，内容涵盖了各个方面，譬如吃野兽的时候应该先绑住野兽的四肢，然后剖开其肚子，用手握住野兽的心脏，接着再吃野兽肉。

从建立蒙古国开始，成吉思汗不断完善和修正《大札撒》法典，历经 20 多年时间，最终成为蒙古帝国的大宪章。

凭借《大札撒》法典，成吉思汗拥有了一支军纪严明、训练有素、势如破竹、有着强大战斗力的军队。

从此之后，正如耶律楚材所说的那样，成吉思汗的蒙古帝国"天上天上去，海里海里去，地上再也没有任何力量可以阻挡蒙古国的铁骑"。

1219 年，成吉思汗准备以"世界征服者"姿态攻打花剌子模国，为此他召开了一次声势浩大的忽里台大会。在会议上，他向所有人重申了律令、自己的原则和对草原生活习惯的约束，他说道："如果有人违背了上述的条条框框，就是触犯了《大札撒》。"由此不难看出，在历史的局限性下，《大札撒》代表了成吉思汗个人的最高利益。这些条条框框完全是依照成吉思汗的意志而制定的。如果他觉得应该修改，就必须修改，但他个人则完全不受约束。由此可以看出，《大札撒》充满了浓厚的专制色彩。但在那个时代，《大札撒》依然具有一定的进步意义，这是蒙古草原上第一部成文的法典，符合社会发展的潮流，让蒙古人的思想政治素质得到了很大的提高。

创制蒙古文字，开创文化新纪元

成吉思汗既是蒙古族统一文字的奠基人，也是揭开蒙古社会文明序幕的人。在他的带领下，蒙古族从野蛮、闭塞走向了文明。他为蒙古的文化教育发展开辟了广阔的天地，为蒙古的发展做出了历史性的贡献。

与拥有灿烂的文化事业的中原地区相比，蒙古国十分落后。它不仅没有自己的文字，更没有记录事件的传统。成吉思汗东征西伐了一辈子，却没有为自己留下歌功颂德的文字。虽然他不认识文字，甚至不懂蒙古族以外的语言，但他却十分重视国内的教育事业，善于吸收外来的文化。成吉思汗是一个虚怀若谷的人，对于来自他国的先进思想文化，他乐于接受。在这一点上，他强过一些中原帝王。

在武力征服的时代，谁的武力最为强大，谁就是最强大的统治者。即使成吉思汗的武力最为强大，但还是积极向俘虏学习，而诸子侄和大臣们的老师大多来自投降的人或者俘虏。他所任命的顾问，大多数也是被他所征服的民族中的智者。譬如成吉思汗吞并了乃蛮部后捉住了一个名叫塔塔统阿的畏兀儿人，他是太阳汗的国傅、掌印官，精通文字，擅长辞令。以下是他俩的对话。

成吉思汗问他："太阳汗的人民、领土都属于我了，你抱着金印要去哪里？"塔塔统阿回答道："我要抱着金印寻找他的主人去，这是我的职责所在，我并没有其他打算。"成吉思汗听完后为他忠于故主的精神感动不已，问道："你为何如此努力地去保护这个金印呢？它有怎样的用处呢？"塔塔统阿回答道："出纳钱谷、委任人才，所有的大事都用得上它。这是个信印。"成吉思汗又问："你深谙本国文字吗？"塔塔统阿回答道："是的，我可以为你统一草原的大业出一份力。"成吉思汗听后十分开心，让他留在自己的帐下，并以客卿之礼善待他，还让他教授诸子、诸王学习畏兀儿的文字，并时不时向他请教有关行政机构设置的问题。

如今蒙古国十分强大，国内拥有无数的英雄好汉，士兵人数达 10 万。在某次会议上，豁尔赤狂妄自大地说道："我们蒙古国的成吉思汗是这个世界上最为强大的国君，可以打败所有的敌人。"

坐在汗廷宝座的成吉思汗开心地说："我们这个马背上的民族终于拥有了自己的国家，拥有了自己的组织机构，十分完美了。"

塔塔统阿出列说道："如果大汗想要治理国家，还需经受住一个考验，大汗心里应该明白。"

大家听了他的话十分生气："你这样的一个读书人，尽说一些触霉头的话，不怕掉脑袋吗？"

成吉思汗摆了摆手："塔塔统阿先生真是不鸣则已，一鸣惊人，我今天已经听了不少奉承话，正好想听听先生那不一样的意见。"

塔塔统阿打开天窗说亮话："凡是九五之尊，仅仅会武术是不够的，还需要学习文化。如此一来，国家才能兴盛下去。现在我大蒙古国在武力上十分强盛，武才十分多，但文才不足，这对于治理国家而言十分不利。"

成吉思汗听完后点点头，满脸笑容地说："看来我把塔塔统阿先生留在身边是明智之举，我的儿子们和弟弟们也应该多学学文化。"

失吉忽秃忽出列说道："塔塔统阿先生说得十分有理，武只能夺取国家，而文却能管理国家，这两者有着天壤之别。"

成吉思汗思索片刻，对塔塔统阿说："我蒙古人世代习武，不懂文化。我知道文人大多是智者，因此从现在开始我国子民一定要学习文化。在这个过程中，我想请你做总教习。与此同时，你还要负责蒙古文字的创立。"

塔塔统阿欣然答应了。

开国典礼持续了一个多月，成吉思汗那激动的心情慢慢平复了下来，他开始苦苦思索如何去治理一个国家。一天，当他正在思索这个问题时，塔塔统阿走了过来。

"可汗，请你来我的教室。"

"好，检查我的子弟们的学习成果的时候到了。"成吉思汗一脸的微笑。

当成吉思汗走进教室的时候，大家正在奋笔疾书。塔塔统阿夸赞他们道："蒙古真是人才辈出，他们对学习抱着浓厚的兴趣，尤其是失吉忽秃忽，他现在的成绩最为优秀。"

成吉思汗便来到了失吉忽秃忽面前，见他正在书写畏兀儿文字，说道："失吉忽秃忽兄弟，你写的字我大多不认识，不过你现在会畏兀儿文字了吗？"

"大汗，我现在已经学了不少畏兀儿文字了。它与射箭不同，需要下一番苦功夫才行。"

这个时候，众人都站了起来，对成吉思汗说道："大汗，我们都在这里学习畏兀儿文字。塔塔统阿先生是一个好老师，在他的帮助下，我们已经摸到一些学习文字的门道了，成为文明人的感觉真好。"

"很好，学习文字后，你们就不用上战场了，直接当文官来管理国家。过一段时间，我也来向你们学习。"

最后，成吉思汗来到塔塔统阿面前，小声对他说："等他们下课了，先生来我营帐中一趟，与我商讨一件至关重要的事情。"

到了中午，塔塔统阿步履匆匆地走进了成吉思汗的营帐中，跪拜道："我迟到了，请大汗宽恕。因为弟子们一个个十分好学，请教各种问题，让我一时走不开。"

"没有关系，这怎么能责怪你呢？我把先生叫到这里来，是想与先生商讨创立蒙古文字的问题。"

"创建文字需要很长一段时间，但我愿意尽毕生所学，为蒙古帝国创建文字。"塔塔统阿一脸认真地说道。

"蒙古国已经建立起来了，但文化十分落后，无法与外界很好地沟通，这是一个大问题。如果没有文字进行交流，就会阻碍我国的发展，这个问题困扰了我很久。"

"可汗说得对，没有确定而统一的政令和文书，肯定会阻碍国家的发展。大汗有这样的远见，这是蒙古国的荣幸。大汗想创立文字是为了发布法令、制作外交文书吗？"

成吉思汗点了点头，说道："我们蒙古传递文书一向靠的是人嘴，记事靠的是结绳。我想改变这一现状，创建出属于蒙古国特有的文字，希望先生能够好好研究一番，完成蒙古国民的心愿。"

"我会好好努力。"塔塔统阿回答道。

"如果蒙古族有了属于自己的文字，首先要让皇子皇族们学习，严格要求他们，然后再在全国人民中普及。当然，我们会永远铭记你的功绩。"成吉思汗殷切地说。

有了重托，塔塔统阿干劲十足。他一边传授课程，一边整理资料，迈上了创建蒙古文字之路。这对于他来说，难度不是很大。他采用了20个畏兀儿字母拼写，剩余的由偏旁组成，从而创建了畏兀儿式蒙古文。

一个多月后，塔塔统阿来到成吉思汗的营帐中，开心地说道："大汗，我已经构建出了基本文字框架，请大汗审查。”

对于塔塔统阿的文字方案，成吉思汗大为赞赏。他对自己的大臣们说道：“现在蒙古文字的基本框架已经形成，有了这些文字，蒙古人的故事就能永远地流传下去。”

“大汗英明，有了这些文字，大汗的功绩就能被后人所知晓。”有人不失时机地拍马屁。

有了成吉思汗的强烈支持，塔塔统阿胸有成竹，开始推进造字工作。一年时间过去了，成吉思汗按捺不住，来到塔塔统阿的营帐中询问文字的创建进展情况。

塔塔统阿也是一个有着实干精神的人，见成吉思汗询问，他开心回答道：“我已经完成了‘畏兀字书’，皇子皇族们已经开始学习。现在，失吉忽秃忽已经完全掌握了。”

成吉思汗听后万分激动，他们族人也成为文明人，不再是大字不识一个的野蛮人了。他双手紧紧地握住了塔塔统阿的手，说道：“我们终于有了属于自己的文字了，我等这一天等了好久。你要赶紧将这种文字传授给我的国人，如此一来，我们的蒙古国才能成为一个文化大国。”

按照成吉思汗的叮嘱，塔塔统阿让皇族们先学会了“畏兀字书”。接下来，他的学生越来越多，没过多久，这种文字便传播开来，在草原上掀起了一股学习文字的风潮。

这个时候，塔塔统阿依然勤勤恳恳地为完善蒙古文字而努力着。一天，失吉忽秃忽万分感激地对塔塔统阿说道：“老师这般忙碌，一定要注意身体，让学生也来出一份力吧。”

塔塔统阿摇了摇头，说道：“你是最高断事官，有更重要的事情等着你去完成。大汗的大札撒需要人书写，他的国政文书需要人替他去执行。”

这个时候，成吉思汗派人来请失吉忽秃忽去他的营帐中。他对失吉忽秃忽说：“现在蒙古汉字你掌握得最好，我现在口授一个大札撒，需要你将其写下来，做成书面大札撒。以后如果有人犯下过错，可以以这个为标准，不能有半点徇私枉法。”

失吉忽秃忽取来纸笔，坐在成吉思汗的营帐中，开始撰写蒙古的第一部法典《大札撒》。经过反反复复的修改，成文的《大札撒》终于在万众期待中问世了。

对于成吉思汗而言，蒙古文字十分珍贵。有了蒙古文字，才出现了成文的《大札撒》。而蒙古文字——畏兀儿字书，在后人的不断完善下，词汇更为丰富多彩，表达性更强。它在大蒙古国的经济、政治、军事等中发挥着至关重要的作用。

除掉通天巫，抓住王权和神权

尽管成吉思汗的君权神授是通天巫告之的，但当权威被通天巫冒犯时，他还是奋起反抗，想方设法除掉了通天巫，消除了这位萨满大巫师的影响力，将王权和神权牢牢掌握在自己的手中。

国家机器已经正常地运转了起来，这个时候发生了一件事情，成吉思汗为了维护自己高高在上的权威，以儆效尤了一回。

通天巫阔阔出是蒙力克的大儿子，原本叫帖卜·腾格里。蒙古人信奉萨满教，信奉长生天。聪明而狡黠的他就钻了这个空子，知道萨满教巫师很有前途，便时常赤身裸体进入荒山野岭之中，回到家中逢人便说："我刚才与长生天交流了一番，它带着我去天上遨游了一番，让我看遍了美景。"刚开始蒙力克狠狠地揍了他，但无济于事。他使劲地折腾着，没有料到的是，还真有人追随他。到了后来，他的信徒遍布整个草原，给他带来了草原第一巫师的美誉。

在称汗的典礼仪式上，蒙力克成了第一个受封的千户官，这足以看出成吉思汗对他们家的信任。通天巫经常对成吉思汗说："你是长生天选中的蒙古可汗。"某次，他还故作神秘地对成吉思汗说："昨天半夜，我去了森林中，和长生天聊了很久，他告诉我，'我已经把整个蒙古赐予了铁木真，让他当上了成吉思汗，接下来，他需要实施仁政'。"

成吉思汗一听，立马对着不儿罕山方向行三跪九叩的大礼，并感谢长生天的眷顾。成吉思汗对长生天的虔诚，导致了通天巫的平步青云。

每当成吉思汗要做什么重要事情时，他都会请通天巫给他预测吉凶。通天巫说什么，他就怎么去做。通天巫打着长生天的旗号做出有利于成吉思汗的预言，让成吉思汗在民众中树立了权威。

通天巫用他那套胡言乱语骗得了成吉思汗，并成为他的精神领袖，也成为蒙古国的指路人。

聪明的通天巫明白自己在成吉思汗心目中所占据的位置，他借用长生天让成吉思汗对自己言听计从，这让他变得狂妄起来。

一天，通天巫和信徒们在枝繁叶茂的森林中交谈，他说道："成吉思汗的天下应该分一半给我。"

众信徒问道："为何？"

通天巫说道："我的预言让草原民众相信，铁木真是长生天派来掌管蒙古草原的。在我的主持下，他才成为了名副其实的成吉思汗。"说完，他用严厉的眼光扫了一眼那些狂热的信徒。

"我们跟随你！"信徒们不约而同地说。

通天巫开始作威作福起来，一天，他与自己的六个兄弟带着一群人去打猎，遇到了合撒儿的狩猎队。双方为了一只山羊而大打出手,合撒儿气不过吼了一声，立马遭到了通天巫和他六个兄弟的一顿暴打。

鼻青脸肿、衣衫褴褛的合撒儿来到成吉思汗的营帐中告状。成吉思汗看了眼弟弟狼狈的样子，有些生气地说道："你竟然被人打啦？你平时不是说不会败于任何人之下吗？难道他们借用了长生天的法力？"

合撒儿不知道兄长这是恨铁不成钢，眼含泪水地退了出来。

合撒儿回到家中躺在自己的营帐中生闷气，他的妻子、儿子们、弟弟帖木格陪伴着他。

帖木格抱怨道："他们还是一个千户官，竟然欺负到我们亲王头上来了，这个通天巫是越来越狂妄了。"

合撒儿的妻子听后长长地叹了一口气："汗兄现在如此重视他，这让我们一点办法都没有。"

这个时候，博尔忽走了进来，叫了一声："二哥。"

合撒儿的妻子迎了出来，说道："博尔忽来啦，你二哥正在生闷气呢。"

博尔忽进来见到合撒儿说道："二哥，你是不是好几天都没有去见汗兄啦？"

"他又不用我去替他打仗，几年不见，他也想不起我来。"

"我告诉你一件事情，通天巫早上又钻进树林中装神弄鬼去了，迟早会针对我们干出什么不好的事情来。"

狡黠的通天巫觉得合撒儿肯定不会轻易罢休，想来想去，决定先下手为强。

六个兄弟问："怎样除去他？"

"利用长生天！"

通天巫跑步来到成吉思汗的营帐中，故作神秘地说："我昨天和长生天沟通了一下，他告诉了我一个惊天的消息。"

成吉思汗一本正经地问道："什么消息？"

通天巫开始胡说八道："长生天让我转告可汗，说合撒儿认为天下是你们共同打下的，你铁木真能够当国主，他合撒儿也应该当一次国主。"

成吉思汗一听紧张了起来,多年以前草原上就有"合撒儿是一个有野心的人"

的传说，合撒儿精明能干，还是一个神箭手，既然长生天说合撒儿有谋权篡位的野心，那就是事实。

成吉思汗一声不吭。通天巫继续添油加醋地说：“合撒儿几天都不来朝见，正在自己的营帐中筹划如何接替你呢。”

听到通天巫的一派胡言，营帐外的失吉忽秃忽面如土色。

成吉思汗怒气冲天地从营帐中走了出来，对护卫队说道：“上马，去合撒儿的营帐。”

通天巫也从营帐中走了出来，露出了邪恶的笑容。

失吉忽秃忽转身就跑，冲向了诃额仑的营帐中，简明扼要地向母亲说明了事情的来龙去脉。

很快，失吉忽秃忽赶着一辆白驼车载着诃额仑奔向合撒儿的营帐中。

在合撒儿营地的草地上，护卫队将身上被绑住的合撒儿架到了成吉思汗面前。

成吉思汗发出一阵冷笑，问道：“你这三天都没来朝见，都干什么去啦？”

合撒儿被问得有些莫名其妙，说道：“我哪儿都没去，就待在营帐中。”

成吉思汗厉声吼道：“打，给我打。”两个护卫开始鞭打合撒儿。

此时的博尔忽被挡在了远处，这个时候，他看到一辆白驼车由远及近地赶了过来，大声喊道：“母亲来了。”

成吉思汗大吃一惊，然后迎了上去。

诃额仑被失吉忽秃忽从车上搀扶了下来，没有看成吉思汗一眼，而是直接走向合撒儿，把他身上的绳子解开，然后坐在了地上，盘着腿，解开衣襟，托着一对干瘪的乳房。

成吉思汗、合撒儿等一同跪了下来：“母亲！”

诃额仑悲愤地说道：“铁木真，看到没有，这就是你们小时候吃过的奶，你这个自食胞衣的东西，合撒儿犯下了什么罪？你要这样对待他，要这样自相残杀！”

“母亲不要生气。”成吉思汗小声地说道。

“你给我闭嘴，”诃额仑流着眼泪继续说道，“小时候，你只能吃尽我一个乳，而合撒儿能吃尽我两个乳。他力气大，擅长射箭，用弓箭帮你降服背叛你的人。现在敌人已经被消灭了，你就不愿意见到合撒儿啦？”

成吉思汗听完母亲这番训诫后惭愧不已，说道：“母亲，儿子知错了。”

诃额仑一看已经达到效果，于是离开了。当她前脚一走，成吉思汗又翻脸不认人，将之前分给合撒儿4000名百姓削减到1400人，还收回了他大部分的领地，并且将他参政的权力给剥夺了。诃额仑为此郁郁寡欢，不久便生病去世了。

合撒儿被处理后，成吉思汗权威扫地。有不少人认为成吉思汗的权力是通天巫给的，所以都跑到了通天巫帐下。甚至有人对成吉思汗没有了信心，悄悄跑到西伯利亚地区流浪去了。

成吉思汗一筹莫展，毕竟在他眼中，通天巫是能够与长生天交谈的人，而长生天是他的信仰。经过这次事件，通天巫变得更加飞扬跋扈起来。

在通天巫和其信徒的洗脑下，成吉思汗的幼弟帖木格属下的百姓陆陆续续投靠了通天巫。帖木格于是派人去和通天巫谈话，让他交出自己的部下。

通天巫听说后放声大笑，说道："百姓们都是主动投靠我的，我又没到你的地盘上去抢。你这样的行为不好，长生天知道会生气的。"

帖木格的使者反驳道："你这就是强盗所为。"

通天巫瞪着大眼睛，挥了挥手。他的那六个兄弟扑向了帖木格的使者，将其揍得鼻青脸肿的。最后，他们将一张马鞍绑在使者背上，让他驮着马鞍离开了。

帖木格见此十分生气，亲自跑到通天巫那里，让其交出属于自己的百姓。通天巫这次更直接，命令部下将帖木格从马背上拉了下来，把他暴揍了一顿，然后逼着帖木格下跪认错。帖木格是一个能忍辱负重的人，满足了通天巫这个虚荣心后跑了回来。

第二天凌晨，孛儿帖的营帐中一片宁静。孛儿帖还未起床，成吉思汗正在翻阅成书的《大札撒》。

突然，帖木格眼里含泪地冲了进来，一把鼻涕一把泪地说道："汗兄，通天巫藏了我和母亲很多百姓。我先派使者去讨要，后自己去讨要，我们都遭到了毒打和羞辱。小时候的我们虽然经常受欺负，但也没到这般程度，他通天巫一直在欺负我们家族人。"

成吉思汗还没来得及回答，躺在被窝里的孛儿帖拉着被角遮住自己的身体坐了起来，气呼呼地说道："帖卜·腾格里几个兄弟想要干什么？先前，他们殴打合撒儿，现在又暴打帖木格，还逼其下跪。大汗还健在，他们就这样目中无人，侮辱皇族们，殴打可汗的兄弟。万一可汗哪天去了长生天那里，他们不就反天了，岂不是要将我们家族赶尽杀绝？可汗，外人那般迫害你的亲兄弟，你为何漠不关心呢？"

孛儿帖是越说越激动，最后流下了悲愤的眼泪。成吉思汗如梦方醒，突然想明白了神权对王权的威胁。他决定除掉通天巫。那个敢作敢当、果断的政治家又回来了。没有贤妻孛儿帖，他估计还深陷在与通天巫关系的泥潭中而无法自拔。

成吉思汗对帖木格说道："你给我起来，通天巫兄弟今天要来朝见。记住，你是成吉思汗的亲弟弟，一会儿由你来处置他。"帖木格听说后立马站了起来，擦干了眼泪，毅然决然地走出了孛儿帖的营帐，找来了三个大力士。

三个大力士是帖木格忠诚的仆人，看到主人受辱，心里十分难受。看到可以报仇，三人兴奋异常。帖木格叮嘱他们道："通天巫身上有神力，不可大意，动作一定要快。"

在汗廷上，成吉思汗端端正正地坐在宝座上，右侧站着合撒儿、别勒古台、帖木格等，纳牙阿率领护卫队站在门外，气氛十分紧张。

蒙力克带着他那七个儿子走了进来，通天巫紧跟着父亲，昂首挺胸、不可一世地走了进来。进入汗廷后，他一屁股坐下了，他的六个兄弟在身后站成了一排。

帖木格跳了出来，抓住通天巫的衣领，说道："昨天你让我下跪，今天我定要讨一个公道。"

通天巫发出一声冷笑，不屑地说道："手下败将有什么资格在这里吱声。"

帖木格冲了过来，将通天巫的帽子扯了下来，摔在地上，说道："有本事咱们单挑，老是仗着自己兄弟多算什么本事。"

通天巫也抓住了帖木格的衣襟，说道："来啊，我还怕你不成。"

帖木格接着说道："这里小，施展不开，我们到外面去比试一番。"

成吉思汗推波助澜地说道："你们这是在干什么？都老大不小了。要打架就都给我出去，别在我眼前晃。"

两人拉拉扯扯地冲出了帐篷，蒙力克将儿子的帽子捡了起来，心头涌上了一种不祥的预感。他心神不宁地朝成吉思汗看去，只见他十分平静，一声不吭。

帖木格和通天巫一来到外面，身后就冲上来三个大力士。三个大力士一同发力，那架势都能将一头大象一折为二。通天巫既不是大象，也没有神力，所以他的腰骨被折断了，留给父亲蒙力克和六个兄弟的只有一声惨叫。

成吉思汗问道："这是什么声音？发生了什么事情？"

帖木格若无其事地走了进来，对成吉思汗和蒙力克说道："昨天通天巫让我下跪，我立马当孙子给跪下了。今天我和他摔跤，将他摔倒在地。他居然躺在地上装死不起来，由此可以看出他是一个输不起的人。"

蒙力克心中一震，手中的帽子掉在了地上。他意识到儿子已经死去了，自己也有性命之忧。于是他跪了下来，恳求道："当汹涌的海水还像小溪般的时候，我们就相识了。当可汗只有一块土地的时候，我就是你的伙伴。我愿意一辈子跟随可汗，做一个忠诚的臣子。”

蒙力克这句话说得有些站不住脚，他曾经抛弃过成吉思汗一家，直到后来，他看到成吉思汗发达起来才再次投靠他们。不过，成吉思汗十分仗义，他轻轻地点点头：“通天巫一直挑拨离间，让我们兄弟间变得生分起来，因此公正的长生天将其带走了，但你把心放在肚子里面，我不搞牵连。”

蒙力克有气无力地对剩下的六个儿子说：“孩子们，咱们该回家了。”他们回到自己的营帐中，眼中除了悲伤还是悲伤。

蒙力克的妻子哭泣道：“你为何不吭声？你为他们一家做牛做马，他成吉思汗竟然容忍自己的弟弟把你最疼爱的儿子给杀了。”

蒙力克狠狠地瞪了妻子一眼，说道：“就是你这个有着无穷贪念的老东西，一直对儿子放任自流。总是想着与铁木真平起平坐，能不送死吗？”

蒙力克妻子又哭又闹：“你总是向着诃额仑和她的儿子们。”

“不要再说了，我老了，想过几年安稳的日子。”蒙力克用手挥了挥，如同赶苍蝇般。

通天巫虽然已经死了，但他的那些狂热的信徒还在。成吉思汗担心那些信徒会趁着教主刚死而犯事，所以，他决定谨慎地处理这件事情。

通天巫不是一般人，将他杀掉是一件容易的事情，但想要根除他的影响力就如同要拔掉一棵百年老树，难度十分大。在蒙古草原人的心中，通天巫是长生天派来与人类沟通的使者，拥有神力。如果成吉思汗将这样的人杀掉，就相当于他与长生天对着干。这就表明成吉思汗的汗位是不合法的，有违天意的。对于他来说，这是一件极其危险的事情。

成吉思汗现在只有一条路可以走，那就是证明自己的汗位是合法的，通天巫才是不合法的那个。他绞尽脑汁地想啊想，终于想到了一招。他下令说，三天后要厚葬通天巫。在这期间，大家可以去与通天巫告别。在那一天，通天巫那成千上万的信徒接踵而至。他们悲不自胜，不明白为何成吉思汗要杀掉他，他们不是一直关系很好吗？通天巫不是一直在帮成吉思汗宣传，说他的汗位是长生天授予的吗？

在这期间，成吉思汗下令护卫队对通天巫的尸体进行严加看管。每天都有一群信徒自发地聚集在搁置通天巫遗体的营帐外。这里人山人海，连只苍蝇飞进去都困难。

举行葬礼的前一天夜里，帐篷突然颤抖起来，朝各个方向摇晃着，里面传出通天巫的尖叫声。突然，帐篷的天窗开了。成吉思汗带领大家跪了下来，头磕着地，不敢睁开眼看。过了一会儿，帐篷中没有了声响，恢复了平静。

次日凌晨，在成吉思汗的带领下，护卫队打开了帐篷。那些信徒错愕地发现，通天巫的尸体不见了。

成吉思汗立马下令说：“你们一定要调查清楚，到底是谁偷走了通天巫的尸体。抓到此人，死罪。”

那些狂热的信徒依然守在帐篷外等待成吉思汗的调查结果。几天后，成吉思汗当众宣布：“通天巫犯下了大逆不道之罪，所以被长生天取走了尸体。”

对此，那些信徒毫不怀疑。他们相信，除了长生天，没有人能够从守卫森严的帐篷里搬走通天巫的尸体。于是，他们认为通天巫触犯了长生天，不是个好人，所以长生天借助帖木格的手杀死了他，并取走了他的尸体。

随后，草原上出现了这样的一个传言：“通天巫不是合法的长生天使者，而真正合法的使者是成吉思汗。”

当然，这一切的幕后使者是成吉思汗，那么通天巫的尸体怎么会不翼而飞呢？历史书上并没有相关的记载，根据当时的条件，不少人推测是挖地道。

不管怎样，通过这一场的表演，成吉思汗彻底消除了通天巫的影响，进一步强化了自己的权威。如同天竺需要佛教一样，草原人同样需要巫师。没过多久，成吉思汗就宣布，长生天已经派来了一位巫师，他就是忠厚老实的兀孙老人。他与通天巫有着很多相同之处，都来自蒙古部落有地位的家族，都是高明的萨满教徒，他从出生那一刻起就一直与长生天沟通。草原人又找到了新的精神领袖，不禁欣喜万分。成吉思汗则悄悄地对兀孙老人说道：“好好干，不要像阔阔出那样。”

兀孙老人额头上冒出了豆大的汗珠，说道：“可汗就是长生天，有什么旨意，可以先传达给我。”成吉思汗满意地点了点头。

成吉思汗又叫来了蒙力克，意味深长地对这位失去儿子的老人说：“你呀什么都好，就是管不好自己的儿子。野心大了不好哇，你看我的好安答札木合。”

蒙力克跪了下来，老泪纵横。

成吉思汗将其扶了起来，说道：“这次我就不计较了，回去吧，好好教育你的儿子们吧。”

蒙力克感激不尽，从此以后，他的六个儿子退出了属于成吉思汗的舞台，安安静静地跳独舞去了。

经过这一次事件，成吉思汗将王权和神权都牢牢抓住了，再也没有人能撼动他的地位了。但他还是让兀孙老人对外宣称“成吉思汗的权力是长生天给的”。

长驱直入，统一漠北黑林

豁儿赤去了自己的封地后作恶多端，遭到了秃马惕部落的塔里浑夫人的反抗。成吉思汗派自己的义弟博尔忽前去征剿，不料，轻敌的博尔忽被乱箭射死，这让成吉思汗痛心疾首，不顾与金国开战之际，拔寨起营，长驱直入，攻打秃马惕部落，直至统一了整个漠北地区。

一天，成吉思汗召开会议。在会议上，豁儿赤向成吉思汗禀告道："如今草原地区十分安定，但生活在漠北林木中的那些原住民桀骜不驯，这让我感到忧心。"

部将们也纷纷进言："漠北地区生活着两种人，一种是林木中人，另外一种是毡房中人。要让漠北地区的百姓安于我们的统治，一定要先征服林木中人的斡亦剌惕部才行。"

成吉思汗正襟危坐，问道："那个斡亦剌惕部是不是之前帮助王汗、札木合攻打过太阳汗？刚好我们的军队休整了很长一段时间了,可以出去溜达了。术赤，你为主将，孛秃驸马为先锋，去黑林地区会会他们。"

次日，术赤和孛秃率领着大军与众人告别了，踏上了讨伐敌人的征途。

当术赤的大军抵达德勒格尔河岸边时，他说："我们来一场军事演习吧。"于是，千军万马在这里纵横驰骋着，颇有一种地动山摇的架势。森林中那些花儿、落叶、厚厚的苔藓都在颤抖。

两天后，斡亦剌惕部的首领忽都合别乞率领着族人来到这里，对术赤说道："我斡亦剌惕部以前干了不少荒唐的事情，但现在已经意识到长生天的旨意了，我们是来投诚的，愿意效忠成吉思汗。"

术赤就这样不费一兵一卒、轻而易举地降服了一支森林部落。要是在以前，这是想都不敢想的，术赤这时才深刻地感受到草原部落的强大。他对忽都合别乞说道："既然你们投靠了我们，就应该听话，我明天要去山林中收服原住民，请为我们带路。"

忽都合别乞立马说道："我们斡亦剌惕部人愿意为将军效力，跟我来吧。"

当天晚上，忽都合别乞对术赤说："明天我就带领将军去失思失河、八河地区、贝加尔湖一带招降我的同胞和邻人们。以将军骑兵那排山倒海之势，一定能够轻而易举地完成任务的。"术赤听完十分振奋："如果真像你说的那样，我就记你一件大功。"随后，忽都合别乞向将士们说明了行走的路线，并让其做好登山的准备。

这位森林向导每接近一个部落，就吓唬他们说："成吉思汗的骑兵有摧枯拉朽之势布里亚特，如果真的打起来，受伤的肯定是我们，还是投降吧。"斡亦剌惕、秃马惕、不里牙惕、巴儿忽惕等部落都爽快地答应了。

术赤见此开心极了，伸出手拍了拍忽都合别乞的肩膀说："你这次的功劳很大，我这次回去一定让父汗好好奖赏你。"

忽都合别乞受宠若惊地回答道："我们斡亦剌惕部实在是荣幸之至，希望长生天能够保佑成吉思汗的光辉永远洒在我们黑林中。"

术赤就这样不费一兵一卒地解决了这些森林部落。1207 年夏天，术赤带着一众漠北地区部落首领来到成吉思汗的营帐前。成吉思汗欣喜若狂，将之前的不快忘得一干二净，说道："你们不用害怕，我是一个宽厚仁慈的人。虽然你们从前参加过反对我的联盟，但你们现在归顺了我，就是我的臣民。我会将以前不愉快的事情忘记的，也希望你们都忘记。"

这个时候，术赤出列说道："父汗，这次儿子轻而易举地降服了林木中人，全是仰仗忽都合别乞首领，恳请父汗好好奖赏他。"

成吉思汗开心地说道："那就任命忽都合别乞首领为林木部落之长，我们彼此将结为姻亲。"

忽都合别乞激动得一句话都说不出来，一直趴在地上表达自己的感激之情。

过后，成吉思汗将自己的二女儿扯扯亦坚嫁给了忽都合别乞的儿子脱劣勒赤，并将术赤的女儿豁雷罕嫁给了忽都合别乞另外一个儿子亦纳勒赤哈答。

成吉思汗将漠北黑林地区赏给了豁儿赤，并对豁儿赤说："我的忠臣豁儿赤听令，你赶紧动身，去管理你的林木中人吧。"

豁儿赤立刻叩头称谢："大汗圣明，我明天就动身，大汗如此信任我，我一定不负重托。"

次日，豁儿赤便前往自己的封地——鄂毕河和叶尼塞河之间的森林地区。虽然他这个万户官得来的十分容易，但想要管理好自己的封地却是一件艰难的事情。与草原地区相比，森林地区的百姓有着不同的生活方式，并且他们也不是软柿子，经常寻找各种机会进行反抗。另外，当年还有一部分残留的蔑儿乞惕人也逃到了这里。

豁儿赤到了封地后，有一点做得特别不好，那就是强抢民女。1209 年，成吉思汗带领大部分兵力讨伐金国，只留下两千军马镇守草原，黑林中的原住民听说这个消息后立马滋生反叛之心。当时秃马惕部落的首领刚死，他的遗孀孛脱灰塔里浑继承了他的首领之位。豁儿赤曾与孛脱灰塔里浑有过一面之缘，便对她念念不忘。

一天，豁儿赤带领着自己的亲兵前往秃马惕部落。

塔里浑夫人带领着部将、女奴出寨迎接。豁儿赤下马，迎了过去，色眯眯地盯着她，说道："塔里浑夫人，几年不见，你还是一如既往地美丽呀。"

塔里浑夫人面带微笑地说："豁儿赤万户倒是苍老不少，一定是日理万机，为国操劳的结果吧。"

塔里赤最害怕别人说他老了，他那讨 30 个女子做自己老婆的梦想没有实现，怎么能就此老去呢，"啊，我觉得自己没老，我现在一顿能吃掉一只羊羔，还能骑烈马开硬弓。"

塔里浑夫人笑了："是吗？万户爷请。"

豁儿赤那颗心脏一直在扑通扑通地乱跳，他相信这就是爱情。当他看到塔里浑夫人的女奴们一个个也是十分标致时，眼睛都不知道看哪儿好了。

塔里浑夫人见豁儿赤色眯眯的模样时鼻子哼了一声，等豁儿赤又看向自己时，她便请他进了桦皮屋。

等豁儿赤坐下后，塔里浑夫人问道："豁儿赤万户爷大驾光临，一定是有什么重要事情吧。"

豁儿赤听完哈哈大笑了起来："这件事情说起来重要又不重要。"

"万户爷是想要人参还是想要兽皮呢？只要你开口，我部一定尽其所有。"

豁儿赤明目张胆地把手搭在塔里浑夫人肩头，说道："我对那些东西不感兴趣，我只对人感兴趣。"

塔里浑夫人也不躲闪，说道："要人？想必万户爷要扩军啦？要多少，我一定满足。"

豁儿赤凑近塔里浑夫人，对着她的脸庞说："塔里浑夫人知道大汗曾经答应我让在自己封地上选 30 个美女作为自己的妻子的事情吗？"

塔里浑夫人点了点头，说道："听说过，怎么啦？到现在还没选齐吗？那得赶紧，你都 50 岁了吧？"

豁儿赤赶紧摆了摆手："还差一岁，其实比塔里浑夫人没大多少。"

塔里浑夫人笑道："想必万户爷是看上了我部上的女子啦？"

豁儿赤直截了当地说："这就是我来这里的目的。当然夫人是首选，还有剩下 29 名，我也准备全从你部挑选了。"

塔里浑夫人哈哈大笑起来："万户爷这么看重我们，也是荣幸之至。"

豁儿赤开始放肆起来，说道："几年前，我第一次见到夫人就惊呆了，天下还有这么美丽的女子。这几年来，我一直睡不踏实，总是惦记着夫人。我这次来看到你部的美女多得像云彩一般，真是太开心了。”

“好吧，万户爷先休息一下，喝点甘甜的桦树汁。我去把部里的女子找来，让你好好挑挑。”塔里浑夫人说完就往外走。

“夫人真是太贴心了。”

很快，几百名盛装打扮的女子来到了集会地点，豁儿赤来到选美地点，开心得合不拢嘴。

塔里浑夫人面带微笑地说道：“豁儿赤万户爷，能选出30个女子吗？”

豁儿赤心花怒放，说道：“能，挑300个也成。”

“万户爷要300个？”

“真是太可惜了。”

“可惜什么？”

“当初没向大汗要求选300名女子。”

“那没什么，那万户爷就挑300名好了。”

“唉，还是算了，我不能违反可汗的口谕，还是挑选30个吧。”

等豁儿赤下马选美的时候，那几百名女子便翩翩起舞起来，那被选出的29名女子跳起了狩猎舞，大圈变成了小圈，将豁儿赤围在中心。

豁儿赤笑逐颜开，开心得不能自已。不料，那群女子拥了上来，将他按倒在地，用绳子捆住。很快，几十名壮汉出现了，将豁儿赤随身带的亲兵们拦在外面。

豁儿赤阴云满面地说道：“塔里浑夫人，我是你们的万户爷，是你们的首领，你这是干什么？”

“豁儿赤，你没长眼睛吗？你把我部的女子当成什么啦？是你随意射猎的野兽吗？来人，把他关进狼洞里。”

“塔里浑，我是开国功臣，看上你们是你们的荣幸。你们放开我，我就不计较了，继续当你们的新郎官，不然有你们后悔的。”

“等等。”塔里浑下令道。

“你想通了吗？我会好好疼你们的。”

“给他一个大点的洞房，送三十只母狼给他当新娘。”

“塔里浑，不要哇，不要把我同母狼关在一起。”豁儿赤喊道。

在一个山洞里，豁儿赤躲在一个角落里，颤抖地说道：“快，快把那些狼轰走。”

塔里浑夫人冷笑道：“怎么，这么大一个官，还是开国功臣，还害怕这些狼不成？”

“我是怕狼，你快把这些狼给我赶出去，算我求你了。”

“可以。等你想明白如何对待我的百姓的时候，我再放你出去。”

…………

豁儿赤就这样被塔里浑夫人关押了起来。

成吉思汗听说这件事情后生气地说道：“边远地区的小部落竟然如此无视我的威严！”

“这次是豁儿赤万户作恶在先，欺压秃马惕部落的百姓。”纳牙阿说道。

“我的亲家忽都合别乞没去救豁儿赤吗？”

“去了，也被关了起来。”

“真是岂有此理！纳牙阿，你带兵去平定叛变。”成吉思汗阴云满面。

“大汗，近日我身体疼痛，恐怕无法担当此重任。”一向俯首帖耳的纳牙阿拒绝道。

成吉思汗在营帐中来回踱步，过了一阵子，他对侍从说：“去请我的义弟博尔忽，让他出战。”

博尔忽一时也找不到拒绝的理由只好带领几千军马前去平定叛乱。

博尔忽率领士兵朝秃马惕部落出发，深入丛林当中。很快，探路的人回来报告：“将军，前面没路了，我们往回走吧。”

博尔忽对 5 个轻骑说道：“你们跟我一起去探路吧。”他和轻骑一边走，一边挥动大刀砍断那厚厚的葛藤。

没过多久，他们几人便累得气喘吁吁。博尔忽恨恨地说道：“这是什么鬼地方。等抓着那个妖婆，非把她剁成肉酱不可。”

博尔忽等人很快就进入一个两边都是伏兵的沼泽地，他们艰难地前行着。

这个时候，一个女人的声音响起：“博尔忽，你不是要把我剁成肉酱吗？还是我先把你变成刺猬吧。”说完，一阵箭雨朝他们飞了过来。

博尔忽用战刀抵抗了一阵子，很快体力不支。这时，一支箭刺进了他的胸膛，他倒在了泥泞之中。

博尔忽的大部队很快就找了过来，等他们发现首领时，他已经死了。

成吉思汗听说自己的义弟战死时泪如雨下，纳牙阿哭着跪下说：“大汗，博尔忽是替我战死的，我一定要为他报仇。”

“博尔忽立下无数战功，这次因为轻敌而命丧黄泉，我失去了自己的左膀右臂，这是多大的损失啊，我一定要亲自率领大军踏平秃马惕部。”他痛心疾首，决定放弃攻打金国，去为博尔忽报仇。

众部将听说后纷纷相劝，博尔术说道："我军数万兵力与金国对峙，如果撤军的话，将不利于大局。"

"我们可以再派一名智勇双全的将领带领大军去讨伐秃马惕部，如果还是失败了，我们再从长计议也来得及。"木华黎也上前劝道。

但成吉思汗决心已定，冷冷地说道："不管结果怎么样，我都要先替博尔忽报仇。"众将见此便不再相劝。

次日清晨，蒙古大军拔寨起营，离开了金国的边境往黑林而去。

一路上，成吉思汗问身边的侍卫："博尔忽临终前说了什么吗？"

"我军赶到沼泽地时，秃马惕人已经用箭射死了博尔忽将军。"

成吉思汗叹息了良久，然后说道："这次我们一定要消灭秃马惕部，来告慰博尔忽的在天之灵。"

几天后，成吉思汗在行军帐中召集部下商讨征伐对策。他说道："黑林这一带地域广阔，树木茂密，敌人想藏在这里是一件轻而易举的事情。如果派大军围剿，劳师动众，得不偿失。我仔细地想了一下，准备派朵儿伯多黑申带领轻骑前往，你们有什么看法？"

"大汗英明。"木华黎赞同地说道，众将领也觉得这是一个不错的主意。

成吉思汗下令道："朵儿伯多黑申率领三千轻骑直捣贼营，其余的人跟随我去森林四周，封死主要的通道，就像围猎一样，消灭造反的秃马惕人。"

朵儿伯多黑申率领三千轻骑来到森林里，看着枝叶交错的林海，在马上思索良久。

"一定要小心谨慎，不能冒进。这样，我们先兵分三路，摸清进山的路线，然后再前进，一定要抓到那个塔里浑夫人。"

经过三路人马的不懈努力，他们终于找到了那条直通林中山地的路。朵儿伯多黑申派一路人重走博尔忽曾经走过的路，这一路人马主要是打掩护，另外两路人马则沿着那条小路向山后爬去。士兵们挥动着大刀砍断了那些交错的葛藤、树枝。经过一个多月的披荆斩棘，他们终于抵达了山顶。

当蒙古军出其不意地出现在秃马惕人面前时，他们乱作了一团。很快，蒙古军捉到了塔里浑夫人等人，击败了秃马惕人。

成吉思汗得到军情后亲自迎接朵儿伯多黑申军队的回归，并设宴犒赏他们。随后，他将塔里浑夫人赏给了忽都合别乞，并下令剩下的秃马惕人为博尔忽守灵。

几天后，成吉思汗派大将速不台率领大军剿除了漠北地区所有的反抗势力，从此以后，整个漠北地区实现了统一。

第四章

率军出征西夏

无中生有，第一次征讨西夏

成吉思汗想扩大自己的版图范围，于是继续寻找敌人。这次他们盯上了富裕而软弱的西夏国，他借口“克烈部的太子桑昆到了西夏”，让西夏国交出他们的敌人桑昆，而西夏国人在不知道桑昆是谁的情况下被迫应战。

平定黑林之乱后，成吉思汗又派速不台进行大规模的清剿行动。大草原上除了蒙古部外，已经没有了完整的部落，只剩下一些残存的逃亡者偶尔发动一些小规模的反叛活动。

成吉思汗需要不断地扩大自己的版图，于是再次寻找敌人。在南方，是强大的金国和一望无际的沙漠，这样的敌人有些强大，难以对付；在西方，是畏兀儿人，他们比较神秘，让人有些摸不准。最终，他把目光停在了西夏国，听说是一个发达国家，还拥有自己的文字，但那里的人十分软弱。

这个西夏国由于掌控着丝绸之路的通道，所以十分富有。但国土面积不大，人也不多，常备军只有六七万人。西夏有自己的生存法则，当辽国强大时，它将其当作自己的主子。当金国强大起来时，西夏又抱住了金国的大腿。

事实上，在建国前一年，成吉思汗就曾讨伐过西夏，当时的借口是追击桑昆。桑昆一年前就逃到了西夏，但没有人知道他是否还在西夏。而成吉思汗这支追击队一口咬定桑昆就在西夏，让他们把人交出来，这让西夏有口难辩，他们连桑昆的人影儿都没见到过，怎么交人。

就在这种情况下，蒙古国与西夏的战争爆发了。

双方的第一次交战地点是一个小型城墙，这是蒙古人第一次见到城墙，只能用目瞪口呆、手足无措来形容。对峙几天后，在专业人士的指导下，纳牙阿带领蒙古军制造出了简单的攻城工具。西夏的守军节节败退，很快就大败而归。蒙古军将这个城墙夷为平地，杀光了敌人，继续向前推进。

蒙古军来到乞邻古撒城下，立在他们眼前的是一座严格意义上的城，有外城、内城、瓮城以及护城河。西夏军乱箭齐发，吓得蒙古军立即掉转马头。

直到跑到弓箭的射程之外，蒙古军才勒马停下来。整顿一番后，蒙古军派使者来到城下，使者身后跟随着翻译官。使者说：“你们赶紧交出桑昆，不然我们的马匹会踏平这里。”

西夏人听完摸不着头脑，问道：“桑昆是何人？”

使者说道："如果你们交不出桑昆，就献出马匹、粮食以及美女。"

西夏人听完勃然大怒："你们这群强盗！"

使者骄傲地回答："我们不是强盗，是伟大的成吉思汗军队。"

西夏人听完后十分茫然："没有听说过，我奉劝你们一句，赶紧回到你们该待的地方，否则我就不客气了。"

这个时候，纳牙阿让人将一颗人头抛在城下，西夏人用铁钩将人头钩上城墙。使者解释说："这是上一个城墙处守将的人头，如果你们不乖乖交出我们需要的东西的话，这也是你们的下场。"

经使者一解释，西夏人立马认出了这个血肉模糊的人头是自己同僚的脑袋。他们大怒道："放箭，给我射死这帮东西。"使者和翻译官倒下了。

这个时候，蒙古大军中一部分骑兵下了马，肩上扛着攻城用的云梯和长杆，全速冲到城卜。当冲到城下时，原来的 200 人只剩下几十人。很快，滚烫的火油倾盆而下。他们发出凄厉的叫声，没过多长时间便倒下了。

蒙古大军对攻城战术十分陌生，但他们的学习能力很强，在专业人士的指导下，很快便知道如何攻城了。一部分骑兵先以曲线队形在墙根下飞快地移动着，用箭攻的办法将对方的弓箭手压住。这个时候，攻城部队快速地来到城墙下，搭上云梯，飞快地爬上城墙。还有一部分士兵搬来粗重的圆木，狠狠地撞击着城门。很快，城门轰然倒下，蒙古士兵将圆木扔掉，抽出大刀，对驻守城门的西夏士兵一通狂砍。

可惜的是，吓破胆儿的西夏士兵忘了将护城河上的吊桥拉起来，这就直接导致了乞邻古撒城的沦陷，蒙古军很快就屠城了。他们赶着搜刮来的骆驼和马匹走到城门外，然后点了一把火，将这座文明古城烧毁了。

蒙古大军本想继续攻城，直接攻打到西夏的首都去。但成吉思汗下达了班师回朝的命令，让他们回来参加他的称汗仪式。这支队伍只好赶着骆驼和马匹往回走，但稍稍改了一下路线，来到落思城下。

落思城的守将刚刚得知消息，一个自称是成吉思汗的军队以迅雷不及掩耳之势攻下了两座城池。他们还没有做好应战准备，蒙古大军就来到了城下。

这次纳牙阿依然派出使者，使者说道："交出你们的财产，不然你们的下场就像前面两座城池一般。"

落思城守将瑟瑟发抖，直接宣布投降了。

蒙古大军对这个听话的守将十分满意，只抢走了城中所有的马匹和骆驼，然后离开了。

这就是蒙古大军与西夏第一次交锋的过程。在纳牙阿的描述中，成吉思汗产生一种错觉，那就是想踏平西夏国是一件轻而易举的事情。西夏国富裕但不堪一击，他的大蒙古国贫穷但强大。这让成吉思汗对西夏产生了浓厚的兴趣，因为西夏很可能是他一时的金主。

火攻之策，第二次征讨西夏

尝到甜头之后,成吉思汗对西夏国发动了第二次进攻。他们来到了兀剌海城，先采用了攻心战,但没有奏效。无奈之下,成吉思汗只好强攻了,但依然没有成功。最后成吉思汗运用了自己的智慧，用火攻的办法攻下了兀剌海城。

在扫平漠北黑林后,成吉思汗让自己的助理给西夏皇帝写了一封信。在信中，成吉思汗说:“我是大蒙古国的成吉思汗,听说你们西夏国信奉佛教。在我们国家，也有人信奉佛教,所以说,我们是一家人。那我就有话直说了,你们国家十分弱小，周围不少国家对你们虎视眈眈，不过，不用担心，我蒙古国十分强大，我的大军会保护你们的。只要你们称臣，按时献贡就行。”

当时的西夏皇帝襄宗李安全是一个内心强大的人，他立马给成吉思汗写了一封回信，信中充满了不屑，“你们连属于自己的文字都没有，用的还是畏兀儿人的字，不要在这里装大尾巴狼了，想来就来吧，我等着就是。”

成吉思汗气坏了，但他很快就平静下来。他认真地分析了当时的形势，西夏国的襄宗刚刚上位，金国、西夏的联盟还没有形成，他刚好可以趁这个好时机攻打西夏。他调动了怯薛军和二十个千户,对他们进行了为期一个月的强化训练，训练如何攻城。

很快，成吉思汗率领蒙古大军浩浩荡荡来到狼山隘北口附近的兀剌海城，这里是西夏国的边防重镇。

成吉思汗先采用攻心战:对于坚守不投降的城池,蒙古大军攻下后必定屠城。

但兀剌海城的守将没有见识过蒙古大军的实力便没有搭理成吉思汗，兀剌海城虽然不是什么坚固城池，但对付攻城经验不足的蒙古军还是足够的。

无奈之下，成吉思汗只好强攻了。蒙古大军苦苦攻打了三个多月，但成效不大，导致整个蒙古大军的士气一度低迷。这时成吉思汗如同热锅上的蚂蚁，与部将商量一番后，想出了一个办法。

成吉思汗派使者和城池守将谈条件：“如果你们送给我 1000 只猫和 1 万只燕

子，我蒙古军就退兵。”

成吉思汗提出如此滑稽的条件，让城池守将大为诧异。他不懂对方葫芦里卖的是什么药，也许是脑袋被驴子踢了。三个多月守城生活十分艰辛，他也想蒙古大军早日撤退，这样他们就能够睡一个踏实觉了。

于是，兀剌海城的士兵开始满城捉猫和燕子了。几天后，成吉思汗拿到了自己想要的猫和燕子。

成吉思汗拿到猫和燕子后并没有撤兵，而是让人在它们的尾巴上拴上浇透油的棉花。夜幕降临的时候，他让人点燃这些棉花，然后放走猫和燕子。

猫和燕子都十分恋家，当蒙古大军将它们放生的时候，那些燕子拍打着翅膀，飞上了天空，一眼望去，星星点点，铺天盖地。它们快速地从城墙上飞过，寻找自己的老家。那群猫看到尾巴着火，吓得惊慌失措，拼命地往城墙上爬，冲向了自己的主人家。

顷刻间，全城陷入了火海当中。守军再也没有守城的心思，都跑去灭火。成吉思汗趁机率领蒙古大军发动了猛烈的攻击，很快就攻下了兀剌海城。

成吉思汗占领了兀剌海城后开始犹豫起来，不敢再往前推进。这次攻城，蒙古军付出了很大的代价。但成吉思汗又不想轻易回去，他可是带着发财梦来的。于是，他以兀剌海城为据点，将周边地区洗劫一空。很快，李安全便调动精锐部队打击他的抢劫队伍，导致蒙古大军粮草不足。夏天快要来临了，成吉思汗认为蒙古大军的准备不足，于是从兀剌海城撤退了。撤走的时候，有部下建议他烧毁了这座城。成吉思汗否定了：“不能这么做，如果烧毁了，西夏人并不准备重建，我们就没有了根据点。”

这次攻打西夏让成吉思汗对西夏城池的特点有了进一步的了解，同时也为他下次的向前推进提供了条件。

水淹之策，第三次征讨西夏

成吉思汗率领蒙古大军向西夏发动了第三次征讨。他们一连攻下了黑水城、兀剌海城、克夷门，当推进到西夏的都城中兴府时，发现之前的城墙与这里的城墙相比起来简直是小巫见大巫。他们各种诱降，但一无所获。成吉思汗观察了中兴府的地理位置后采用了水淹之策，最后却冲了自己的营地，但这一做法也起到了威慑敌人的作用，最终，西夏国正式向成吉思汗纳贡称臣。

1209年3月，成吉思汗对西夏发动了第三次征伐。他率领50多个千户和怯薛军，士兵有6万人，向西夏国推进。

成吉思汗这次采取与上次不一样的作战方针，将大军分成两路：一路攻打黑水城，另外一路攻打兀剌海城。西夏皇帝李安全得到情报后立马派皇太子李承祯率领着5000大军奔赴黑水城。如此一来，黑水城的总兵力达到了一万。

纳牙阿率领3万蒙古士兵来到黑水城下，见到眼前如此壮观的城墙，他们惊呆了。能否攻下这座城池，他们一点把握都没有。纳牙阿明白硬打不行，只能智取。他先让蒙古军发动猛烈进攻，等西夏军队开始反抗时，他们便仓皇撤退。

实战经验极其匮乏的李承祯开心坏了，为了扩大战果，急忙下令打开城门。西夏的将士极力劝阻，劝他千万不要打开城门，这群蒙古野蛮人攻城不行，但在打野战方面却是高手。李承祯读了不少书，懂得不少大道理，坚信一个人如果一样能力不行，那就样样都不行。因此他不听劝告打开了城门，下令士兵乘胜追击。但是，令他惊恐的是，西夏士兵还没有排列好阵形，纳牙阿便率领大军像洪水般涌入。一拨蒙古大军对他那乱成一锅粥的队伍一通乱砍后转身离开，另外一拨蒙古大军接着上来，又是一通狂砍。他第一次见到这种打法，所以急坏了。他试图从记忆中搜寻反攻的办法，那记忆不是别的，是他读过的兵书内容。他想返回城中，并关上城门，但城门现在拥挤得连一只蚊子都飞不进去。李承祯大喊了一声，飞快地翻身上马，向南方跑去，直到跑回都城中兴府才敢停下来。就这样，黑水城被蒙古军攻下了。

成吉思汗上次攻下兀剌海城后并没有将其烧掉，等他离开后，西夏皇帝李安全便对其进行了加固。等成吉思汗再率领士兵来到城下时，李安全的援兵早一步到了。成吉思汗起先采取了纳牙阿的计谋，但无济于事。兀剌海城的守将没有李承祯的“魄力”，拒绝出城迎战。

成吉思汗见此，只好强攻。虽然兀剌海城经过了加固，但依然不太稳固。在成吉思汗的不懈努力下，兀剌海城最终陷落了。城中的士兵殊死抵抗，在城中与蒙古兵打游击战，这让蒙古兵损失惨重。当蒙古兵剿灭城中的西夏军后，成吉思汗便下令屠城。

攻下兀剌海城后，成吉思汗传达命令，让纳牙阿带领他那一路士兵前来会合。1209年5月，成吉思汗率领士兵长驱直入，向克夷门方向推进。

克夷门位于中兴府正北方向一百多公里处，占据着极其重要的地理位置。那里有两座大山，悬崖峭壁，连只飞鸟飞过去都十分困难。

当黑水城和兀剌海城沦陷之后，李安全派出西夏国曾经立下无数战功的大将嵬名令公率领一万士兵去克夷门协作防守。

成吉思汗率领蒙古大军来到距离城墙 5 里的地方，然后驻扎了下来。使者先出马，“如果主动献出城池，你们就是我们的好朋友。如果反抗，等我们攻破城门后，必定屠尽城中之人。”

使者的话还未说完，便被一支箭射中。随后，嵬名令公命人将使者的人头挂在了城墙上。

成吉思汗十分气愤，只好下达了强攻的命令，但结果不尽如人意。一个月后，成吉思汗又派使者前去劝降。嵬名令公这次将使者的人头从城墙上扔了下来，并且还补上了几支箭。

成吉思汗再次下令攻城，但依然无济于事。这个时候，挡住了成吉思汗部队进攻的嵬名令公却骄傲了起来，向皇帝李安全报信：“这群野蛮人根本不知道如何攻城，拿几根杆子和弓箭在这里蹦跶。大王你尽管放心，我很快就会胜利归来。”

这种效果既是李安全想要的，也是成吉思汗想要的。他坚持不懈地攻城，就是想让嵬名令公放松警惕。

在某天的黄昏时分，西夏军发现蒙古军正在一拨接着一拨地撤兵。他们狂喜，对嵬名令公说道：“蒙古军撤兵了，我们攻打敌人的时机到了。”

嵬名令公一眼就看穿了成吉思汗玩的小把戏，说道：“这是他们在诱敌出城。”

成吉思汗依然在按照计划撤兵，几天后，他们朝城门方向看了看，一个西夏士兵都没有，又一个计谋失败了。

成吉思汗只好换了招数，他使出了骂战。于是，每天都有人骂嵬名令公和西夏军是懦夫、胆小鬼、孬种、缩头乌龟、无能之辈等。反正是什么难听，他们就骂什么。嵬名令公虽然有作战智慧，但是一个小肚鸡肠之人。蒙古大军在城墙下整整骂了两个月。终于某天，嵬名令公忍不住了，打开城门，击杀蒙古军。

蒙古军的一部分士兵正在城门下叫骂得起劲，突然，城门开了，蒙古军见到后跟见到鬼似的逃走了。就此，嵬名令公得出了一个结论：蒙古军不行。

随后，嵬名令公率领西夏军在后面狂追不舍，当追到龙骨山右边的丘陵地带时，杀出一支蒙古军来。嵬名令公心一沉，立马下达了回城的命令。但为时已晚，成吉思汗带领士兵在这里埋伏了整整两个月，怎么会让他逃回城门内！

成吉思汗兵分三路攻打嵬名令公的中军，没有野战经验的西夏军立马乱成一团。成吉思汗活捉了嵬名令公，攻陷了克夷门，打开了通往中兴府的大门。

成吉思汗率领士兵在克夷门处少作休整，然后向中兴府推进。1209 年 7 月，成吉思汗率领浩浩荡荡的蒙古大军兵临中兴府城下。在这之前，他派出一小部分兵力消灭了中兴府的外围防守力量。

当看到中兴府时，成吉思汗和他的蒙古大军瞠目结舌，头次看到这么恢宏壮丽的城池。它是西夏的都城，有着200年的历史。这里的地理位置拥有着巨大的优势，贺兰山位于其西北，黄河水从东南面流过，美丽富饶，可攻可守。中兴府的城墙高而牢固，由巨大的石头堆砌而成，护城河有十丈宽。李安全将百分之九十的西夏国士兵都调到了这里来保护都城。

虽然北大门已经被蒙古军攻打了下来，但李安全依然悠哉乐哉，因为中兴府就如同铜墙铁壁。据他所知，成吉思汗所带领的那一群野蛮人对这种铜墙铁壁般的城池是无计可施的。他们既没有大型弩炮，也没有三弓床弩，当然更没有炸弹。他们只有那些射程在200米以内的弓箭和瘦弱不堪的马匹。

成吉思汗在中兴府城墙下面抬头看了看，意识到之前制订的作战计划用不上了。但是他们已经打赢了两场，士气正盛。同样地，他派出使者，吓唬李安全道："如果主动献出城池，你们就是我们的好朋友。如果反抗，等我们攻破城门后，必定屠尽城中之人。"

李安全回答道："要攻就攻，不攻就回你们蒙古草原去。"

成吉思汗的部将开始劝道："上次那个克夷门还是通过诱骗而攻下的，这个中兴府比那个城墙坚固太多。攻城是我们的弱项，我觉得还是班师回朝比较好，沿途搜刮一些战利品。返回草原后，我们招一些攻城专业人士。等研究出如何攻下如此高大坚固的城池后再过来。"

成吉思汗并不想千里迢迢过来，最后却无功而返。他整天苦思冥想，当看到东南方向的黄河水时，他想出了一个奇思妙计。

几天后，中兴府士兵发现成吉思汗带领蒙古大军已经放下了武器，当起了修坝的工人。有人马上意识到蒙古人想要用黄河水"灌溉"中兴府。

李安全见此十分焦灼不安，如果成吉思汗真的建成了堤坝，那么西夏就要亡国了。情急之下，他从城墙上方放下绳子，让一支精锐部队下去了。精锐部队冲向了蒙古士兵，成吉思汗的蒙古大军很快就将其打散。李安全只能寄希望于上天，祈求黄河水不要泛滥，但结果让李安全失望了。

1209年9月，黄河水如同往年一般在这个时候般暴涨起来。当新修成的堤坝蓄满水时，成吉思汗便下令放水。滔滔大水朝中兴府奔腾而来，中兴府便泡在了水中央，这个时候的李安全如同热锅上的蚂蚁。

如果换作其他西夏皇帝，金国再怎么样也会施救一下。但李安全刚上位，并且是废了他堂哥而登上的皇位。上位后，他并没有给金国上贡。因此当西夏士兵突围后向金国求救时，金国皇帝无动于衷。

李安全得知了这一消息后勃然大怒，但也无可奈何，唉声叹气道：“中兴府自建成以来，第一次遭到敌人的攻打，结果却是这样的狼狈不堪。”

有部下建议：“我们已经走投无路了，还不如打开城门，拼死一搏。”

李安全愁眉苦脸地说道：“光凭借武力，我们也不是他们的对手，还是先守城吧。”

正在他们一筹莫展时，事情出现了转机。

1209 年 12 月，蒙古军千辛万苦修建的堤坝崩溃了。滔滔大水冲他们的营地奔腾而来，冲走了帐篷、大车和老弱病残的马匹。无奈之下，成吉思汗只好率领蒙古大军向后撤退，撤退到高处，望洋兴叹。

其实发生这样的事情不足为奇，修建堤坝特别需注重工程质量。因为洪水压力一大，就会冲垮那些豆腐渣工程。成吉思汗只用一些土、石头堆砌成了堤坝，这显然经受不住洪水的压力。成吉思汗这是搬起石头砸自己的脚,真是得不偿失。

蒙古军损失惨重，他们的军粮都泡在了水中。无可奈何之下，成吉思汗只好撤兵。在撤兵的途中，他将俘虏嵬名令公释放了，让他回去继续游说李安全，要李安全纳贡称臣。

在外人看来，这就是一个笑话，毕竟蒙古大军才是这场战争的失败者。但嵬名令公待在成吉思汗军营中的这几个月时间里，已经充分意识到了蒙古军的强大。他回去对李安全说：“成吉思汗是一个能成事之人，具备天下之主的素质。现在金国已经让我们寒心了，我们刚好可以换一个大腿抱。相对金国，成吉思汗是后起之秀，势头更猛。”

李安全看到成吉思汗已经撤兵，再次恢复了信心。他说道：“金国怎么说也是一个文明国度，他成吉思汗就是一个野蛮人。”

嵬名令公摇摇头，继续劝道：“我们要认清事实，不能感情用事。要是上次成吉思汗将堤坝修得坚固一点，中兴府是不是要沦陷了？”

李安全不寒而栗，感觉自己泡在了水中央。他权衡一番后，最终决定向成吉思汗称臣。他给成吉思汗写了一封信，说道：“我对你的皇威诚惶诚恐，如果你攻打金国、西方国家，我们将成为你的左膀右臂。但我们相距遥远，行动起来有所不便。有的战争我们能够出一把力，有的战争不能出力，也是尽力而为。承蒙你的恩赐，我们愿意献上我们的特产。”

成吉思汗听完后十分开心，说道：“那我们联姻吧。”李安全只好忍痛割爱将女儿嫁给了成吉思汗。从此之后，西夏成为成吉思汗的“金主”。

但是，西夏对成吉思汗的帮助仅仅停留在物质上，他们已经丑话说在前："两国相距遥远，行动起来有所不便。"

以成吉思汗的智慧，肯定能看出他们的小把戏。但他没有去计较，也许是根本看不上对方的作战能力。他之前对西夏开战，就是图他们的财富。

成吉思汗摆平了西夏国后，立马开始寻找下一个敌人。他的蒙古大军一直都在蠢蠢欲动，他们在战争中发现了自己存在的价值。

不战而降，征服畏兀儿

在成吉思汗降服了西夏国后，畏兀儿担心落得与西夏国一样的下场，经过一番权衡，最终撇开了其宗主国西辽，频频向后起之秀、一代霸主的成吉思汗示好。成吉思汗不费一兵一卒便降服了畏兀儿，打通了通往西方的通道。

成吉思汗降服了西夏国后，西部邻国对他佩服得五体投地，纷纷过来投诚，第一个便是畏兀儿人。当时的畏兀儿国是西辽国的属国。

畏兀儿人的国君巴尔术阿尔忒的斤曾对部下说："我们畏兀儿人臣服于西辽多年，受尽了压迫。虽然凭借我们自身的力量无法与西辽抗衡，但我们可以借助别人的力量。我看蒙古草原的首领成吉思汗是个不一般的人物，有着天下之主的风范，我们可以抱抱他的大腿。"

巴尔术阿尔忒的斤的相国仳俚伽帖木儿说："依我看，蒙古国的实力远在西辽国之上。成吉思汗是一个宽仁的国君，比西辽那个暴戾无道的国君强太多。为了保全畏兀儿人，我觉得我们可以联合成吉思汗，以此摆脱西辽国的控制。"

巴尔术阿尔忒的斤长长地吁了一口气："我们受压迫的日子终于要到头了。"

畏兀儿人之前没有和成吉思汗有过任何交集，因此不知道这位霸主想要一个什么样的伙伴。如果现在贸然前去，一旦不招成吉思汗待见，还被西辽国君发现，那畏兀儿人的路就走到头了。

巴尔术阿尔忒的斤苦苦思索，然后制订出了投诚计划。当他知道蔑儿乞惕部的首领脱黑脱阿的儿子忽都、赤老温、合勒等逃到他的地盘上时，便派人对其进行追杀，他用这种方法向成吉思汗表明自己的心意。

成吉思汗得知这个消息后开心地说："畏兀儿人真有眼力见，让他们接着努力。"

畏兀儿人果然没有让成吉思汗失望。在一个风雨交加的晚上，一群畏兀儿人推倒了西辽设置在畏兀儿处的大使馆，并杀了西辽的少监。

成吉思汗听说后很是高兴，想捅破这层窗户纸，把两者的关系摆在明面上。他对合撒儿说道：“合撒儿，你带着我的文书去招降。”

合撒儿随即出发，很快便来到了畏兀儿的地界。得知蒙古军的到来，巴尔术阿尔忒的斤十分开心，立马出城迎接，并以上宾之礼礼待。他对合撒儿说：“我本准备去蒙古国通好，没想到你们先到了。畏兀儿国虽小，但占据了极其重要的地理位置，对于成吉思汗来说，有利而无害，希望我们两国通好。”

合撒儿笑容满面：“今日贵国如此坦诚，实在让人感动不已。那就请出使者，去面见成吉思汗吧。”

巴尔术阿尔忒的斤亲自拟定了一份国书。在书中，他极尽各种奉承之词，说道：“现在蒙古国战无不胜攻无不克，你是天下之主，世界的征服者。我正准备派使者去向你表达归顺之意，没有料到你的使者先到了。我国的百姓欢欣鼓舞，为之沸腾，我想请你当我国的主人。”

成吉思汗开心坏了，回信道：“为了表明你们是真诚的，那就进贡吧。”

畏兀儿国君听到后十分开心，他内心十分明白，他已抱稳了成吉思汗的大腿。1211 年，他亲自携带大量的珠宝来到蒙古草原，成吉思汗握住他的手说：“从此以后，蒙古草原就是你的家了，欢迎以后经常来。”

畏兀儿国君流下了激动的泪水，说道：“承蒙可汗的厚爱，为了表达感激之情，我每年都会献出我国的一半收入。我还有一个不情之请，请大汗满足。”

成吉思汗问道：“什么要求，尽管说来。”

畏兀儿国君说道：“我想与可汗联姻。”

成吉思汗不假思索地说道：“那我把女儿嫁给你吧，你就当我的女婿，相当于我的儿子。”

畏兀儿国君立马趴在地上，对成吉思汗行三跪九叩之礼，来表达自己的感激之情。

通过畏兀儿人的归顺，成吉思汗将通往西方的通道打通了，为他后来的西征提供了保障。

不战屈人之兵，哈剌鲁的降附

哈剌鲁国君马木笃罕得知蒙古大军兵临城下，在下属的建议下，决定效仿畏兀儿人，不战而屈人之下，对成吉思汗称臣纳贡。至此，蒙古国的势力在西边得

到了进一步的扩展，成吉思汗的版图范围得到进一步扩大。

畏兀儿人归顺后，蒙古的发展进入了一个稳定时期。为了进一步对西方的局势进行稳固，1211年，成吉思汗派大将忽必来率领大军征讨哈剌鲁。

在行军途中，忽必来听说哈剌鲁国君马木笃罕同样对西辽不满，便对部下说："我军先不要急于向前推进，等待几日，我相信哈剌鲁君主也会像畏兀儿君主一样主动投靠我们。"

忽必来故意放慢军队前行的速度，两个月后，才抵达哈剌鲁首都阿力麻里城外。

马木笃罕见蒙古大军兵临城下，惊慌失措地说："我们是一个小国，兵力并不强盛，蒙古大军如饿狼猛虎，我们该如何是好？"

"去年畏兀儿人主动投诚，我觉得我们可以效仿，先杀死西辽设置在我们国内的大使馆里的少监。"一个部将说道。

"我们可以联合蒙古对抗西辽。"另外一个部将补充道。

马木笃罕左思右想，想破了脑袋也想不出更好的办法，最终决定向蒙古"割肉"，献上自己国家的珠宝。

马木笃罕义愤填膺地说："现在到了我们哈剌鲁洗刷冤屈的时候了。西辽少监欺人太甚，一直在我们头上作威作福，我忍他们好久了，现在让他们受死吧。"

紧接着，马木笃罕派出一名大将率领几百人冲进了西辽驻哈剌鲁的大使馆，对西辽少监大开杀戒。少监自知走投无路，高喊道："让马木笃罕来和我对话，要是我大西辽皇帝知道你们的所作所为，一定会将整个哈剌鲁夷为平地……"还没有等他喊完，脑袋就被砍了下来。

马木笃罕站在王廷上下令："打开城门，迎接强大的蒙古大军吧。"

马木笃罕以上宾之礼礼待忽必来。忽必来一脸的笑容，不住地称赞马木笃罕，说道："国君实在是太明智了，要是所有人都像你那么聪明的话，世界就和平了。"

马木笃罕回答道："毫无疑问的是，成吉思汗迟早是天下之主。我哈剌鲁国主动投诚，也是顺应天下之势。"

在这种情况下，谈判是在一个十分融洽的环境下进行的。马木笃罕叫来了一个老臣，对他说："快快拟定文书，我也去当成吉思汗的义子。那个什么西辽，让它滚回自己老家去吧。"

很快，马木笃罕带上贡品和文书亲自去了蒙古大草原一趟，当然，引路人是忽必来。

成吉思汗见忽必来没有费一兵一卒便降服了哈剌鲁，自然十分开心。他脸上堆满了笑容，对忽必来说道："我勇敢强健的忽必来将军，你为我带来了哈剌鲁国王，我该如何奖赏你呢？"

"大汗对我的信任就是我的荣幸，忽必来别无所求。"

这个时候，马木笃罕对成吉思汗行君臣之礼，然后说道："伟大的蒙古国君，哈剌鲁国国王前来投诚，阿力麻里的臣民愿意永远臣服于你，我会当好你的好子民和好奴隶的。"

成吉思汗听完马木笃罕的誓言后，立马以国宾之礼来回敬他，并对他说："哈剌鲁国君做了一个明智的决策，真是替你感到开心！为了表达感激之情，我现在郑重地承诺，你可以娶任何一个未结婚的皇族女子。"

马木笃罕想当成吉思汗义子的梦想终于得以实现，开心坏了。他对成吉思汗行三叩九拜大礼，说道："感谢大汗的隆恩，大汗就像天上的太阳，温暖着我们哈剌鲁国人。"

就这样，哈剌鲁国挣脱了西辽国的怀抱，投到蒙古国的怀抱中。成吉思汗将哈剌鲁国纳入自己版图之内，他西边的势力得到了进一步扩大。

成吉思汗站在了斡难河源头，举目四望，一眼看到了西辽国，再抻长脖子，便看到了花剌子模。看着看着，他脖子有点酸，于是将目光收回，看向了南面。

第五章

南下伐金之战

占领后援基地，乌沙堡沦陷

成吉思汗终于对金人开战了，既是为先辈报仇，同时也为掠夺财物。金国皇帝完颜永济提出讲和，但遭到了拒绝。无奈之下，他被迫出兵。两军第一个交战地点便是固若金汤的乌沙堡。成吉思汗苦攻3个月，但毫无进展，只好更换策略。他们找出其后援基地，将其占领。如此一来，乌沙堡自然而然地沦陷了。

在成吉思汗的心中，金国始终是一个强大而让人恨得牙痒的敌人。蒙古和金国的仇恨贯穿了几代人，草原上几代百姓都遭受过金国的压迫。成吉思汗的曾叔祖合不勒汗因拒绝入朝，导致金国大举入侵蒙古草原。然后，金国联合塔塔儿人对付蒙古。塔塔儿人抓到继承汗位的俺巴孩，将其献给了金国。金国人为了报复，便将俺巴孩汗钉死在木驴上。紧接着，金国每隔几年时间就入侵蒙古草原，杀死不少蒙古男儿，将孩子和妇女掳掠过来当奴隶。

刚开始时，成吉思汗的力量还不是太强大，所以只能联合金国吞并了世敌塔塔儿人，为父亲也速该报了仇。等完成了蒙古统一大业后，他与金国的矛盾已经到了不可调和的程度。

对于成吉思汗来说，攻打金国有百益而无一害，既可以为先辈报仇，还能扩大自己的领地范围。出于这一考虑，他便把目光对准了金国。

金国这些年来一直在走下坡路，对于这一点，成吉思汗看在眼里，乐在心里。成吉思汗十分了解金国的发展现状。因为他身边有一员大将，名叫耶律阿海。他曾经在金国为官，出使王汗部落时，与成吉思汗“情投意合”。据说见了成吉思汗一面后，他便快马加鞭回到家里，对家里人说：“我这一生阅人无数，但像铁木真这样的天才，还是第一次见到。跟着他，一辈子就有享不尽的荣华富贵。”于是，他摘下了金国的官帽，心悦诚服地与成吉思汗共饮班朱尼河水。

耶律阿海了解金国，很早就建议成吉思汗攻打金国。成吉思汗也知道金国越来越不行了，但不知道它不行到什么地步。在他心中，金国与西夏不同，金国是一个强大的敌人，城池不计其数，是一根难啃的骨头。

在第二次攻打西夏的时候，成吉思汗曾借着向金国纳贡的时机去一探虚实。成吉思汗要来金国，这让金国人有些心慌。成吉思汗这些年来的成就是有目共睹的，当时的皇帝完颜璟立马召开了大会，有大臣建议，绝对不能给成吉思汗进入中原的机会，他这是狼子野心。他们建议皇帝，可以在塞外净州接受他的贡品。

完颜璟立马接受了这个建议，立马派出兄弟完颜永济前往净州接见成吉思汗。成吉思汗一见到完颜永济便质问道："按理说，我来进贡，是你们的上宾，为何在这寸草不生的地方接待我？"

完颜永济被问住了，一时找不到应对之词，他的助理们只好出马，反驳成吉思汗："这么多年来，你们蒙古国都是我们的边防司令，在这个地方接见你们是我们的传统。"

成吉思汗听完后不屑地说："今日不同往日，该换换规矩了。"

完颜永济听完后瑟瑟发抖，想赶紧逃回金国，他的助理们给成吉思汗丢下一句话："不要因为手下的小弟多了便自以为是，想质问金国，你还嫩了点。"

成吉思汗心里明白金国掌控草原多年的原因，是因为中原比草原发达先进不少，草原百姓需要的不少商品都来自中原的作坊。为何当年塔塔儿人能够称霸草原呢？那是因为他们给金国当了多年的附属国，以物换物，换来了不少的先进货。

摆在成吉思汗面前的只有两条路：要不学习塔塔儿人，继续给金国当边防司令；要不就吞并金国，将他们所有的作坊据为已有。

成吉思汗有着强烈的祖国荣誉感，边防司令这顶帽子，他一戴就是很多年，也是强忍下的，因为之前他不够强大。现在他强大起来，而金国又一直在走下坡路。趁着这个时机，帽子该摘下了。

对于成吉思汗的这个想法，金国也是心知肚明的。完颜永济的助理们吓唬成吉思汗道："金国和蒙古草原相距遥远，在这两者之间，我们有无数的边防根据点。"

成吉思汗听完这番话后脸都黑了，扔下几车他准备的贡品——破乱不堪的动物毛皮后扭头就走了，这让完颜永济颜面大失。回到金国首都后，他向哥哥完颜璟诉苦，强烈建议攻打蒙古。当时完颜璟正躺在病床上，在他看来，成吉思汗只是对他弟弟无礼，并没有对他无礼，所以没什么太大的感觉。

完颜永济是一个软弱健忘之人，原本以为成吉思汗对他的羞辱到此为止，没想到更厉害的还在后头。

1208 年，金章宗完颜璟因病去世，由于名下没有儿子，他那无能的弟弟完颜永济便继承了皇位。

1209 年，完颜永济派出使者出使各国，通知各国君主他已经坐上了龙椅。出使蒙古的使者见到成吉思汗后，强硬地要求成吉思汗纳贡称臣，而成吉思汗再也不想对任何人行叩拜之礼。他这个奴隶已经翻身做主人了，再者说金国对他的皇恩一直都是一个空头支票。

成吉思汗一脸阴云地问使者："现在谁是金国的皇帝？"

使者朝南方拜了拜，说道："是卫绍王完颜永济。"

成吉思汗翻了一下白眼，轻蔑地说："是那个绣花枕头哇，这样的一个窝囊废有什么好拜的。"说完，他便将使者轰了出去。

从这个时候起，成吉思汗就算彻底与金国翻脸。完颜永济听到使者的回话后龙颜大怒，说道："这个蒙古奴隶，朕一定要御驾亲征，一刀砍了他。"他发的是一时的怒气，没过几天，便忘了自己的豪言。

1210年末，耶律阿海再次建议成吉思汗攻打金国。由于他看到金国对他的侮辱无动于衷，便判断他们的实力不行。

1211年春天,成吉思汗召开了忽里台大会。他对众多部将提出讨伐金国一事，最终全票通过，这让成吉思汗备受鼓舞。与此同时，他也十分担忧，因为金国的女真人有300万，汉族农民有4000万人，而蒙古还不到它的十分之一。金国想在短时间内召集10万的步兵和骑兵是一件轻而易举的事情，并且金国的城墙同样高大而宏伟，说是铜墙铁壁也不为过，最为重要的是他们蒙古士兵攻城经验严重匮乏。

成吉思汗意味深长地对部将说："金国谋害我的祖先，动不动对我蒙古人进行烧杀抢劫，这个仇是一定要报的。当然，金国是发达国家，拥有巨大的物质财富。如果将这些财富据为已有的话,相信我大蒙古国不再是大家口中的野蛮人了。眼前的困难是有的，但办法是人想出来的。人只有不断地挑战自己，生存才变得更有意义。"

成吉思汗的一番话又让部将们看到了希望，蒙古大军士气大涨，个个摩拳擦掌。为了确保自己在攻打金国时没有后顾之忧，成吉思汗便派使者前往与金国相邻的两个国家——西夏、畏兀儿，让它们发誓不给金国提供援助。西夏人回复道："咱们是朋友,与金国是仇人,我怎么可能帮仇人而不帮朋友呢？"畏兀儿人也说："放心吧，你们需要兵力的时候尽管说话。"

1211年2月，成吉思汗在克鲁伦河畔举行誓师大会。在会上，他按照蒙古族的古老传统，摘下帽子和腰带，虔诚地向长生天祈祷："长生天啊，昔日金国杀我祖先，杀我的臣民，请你允许我复仇，只有将金人的城池和金银财宝据为已有，我们蒙古人那颗躁动的心才能平静下来。"

祈祷了三天三夜后，成吉思汗对众多部将说："长生天让我们赶紧去攻打金国，夺回原本属于我们的一切。"

誓师大会结束后，蒙古大军向南推进，快速来到金国边境。

完颜永济得知这个消息后，说道："听说成吉思汗已经攻下了西夏，看来那些野蛮人还是有一定实力的。"

完颜胡沙哈哈大笑起来："区区一个蒙古能兴起多大风浪？我大金国随时可以把它打趴下。"

完颜永济一听顿时有了底气，"如果蒙古部敢入侵我大金国边境，那个汪古部便第一个不答应。"但他们忘了，成吉思汗除了是一个军事家外，还是一个优秀的政治家。

为了让自己没有后顾之忧，成吉思汗早就派出木华黎去与长城以北的汪古部谈判。汪古部的首领阿剌兀思同样是一个识时务的人，为了表达自己的诚意，阿剌兀思派出了一千名善于耕作的健壮者拖家带口跟随木华黎去往蒙古，成吉思汗也拿出自己的诚意——联姻。阿剌兀思非常高兴地答应了。于是，成吉思汗便把自己的孙女、拖雷之女嫁给了阿剌兀思的儿子涅古台，新的联盟由此形成。

在阿剌兀思的帮助下，成吉思汗率领着十万大军来到汪古部的驻地，越过边境，来到金国的地盘上，并在此安寨扎营。

这个时候，完颜永济对汪古部失望了，不知所措地看着自己的大臣们。大臣也大为诧异，他们无论如何都没有想到成吉思汗真的千里迢迢来攻打金国。完颜永济让大臣们想想办法。这时，有大臣建议："汪古部人一直帮我们守护着长城西北，现在他们背叛了我们，这就相当于金国的门户大开，我们能怎么办？一点准备都没有，我看还是先求和吧。"

有大臣随声附和道："我觉得，只有给成吉思汗一些财物，他才能撤兵，我们不如给他点财物。"

昏庸无脑的完颜永济立马派出了使者，向成吉思汗抛出了橄榄枝。成吉思汗呸了一声，说道："我这次是为报仇而来，你们不要有其他的想法，还是擦亮你们的枪杆战场上见吧。"

完颜永济问使者道："你去了一趟他们军营，你觉得蒙古军战斗力怎么样？"

使者绞尽脑汁地想了想："都是一群骑兵，几个几个地围坐在地上，就像一群乡巴佬似的聊着天，我觉得他们翻不起多大的浪花。"

完颜永济刚要把心放在肚子里面时，宰相独吉思忠上前说道："成吉思汗先统一了蒙古草原，后降服了西夏、畏兀儿等。依我看，这个人不是一般人，我们一定要小心谨慎。"

副宰相完颜胡沙也说："成吉思汗是一只老狐狸，诡计多端，我们要有所准备。"

完颜永济一听立马紧张起来。独吉思忠上前献计道："蒙古大军都是一些骑兵，攻城经验极其匮乏。只要我们在要塞下布下重兵，拼死作战，他们一定会望而却步的。我们可以在西京和抚州处加强防守。"

完颜永济不懂军事，既然有人说要派兵，那就派兵好了。他立即让独吉思忠率领金国士兵抵达抚州。独吉思忠去了那里，第一件事情就是将防御战线向前推进，推进到距离抚州 30 公里外的乌沙堡，然后在乌沙堡的西南方修建了后援基地——乌月营，并在这里堆积大量的粮草。如此一来，即使和蒙古打持久战，他们也完全支撑得住。

当独吉思忠忙于推进防线时，胡沙虎正在西京忙于加强防御力量。他这样做有两个目的：一是迎战，二是寻找机会同独吉思忠一起对蒙古大军进行包抄。

对于金国的动静，成吉思汗了如指掌。1211 年 3 月，成吉思汗命令左军统帅木华黎攻打乌沙堡。乌沙堡已经被金国经营了十年，早已固若金汤。木华黎苦苦攻打了 3 个月，都一无所获。

木华黎快快不乐地对成吉思汗说："金国是一个强大的国家。"

成吉思汗回答道："独吉思忠之所以能够坚持那么长时间，完全是粮草充足。如果我们抢了后援基地，他们就不能蹦跶了。"

成吉思汗的这个计谋也是不得已而为之，作为支援基地，乌月营十分隐蔽，甚至独吉思忠的部将们都不知道它的准确位置。所以，成吉思汗当前的主要任务是找到乌月营。

成吉思汗最开始时也不愿意花大量时间寻找乌月营，但苦于战事毫无进展。耶律阿海说："乌月营是一个很大的军事基地，再怎么隐蔽也不可能消失，我们可以派出一部分兵力去寻找。只要收集一些有用的情报，一定能够找到乌月营的。"

这次成吉思汗他们是选对了方法。距离乌沙堡约 20 公里的某个地方经常尘土飞扬，在最近几个月内，当地的百姓经常看到金国士兵赶着马车匆匆而过，向东北方向而去。

成吉思汗得到了这个重要情报后立马派出耶律阿海和哲别两员大将，让他们率领三千士兵，在夜晚秘密急行军。当天蒙蒙亮时，他们对乌月营发动了突然袭击。就此，乌月营沦陷了。

当得到消息时，独吉思忠心一沉，瘫坐在地，"唉，怎么会这样呢？"过了好久，他目光呆滞地问自己的部将："我们接下来该如何是好？"

众部将异口同声地说道："向南撤退。"

在这个时候，独吉思忠力排众议，决定孤注一掷，但他太低估蒙古大军的力量了。虽然乌沙堡固若金汤，但成吉思汗已经改变了攻城策略。他残忍地将从乌月营抓到的俘虏驱赶到乌沙堡战场，让他们行走在蒙古大军的前面，给他们充当挡箭牌。如此一来，当蒙古大军疯狂地攻城时，独吉思忠的顾忌就多了。最后，乌沙堡沦陷了。独吉思忠率领金军开始向南撤退。

独吉思忠的撤退让金国朝中大臣们极为不满，有人说他不会带兵，有人说他是一个贪生怕死之徒，而独吉思忠是有苦难言。等他逃回首都时，完颜永济立马罢免了他的丞相之职。

集中突破，野狐岭之战

野狐岭之战并不惊心动魄，但金军在成吉思汗集中突破的战术下溃不成军。这场战争是金国和蒙古力量的分水岭，从此以后，成吉思汗紧紧地扼住了金国的咽喉。

蒙古军初战大捷。成吉思汗十分开心，顿时信心大增。他对哲别等人说："胜利就在前方。"

成吉思汗将蒙古大军兵分两路，向金国腹地进军。幼子拖雷率领一路大军向昌州、恒州、抚州推进。每到一个城市，拖雷还没有发动猛烈攻击，城中就已经乱作一团。很快，拖雷便占领了恒州、昌州、抚州。恒州的沦陷让完颜永济彻底失去了与成吉思汗抗衡的资本，因为这里是金国的马场，有十万多匹战马，成吉思汗立马将这些战马据为己有。有了这些战马，蒙古大军如虎添翼。

另外一路由成吉思汗的另外三个儿子术赤、察合台和窝阔台当统帅。他们一连攻下了武州、宣州、宁州诸城。然后，他们率领大军向西京不断推进。

西京的守将胡沙虎听说蒙古大军快要逼近时，吓得六神无主。他的第一反应并不是抵抗，而是逃跑。术赤率领大军先占领了东胜、云内两座城池，很快，西京就沦陷了。蒙古大将耶律秃花乘胜追击，胡沙虎逃到安定之北时被迫迎战。当看到耶律秃花率领的蒙古大军有整整 7000 人时，他吓呆了，立马脚底抹油，想方设法逃跑。首领一逃走，金兵顿时阵脚大乱。

当失去城池的消息不断传来时，完颜永济大为震惊。他与大臣们反反复复地商议，决定集中大量的兵力，在野狐岭与蒙古大军决一死战。

完颜永济下令道："完颜九斤率领 40 万大军前往野狐岭，完颜胡沙率领 10

万大军作后应，务必一举歼灭敌人。”

完颜九斤等人领命来到野狐岭处坐镇。野狐岭山势险峻，历来是兵家必争之地。战前，完颜九斤召开了誓师大会，军师契丹人桑臣说道：“成吉思汗将抚州洗劫一空，现在他们正在山脚下牧马，我们可以对他们发动突袭战。”

完颜九斤听完后否定道：“这个办法行不通。在野战方面，我们大军经验匮乏，不是成吉思汗的对手。蒙古骑兵十分厉害，这种想法太不切合实际，我们还是等待完颜胡沙将军的接应部队来到这里再做打算。”

说完，完颜九斤对兵力进行了部署。他将兵力来了一个平均分配，自己则在中央坐镇。但他太不了解自己的对手成吉思汗了，要知道，集中所有兵力来进行中央突破才是成吉思汗所擅长的。

完颜九斤的愚蠢让金国将野狐岭拱手相让，说他是一个只会纸上谈兵的家伙也不为过。很快，他再次犯下了一个致命而愚蠢至极的错误。他派石抹明安将军前往成吉思汗的军营，质问他为何要攻打金国，说金国已经将所有的兵力集中在野狐岭，准备与成吉思汗决一死战。

成吉思汗认真分析了这个消息的真实性，并将石抹明安将军关了起来。放下手中的酒樽后，成吉思汗立马进行部署。

几天后，蒙古大军马不停蹄地向野狐岭冲去。成吉思汗仔细察看了地形，说道：“我们大军可以在背面山口处安寨扎营，守住这个关头，方便我军冲锋陷阵。”

木华黎说道：“金国的军马有 40 万，我军只有拼了老命将他们冲散，然后采用各个击破的策略，这样才能啃掉这根巨大的骨头。”

成吉思汗听完后点了点头，下令道：“木华黎率领敢死队在前面冲锋陷阵，我则率领一路主力紧跟其后，向前推进，术赤和察合台殿后。”

第二天，两军对峙。成吉思汗一声令下，木华黎率领敢死队冲了上去，顿时，隆隆的马蹄声响起。等赶到山口后，木华黎立马下令一部分士兵尽最快速度砍树运树，同时让 4000 名弓箭手在山口两边做好埋伏。

这个时候，金国的名将郭宝玉率领两万人马快马加鞭地赶来。等快到山口，他下令所有人停止前进，派哨探前去一探究竟，看有无蒙古军在山口处埋伏。那哨探也是一个浮躁之人，随便张望了一下，便回去了，向郭宝玉报告道：“山口处没有埋伏。”

“都说成吉思汗是一个军事家，我看也不过如此。”郭宝玉说道。

当郭宝玉的军马进入山口后，木华黎一声令下，山口处一直埋伏的蒙古军冲了上来。金军现在是插翅难逃，哀鸿遍野。

郭宝玉知道中了埋伏后立马下达了撤退的命令，但不幸的是，后路已经被堵住。

这个时候，成吉思汗已经率领中路军冲了过来，他准备集中所有的兵力攻打完颜九斤。

中路军由若干个小分队组成，术赤带领其中的一小分队一边向前飞奔，一边吩咐身后阿勒赤歹做好射击的准备。

紧跟术赤之后的是老将术赤台，他奋勇向前，“年轻的勇士们已经冲在了前面，我们这些老将更不能落后，冲啊！”

大将纳牙阿所率领的分队是成吉思汗的护卫队，他同样斗志昂扬，“为合不勒汗、俺巴孩汗报仇的机会到了，杀死这帮金狗，冲啊。”

中军的九斿白旗在空中飘扬，然后不断向前移动着。忽必来、速不台、博尔术、者勒蔑、赤老温等都带领着自己的分队奋勇杀敌。这次，忽兰皇后也来了，一身戎装的她站在野狐岭的山冈上俯视着整个战场。

“长生天啊，保佑你的子民吧。”忽兰皇后祈祷道。

当成吉思汗的中军冲过来的时候，完颜九斤立马意识到自己布阵的失败，错愕道：“这是一支军队，还是一阵狂风啊？”

在蒙古军的猛烈冲杀下，金军溃不成军。到了夜幕降临时分，40万金兵死伤大半，他率领残兵败将退出了野狐岭战场。

主将已经逃走，郭宝玉也成为俘虏，木华黎劝降了郭宝玉，将其纳入帐下。

负责支援的完颜胡沙在听说野狐岭战场的战况后暗想道：“好险，幸亏我还没到战场，也没遇到那支虎狼之师，不然会死得很难看。”他立马率领军队向后撤退。

如此一来，蒙古大军很快就占领了野狐岭。就这样，成吉思汗已经推开了金国的大门，来到了金国的大院里。

诱敌出城，智取居庸关

居庸关历来是兵家必争之地，易守难攻。哲别率领蒙古大军来到居庸关时，便明白这里只能智取而不能硬攻。他采取了诱敌出城的策略，很快就引出了金兵，就这样，野战丰富的蒙古人马上就赢得了这场战争的胜利。

直到这个时候，金国才真正认识到成吉思汗的实力。成吉思汗并不打算放过穷寇，对他们猛追不舍。

完颜胡沙躲进了宣德府中，蒙古军在城墙下冲杀着。这个时候，有人对完颜胡沙说："附近的豪族们要求加入战斗，来共同对抗成吉思汗。"他晃了晃脑袋，说道："我们正规军都不是成吉思汗的对手，他们来有什么用？现在关键是留好退路。"

有部将看不下去了，说道："战争局势恶化到今天，这个过错在谁，我们心知肚明。没想到完颜胡沙将军一心只想逃跑，难怪金军会节节败退。"但此时完颜胡沙已经完全听不进去了。

虽然占据着地利还有民心，但完颜胡沙却趁着月色向南逃去。守在城南的蒙古大军发现了他们，双方展开了激烈的厮杀。完颜胡沙拼了老命才突出蒙古军的重围，朝居庸关狂奔而去，蒙古军在后面死咬不放。

到了天亮时分，蒙古军追上了完颜胡沙，他只好硬着头皮迎战。完颜胡沙率领着金军在河川处与蒙古军对峙，因为将帅一心想要逃跑，士兵更无心战斗，失败是自然而然的事情。最终只有完颜胡沙一人逃脱，躲进了宣德府中。

捷报频频传来，让成吉思汗开心得合不拢嘴。听说完颜胡沙躲进了宣德府中苟且偷生后，他斩钉截铁地下令道："对宣德府进行围攻，抓住完颜胡沙。"于是，蒙古军主力开始攻打宣德府。

此时的完颜胡沙完全慌了神，在部将的劝说下，他那颗躁动的心得以平复下来。他大言不惭地说道："我现在不想再逃了，一定要守住这座城池。如果这座城池也被贼寇占领了，我就没法向皇上交代了。"

这个时候，部将前来报告："蒙古人已经兵临城下，全城的士兵和百姓都在奋起抵抗。"

完颜胡沙忐忑不安地说道："唉，如果先皇在世时能够除掉这群野狼的话，今天就没有我们什么事了。"

在专业人士的指导下，蒙古军已经将炮石、云梯运到了城下，然后对宣德城发动了猛攻。在这些工程器械面前，宣德城颤抖了起来。七八天过去了，宣德城内人人自危。"城墙快要倒塌了，蒙古军马上要杀进来了。"

完颜胡沙流下了伤心的眼泪："这是长生天要亡我呀，长生天，你既然生了我，又为何让成吉思汗出生啊！"

很快，蒙古军冲了进来，将完颜胡沙活捉了。

宣德城的沦陷意味着金国的西北领土差不多落到了成吉思汗的手中。

成吉思汗攻下宣德城后继续向前推进，他任命哲别为先锋，向怀来推进。哲别也不负众望，以迅雷不及掩耳之势攻下了怀来，然后向居庸关推进。

居庸关地势险要，阴森而荒凉，历来是兵家必争之地。完颜永济听说蒙古大军正准备攻打居庸关后开始坐立不安起来，立马招来了居庸关的守将完颜福兴。

完颜福兴立马向皇帝做下了保证：一定会拼命抵抗，誓死保卫居庸关，让成吉思汗以后听到“居庸关”三字就害怕。

这位无能的将领为何敢做下这般保证呢？那是因为居庸关原本就是一夫当关万夫莫开的险地，尤其面对的是攻城经验匮乏的蒙古人。

吃了不少亏的完颜永济对蒙古人不太放心，别的不担心，就是担心中了蒙古人的阴谋诡计。

经过这一年的时间，蒙古人无与伦比的进攻策略让金人应接不暇，也让他们心惊肉跳。完颜永济如同老母亲般千叮咛万嘱咐：“你不需要做其他的，死死守住就行。”

显然，完颜福兴对皇帝的良苦用心不大在乎，很快就将之抛之脑后。

哲别先发动一次小规模的试探性攻击，完颜福兴让士兵在城墙上用箭雨来伺候他们。哲别立马下令蒙古军撤退，假装打不过。

完颜福兴见此十分开心，一开心就失去了理智：“如此脓包货是怎么推进到家门口的？”

完颜福兴的部将中有人曾经在野狐岭战场上见识过蒙古军的智慧与骁勇，他对完颜福兴说道：“将军一定要小心谨慎，他们攻城不厉害，厉害的是诡计多。”

完颜福兴不屑地看了部将一眼，哈哈大笑起来：“这样的一帮人还厉害，饭桶差不多。”

哲别当然不是饭桶。

哲别采用了蒙古人惯用的招数——诱敌出城。他对部将说：“攻城不是我们的强项，但打野战是我们擅长的。先把他们引诱出来，歼灭他们的主力，到时候甭管什么关不关的，都能一举拿下。”

哲别故技重演，又发动了几次小规模的进攻，然后扔下一小部分兵器逃走。

完颜福兴越来越开心，一开心就想砍个痛快，他豪情万丈地说道：“出关！”

部将立马阻拦道：“将军，小心有诈。”

完颜福兴哈哈大笑起来：“你现在完全是反应过敏，被吓破胆儿。现在我大金士气低迷，太需要一场胜利的战争了。”

完颜福兴下达了打开城门的命令，然后率领一万士兵追哲别大军而去。一路上，他开心极了，因为他捡到了不少的武器。他一直在想象着：这一战过后，皇帝永济会给他加薪升职的，他也会成为举国瞩目的大英雄。

在路上，完颜福兴抓到了几个蒙古士兵，一番询问后，得知是成吉思汗的老家出事了，因此急忙撤兵。

完颜福兴乐开了花，连饭都顾不上吃，狂追不已，他觉得自己现在追的是光明。

当追到了鸡鸣山时，完颜福兴看着这座险峻的大山，忘乎所以地对部将说：“如果蒙古人在此设下埋伏，也会要了我的老命。但显而易见的是，他们没有这方面的智慧。”

正当眉飞色舞之际，一阵马的嘶鸣声传入完颜福兴的耳中。鸡鸣山山腰上冲下了数不胜数的蒙古士兵，他吓呆了，本能的反应便是掉转马头，向后逃走。本来他所带领的一万士兵是金国的精锐部队，他这么一逃，整个部队顿时士气全无。

哲别轻轻松松地消灭了一大半金兵，剩下的残兵败将如同无头苍蝇般四处逃窜。

这个时候，哲别又露了一手。在发动进攻前，他让部分士兵扮成金人的模样。当金人逃窜时，他们便混入其中，跟随完颜福兴回到了居庸关中。完颜福兴一逃回居庸关，赶紧让士兵将城门关上，惊魂未定地感叹道：“蒙古人果然奸诈，还好我跑得快。”

部将问道：“接下来我们该怎么办？”

“放心，我再也不踏出关一步，全心全意地守关。”

话刚说完，完颜福兴便听到有一个声音大喊：“蒙古人已经占领了居庸关，大家快逃。”

完颜福兴跑出来一看，发现城墙上飘扬着的是蒙古人的军旗，而不是他金军的大旗。他一时分不清状况，以为蒙古军真的攻下了居庸关，吓得直接逃走了，逃到了中都。就这样，哲别占领了居庸关。

居庸关一破，中原便惨遭蒙古军的铁蹄蹂躏。蒙古军骑兵所过之处，村庄化成了灰烬，城堡浓烟四起。

完颜福兴因为没有听完颜永济的话才导致居庸关的沦陷。当蒙古大军推进到中都城下时，完颜永济便当起了缩头乌龟，任凭蒙古人怎么引诱都不出来。他还下令死守都城，任何人都不得外出。

成吉思汗也意识到了这个问题，说道：“中都能打下来就打，打不下就走，算是教训一下金国的皇帝。然后，我们可以继续发展我们的抢劫事业。”

熬了几个月后，成吉思汗实在熬不下去了，只好带领士兵走上了返回蒙古之路。不过他们这次是满载而归，撤军时，他们的马背上都驮着沉甸甸的包裹，里面全是抢劫而来的金银财宝。当然，他们还会回来的。

偷袭紫荆口，金国内变

成吉思汗率领蒙古大军第二次来到居庸关时，发现金人对此进行了加固。不仅将铁汁灌进了关门里，还在关外一百里的范围里设下铁蒺藜，成吉思汗想要攻下这里比登天还难。在一名当地地理学家的帮助下，成吉思汗偷袭了紫荆口，直接绕到了居庸关的后面。因为这场变故，导致完颜永济被杀，金宣宗完颜珣继位。

成吉思汗第一次攻打金国，效果显而易见。金国现在只剩不到十个城池，而这些城池由于有着坚固的城防而没有遭到破坏。大部分地方都惨遭蹂躏，废墟、瓦砾随处可见，就连中都的郊区都不能幸免。完颜永济见此惨状勃然大怒，更让他难以容忍的是，在他祖先登基之地辽东，契丹余部开始各种闹腾，要独立。

对于金国来说，吞并契丹是很早之前金国所立下的丰功伟绩。而对于契丹来说，这是一场已经远去的梦魇。当金国人看得严时，契丹人便把自己当成金人，当金国自顾不暇时，契丹人便想起了耻辱的历史，此时的他们也扛起了反金的旗帜。

在这些人当中有一个叫作耶律留哥的人，他本是契丹人。在他出生的时候，契丹已经消亡了，因此他也算是一个金人。由于有着出众的才华，年纪轻轻的他便当上了金国的千户，率领大军驻守着金国的边疆。

当成吉思汗对金国开战时，完颜永济担心契丹人作乱，便调整了百姓的居住地，即，两户女真人家中间夹住着一户契丹人家。

明眼人都能看出,金人一直在防范着契丹人。耶律留哥心里立马不舒服起来，认为这有损他们的尊严。一气之下，他带领着家丁来到隆安，举起了反叛复契丹的大旗。

耶律留哥的叛变让完颜永济勃然大怒，他立马下了诛杀令。耶律留哥轻轻松松地击败了金兵，并与和他有着相同出身背景的人联合，不断地为自己造势。他们说自己有十万士兵，显然是在说大话。

1211 年 11 月，在金国一支军队的追击下，耶律留哥向西逃去。在逃亡的过程中，他与成吉思汗的一支抢劫队伍相遇了。

蒙古将领问道："你是什么人？"

耶律留哥说道："我是契丹人，想投靠大蒙古帝国。"

蒙古将领乐开了花，说道："我就是大蒙古帝国的将领，你真的愿意永远跟随我们吗？"

"当然，成吉思汗现在是无人不知无人不晓，现在连金狗都不是他的对手，能效忠成吉思汗是我的荣幸。"两人便下马结拜为兄弟。

成吉思汗知道后欣喜若狂，并毫无保留地对耶律留哥进行支持，让他在辽东继续折腾，金国对其颇为头疼。

1212年秋天，成吉思汗认为可以攻打金国了，于是发动了第二次进攻。这次成吉思汗采取了不同的策略。成吉思汗将蒙古兵分为几路，沿着上次的路线入侵金国，频繁骚扰。而他则率领20个千户向西京发动了进攻，将领奥屯襄率领三万金人前往西京迎战。成吉思汗在他们的必经之地密谷口设下埋伏，将他们送到了阎王那里。这次成吉思汗中了他人生中的第二次箭，幸运的是没有伤到要害之处。因为箭伤，他再次回到了蒙古草原。在耶律留哥的建议下，成吉思汗派哲别攻下了辽阳。

成吉思汗休养生息了一段时间，并做了充分的准备后，对金国发动了第三次进攻。

1213年7月，成吉思汗率领大军再次来到金国的疆土上。他们先攻下了宣德城、德兴县、镇州，推进到了居庸关。两年前，哲别用计谋攻下了居庸关。等他们撤退后，金人立马增强了居庸关的防守力量。他们先将铁汁灌进了关门里，就如同下了永不开此门的决心。然后，他们还在关外一百里的范围里设下能与现代的地雷相媲美的铁蒺藜。如此一来，蒙古铁蹄根本无法靠近居庸关。

就在成吉思汗他们绝望的时候，一个名叫阿剌浅的人出现了。他是一个地理专家，对居庸关一带的地理一清二楚。

阿剌浅告诉成吉思汗，在居庸关的西边有一个名叫紫荆口的地方。这个地方窄得只能容得下一匹马经过。这里金军防守薄弱。如果拿下这里，大军可以轻而易举地来到居庸关的后方，那么居庸关就成了虚设。

听到这个消息后，成吉思汗眼中闪烁着光芒，他立即部署兵力，留下一部分兵力驻守在居庸关的关头，与金人对峙。然后，他亲自率领精锐部队跟在阿剌浅后面夜袭紫荆口。当时，还在睡梦中的金人成了刀下鬼。成吉思汗再次轻而易举地攻下了居庸关，突破了中都北面的长城防线。

完颜永济听说这个消息后勃然大怒，按照他的话说，他早就让胡沙虎派重兵去防守紫荆口，但胡沙虎却如同一只懒猪一样无动于衷。

胡沙虎大喊大叫起来，说自己是被冤枉的。自从上次西京失守逃回来后，他就像被遗忘般再也没有被重用过。

完颜永济虽然在成吉思汗面前耍不了威风，但毕竟是金国万人之上的皇帝。他不听胡沙虎的解释，依然对他破口大骂，将紫荆口丢失的责任都推到他身上，直到胸口舒畅了为止。

领导骂下属，这原本是一件极其正常的事，但聪明的领导知道哪些人能骂，哪些人不能骂，完颜永济就不明白这个道理。这个胡沙虎虽然当将帅不行，但发动叛变却有一手。

当完颜纲兵败镇州后，一直掌管禁卫军的胡沙虎就成了军界大佬级别的人物。胡沙虎受了窝囊气后回到家中，越想越愤怒。“完颜永济这个脓包皇帝，有什么资格骂我？非要将屎盆子扣在我脑袋上。我不反抗，他还以为我好欺负。”想到这里，他便下令禁卫军攻打皇城，活捉了皇帝。

完颜纲劝道：“你这是犯了欺君之罪，快放了皇帝。”

“什么时候轮到你说话啦？给我拖出去斩了。还有诛其九族。”胡沙虎暴怒。

瑟瑟发抖的完颜永济质问胡沙虎：“你为什么要抓我？”

胡沙虎说道：“你这个废物，好好的一个金国，都被弄成什么样啦？你还有脸活下去吗？”

说完，完颜永济的脑袋便落地了。

胡沙虎虽然有杀人的本领，但却没有对付成吉思汗的本事。在除掉完颜永济后，他迷茫极了，不知道如何是好。这时，有人向他建议：“你应该再立一个皇帝，让他来当接盘侠，来收拾这个烂摊子。”

在这个情况下，胡沙虎将完颜永济的侄子完颜珣按在龙椅上。他对这位皇帝发出警告：“做好你的本职工作。”

完颜珣是一个能忍则忍的人，所以他对胡沙虎毕恭毕敬，什么事情都按照胡沙虎的意志去办。

当成吉思汗占据居庸关后，居庸关的守将术虎高琪逃回了中都。当他看到坐在龙椅上的并不是完颜永济时气得瘫坐在椅子上，这时他才知道，他的效忠对象完颜永济已死。

人死不能复活。完颜珣安慰术虎高琪：“我和完颜永济是一家人，你效忠谁都是效忠我们家。国难当头时，你更应该效忠于我。如此一来，你就有了忠君的美名。”

术虎高琪气得直哆嗦，朝一旁趾高气扬的胡沙虎吐了一口唾沫。

当成吉思汗率领着蒙古大军再次来到固若金汤的中都时，他们依然没有信心。

蒙古军坐在马上抻长了脖子，企图看到一点点城墙内部的情况，只能看到天空。

这个时候，有自知之明的成吉思汗便作出了对中都城围而不打的策略，对金国进行全面扫荡，希望就此镇住中都守将而自己投降。

兵分三路，横扫华北平原

面对固若金汤的中都城，成吉思汗也无计可施。于是，他为了威震中都，兵分三路，对金国的河北、山东、山西、河南等地区展开了大扫荡。最后，金章宗与蒙古签订了息战协议，换来了暂时的和平。

成吉思汗将蒙古军分成三路，中路军由他本人统领，任务是对东南方的山东半岛进行扫荡，右路军由大儿子术赤统领，任务是对黄河以北、山西高原地区进行扫荡，左路军则由弟弟合撒儿统领，任务是对东北地区进行扫荡。

扫荡战一开始，成吉思汗就率领士兵从涿州南下。士兵被分成几个梯队，并驾齐驱地向前出发，扫荡的战线有一百多公里。蒙古骑兵在庄稼地上纵横驰骋着，他们遇到城池就摧毁城池，遇到村庄就将其烧毁。

成吉思汗推进到山东半岛时，立马被眼前的美景迷住了。他在富饶而宽阔的平原上纵横驰骋着，但随即制造了一幕幕血腥的场面。当他们来到济南城下时，成吉思汗迫不及待地想要进入城中，他的部将说道：“济南城有美丽的睡莲，不计其数的佛陀像。”

成吉思汗哈哈大笑道：“你们口中的这些，我没有兴致。我想进入城中，是为了城中的美女和丝绸，这里的美女多得像云彩一般。”

部将们也附和道：“不仅仅是有丝绸和美女，还有不计其数的金银财宝，还有琳琅满目、各式各样的小商品。”

“这诱惑力实在是太大了。”成吉思汗说道。

很快，成吉思汗便率领蒙古大军对济南城发动了进攻。但济南不光城墙坚固，济南人民的抵抗决心还十分坚定，他们誓死保卫自己的家园，不允许这群野蛮人来践踏。

成吉思汗又故技重施，捉来了济南城周边的山东人，将他们残忍地推进战场，给他们当人肉盾牌。当济南城的守军看到人群中有不少自己的亲朋好友时都流下了伤心的眼泪，他们拿武器的手不住地颤抖。当蒙古军发动猛烈的攻击时，他们不再玩命抵抗，因怕伤了自己的亲人。很快，蒙古军攀上了城墙，占领了济南城。济南城一沦陷，山东半岛的其他城市便不再挣扎。成吉思汗不仅将金银珠宝抢劫一空，还大开杀戒。

成吉思汗命令一部分士兵押着战利品返回中都，自己则继续西下，直到扫荡到黄河以北才停下来。他停下来的原因是黄河水波涛汹涌，想要过河，但上天不给机会。

右路军统领术赤顺着太行山向南抵达黄河北岸时，又往回推进，从天井关进入山西，由南向北，占领了潞州。然后他将军队分成两路，主力横扫太原一带，分兵则取平阳，横渡汾河，从河西地区向北推进。

这支军队最大的收获便是占领了太原城，这里车水马龙，熙来攘往的人群，如同潮水一般，它是金国其中的一个经济中心。太原城城墙高大而坚固，护城河水又宽又深，是一个固若金汤的城市。

当军队推进到太原城时，术赤便发现了摆在眼前这个巨大的困难。他徘徊在城墙下面，希望能有些意外收获。皇天不负苦心人，他发现了城墙兵力部署的问题。北门由重兵把守，而南门兵力相对薄弱不少。这一部署是太原城领导阶层的判断失误，误认为蒙古大军会从西京方向进攻。

术赤派一部分士兵在北面与敌人对峙，率领主力突袭南线。很快，他们就攻陷了太原城，蒙古士兵同样在这里进行了屠城。

相较于右路军的曲折，左路军的扫荡工作则进行得更为顺畅。合撒儿率领蒙古士兵从中都出发，顺着海岸线，朝着东北方向推进，占领了山海关和德兴县，然后开心地去了女真人的老家。在黑龙江、嫩江以及松花江流域，他们顺利地展开了自己的抢劫工作，没有遭受到半点抵抗。但东北地区贫穷落后，所以他们抢到的战利品远不如成吉思汗。

在这一个多月的时间里，整个蒙古扫荡队伍对 90 多个城池实施了抢劫，范围包括了今天的河北、辽宁、河南、山西、山东五省，扫荡范围和规模让人惊叹不已。

金国军队抵抗过，但有效的抵抗却可以直接忽略。在蒙古大军的猛烈袭击下，几千里的领土都沦陷了。近百座城池中，到了现在，只有包括中都在内的十一座城池没有沦陷，但这不过是迟早的问题。成吉思汗顺利地完成了自己的目标，将中都孤立了出来。

蒙古人站在中都城下，要不是抻长脖子抬头看，要不就在城墙下徘徊，这让中都城的皇帝、文武百官以及百姓整天胆战心惊。也许长期处于这种高度紧张的压力下，在成吉思汗的眼皮底下，中都城内又爆发了一场政变。

术虎高琪一直在为完颜永济的死耿耿于怀，并且胡沙虎是一天比一天飞扬跋扈，同时也瞧不上术虎高琪，两人变得水火不容。

一直受到压迫的术虎高琪终于忍不下去了。在一个月黑风高的晚上，他率领着自己的军队包围了胡沙虎的私宅。胡沙虎怎么也没有想到下级会反抗，就如同当初的完颜永济也没有料到胡沙虎会反抗一样，但为时已晚。他刚穿上衣服，还没来得及召集宫里的军队，术虎高琪就冲进了他的宅中。他的第一反应就是逃跑，但由于身体笨重，行动缓慢，很快便被术虎高琪抓住了，于是胡沙虎的脑袋自然而然就落地了。

完颜珣被吓得瘫倒在地，术虎高琪将其扶起，让他在宝座上好好坐着，对大臣们说："贼臣胡沙虎挟天子以令诸侯，死有余辜，现在已经处决。我们应该团结一心，共同保卫我们的国家。"

众多大臣向完颜珣行三拜九叩的大礼，同样对站在一旁的术虎高琪行三拜九叩的大礼。

中都城内再次恢复了平静，但城外的蒙古大军依然还在。

成吉思汗熬不下去了，于是派使者前去谈判。使者坐在一个大筐里被金国士兵拉了上去。

使者对完颜珣说："成吉思汗已经占领了山东、河北等地，你们现在手中只剩下一个中都了。看在老天的面子上，成吉思汗准备放过你们，但蒙古大军不答应，你们是不是应该想办法安抚一下蒙古大军？"

宰相张行信冷冷地反驳道："你们这群贪婪的野蛮人。"

使者看着完颜珣，发现他脸上的表情由晴转阴，立马判断出完颜珣有议和的想法，但他没有实权。他再看向站在一旁的术虎高琪，发现他一脸的平静。

使者知道他们意见不合，便丢下了几句话："成吉思汗给你们15天的考虑时间。"

等使者一走，金国朝廷便就这个问题展开了讨论。第一个说话的是术虎高琪，他毅然决然地说："蒙古人扫荡完一圈后已经疲惫不堪了，他们想在临走前讨点好处回去。"

不过，术虎高琪只看到了敌人的薄弱之处，而没有看到自己的薄弱之处。这个时候，完颜福兴上前说道："不能再与蒙古人打了，中都城士兵的亲人大部分在外城，在成吉思汗这次扫荡战后，他们整天魂不守舍地担心自己的亲人们，归心似箭。如果我们这个时候打开城门，恐怕我们士兵做鸟兽状逃走。我们不但会丢失城池，还会让蒙古人看笑话。”

完颜福兴还看到了另一点，那就是自从与蒙古开战以来，金军盛行一股风，那就是逃跑主义。因此，他支持议和。

宰相张行信不屑地说道：“我们中都说什么也有数万士兵，不能当摆设吧。不要动不动就议和，上贡割肉，这让我大金颜面何存！”

完颜珣立马出来当和事佬：“不能敌人一索取我们就给，朕想了一下，出战和不出战，这对于我们来说都极为不利。现在中都没有外援，成了一座孤城。如果成吉思汗一连待上几个月，我们连生存都是问题，你们先说怎么解决粮食的问题吧。”

于是，张行信语气缓和了下来：“即便是要议和，我们也要拿出点实力来，不能让蒙古人看不起我们。”事实上，成吉思汗早就瞧不上他们了，只是碍于他们城墙修筑得太高太牢固，中都是他自出生以来见到的最恢宏的城墙了。

术虎高琪不屑地问道：“宰相说说我们大金该如何拿出自己的实力来？”

张行信被问得无言以对，显然他也是一个嘴上逞英雄的人。

完颜珣和自己的臣民们为这个问题讨论了三天三夜，终于作出了一个让大家都拍手称快的决定，那就是议和。

蒙古军得知了这个消息后纷纷建议成吉思汗趁这个机会对中都发动猛烈进攻，一举占领中都。成吉思汗听了后没有答应，因为他觉得现在攻打中都有点早。

成吉思汗力排众议，要走了3000匹马、10000匹绸缎和500名儿童。最后，成吉思后对他们说，还想娶走一名美丽的金国公主。

在完颜珣眼中，成吉思汗是一个禽兽不如的人，他当然不想把自己的女儿嫁给他。于是，他把完颜永济的女儿岐国公主交给了成吉思汗，成吉思汗带着大量的财富再次回到了蒙古草原上。

釜底抽薪，攻克金中都

在金宣宗完颜珣将都城迁到开封后，成吉思汗再次对中都发动了进攻。但统帅石抹明安并没有直接攻打固若金汤的中都城，而是釜底抽薪，先攻下中都的粮草基地——通州，后将中都支援部队的粮草抢夺了过来，使中都出现了严重的粮食危机，从而导致中都沦陷。

在成吉思汗走后，完颜珣过上了担惊受怕的日子。为了远离中都这个是非之地，在大臣的建议下，完颜珣决定迁都，迁到黄河以南的开封去。

1214年5月11日，完颜珣下达了迁都开封的诏书。为了避蒙古人耳目，他命令皇太子完颜守忠以及大将完颜福兴坚守中都，但他那迁都队伍也太招摇了，三万辆大车和三千匹骆驼载着皇家财产历经两个多月才抵达开封。

如今，中都这个偌大的城市只剩下完颜福兴和皇太子完颜守忠两员大将。当时正在鱼儿泊避暑的成吉思汗听说金章宗将都城迁到开封后十分生气，“既然已经议和了，为何还要迁都？莫非以后不想继续进贡啦？”当然，他很快就运用他的逆向思维，“既然金人已经迁都了，那攻打它的时机也到了。”

这次成吉思汗将蒙古兵分成两路：一路由石抹明安、撒木合统率，向中都推进；另外一路则由木华黎统率，向辽西推进。

第一路蒙古大军很快就兵临中都，主力与中都金人对峙，数支分队则攻打中都的外围城市，对中都实行包抄。他们花了几个月时间攻破了金人的密云、顺义防线，而中都的粮食供应基地在通州。要想攻下中都，他们现在的主要任务是攻下通州。

1215年1月，蒙古大军对通州发动进攻，这是通州第一次遭受如此大的攻击。守将蒲察七斤率领士兵拼死抵抗，在感觉快支撑不下去时，蒲察七斤向完颜福兴求救：“通州快要失守了，请派支援。”

完颜福兴听到后心凉半截，立马回信道：“请再坚持几天，我马上派援军。”

蒲察七斤见援军没有马上到，就知道援军大概永远到不了了，他对部将说：“如果真的有援军的话，等他们来的时候，估计我已经是死人了。我死了不要紧，我通州的百姓怎么办？蒙古人对那种抵抗的城池一般都会采取屠城政策，我必须马上投降。”

很快，一面白旗在通州城的城墙上空飘扬起来。就这样，石抹明安率领蒙古大军在通州城安营扎寨下来。通州城被占领后，只剩下中都在瑟瑟发抖了。

此时中都城内，人人自危。完颜福兴给完颜珣写了一封求救信，信中字字泣血。完颜珣听说后立马出兵，不过不是为完颜福兴，也不是为中都，而是为了他的宝贝儿子完颜守忠。完颜珣命令完颜永锡、庆寿率领4万金兵前去支援中都，后勤部长李英向中都运送粮食。

1215年3月，完颜永锡、庆寿率领军队抵达了霸州，然后停了下来，他们在等运送粮食的后勤部队来到。

李英为何落在后面呢？是因为他一直在忙于收编义军。他实在太想保住中都，保住金国了，在他看来："只要我们的百姓一致对外，打败蒙古人是迟早的事情。"在他的努力下，等后勤部队快要来到永清时，义军人数达到几万人。李英没有意识到，这群义军虽然没有什么作战能力，但能吃。等他们到了永清时，军粮已经所剩无几。为了不被皇帝埋怨，他只好控制他们的饭量，这就使得每个人都饿得眼冒金星。这个时候，他们没有意识到危险正在向他们靠近。

事实上，自从得知金人已经派人支援中都后，石抹明安一直关注着援军方面的进展。等他得知金人的支援队伍在霸州，而粮草部队在永清时当机立断，对李英的粮草部队发动了进攻，因为他深刻明白粮草的重要性。

李英是个文官，不擅长军事，很快，他就战死了。就这样，石抹明安轻轻松松地夺走了上千车的军粮。这对于蒙古人来说是一个巨大的惊喜，而对于金人来说，是一个巨大的惊吓。完颜永锡、庆寿同样被吓住了，两人商量一番后决定逃走，以免去中都送死。

完颜珣听说后暴跳如雷，等冷静下来，他马上下达了第二个命令，那就是召儿子完颜守忠回开封。虽然有不少大臣反对，表示太子在中都，能够稳定军心、民心。一旦将太子召回，蒙古人很快就吞了中都。完颜珣反驳道："不是你们自己的儿子，你们当然不心疼了，朕决心已定，如果谁要是再反对，就送谁的儿子去中都。"大臣们顿时哑口无言。于是，太子完颜守忠花重金学会了易容术，历经重重险境回到了父母的怀抱，只留下完颜福兴一人在寒风中凌乱。部将抹捻尽忠献计道："我们再向开封求救吧。"

完颜福兴低垂着头脑，长长地叹了一口气："没用了，中都完了。"

抹捻尽忠绝望地说道："城中早已断粮了，百姓们相互交换子女当食物，士兵们一天最多只能吃上一顿粮食。早知道这样，还不如投降。"

完颜福兴回答道："你我二人蒙受皇恩，这个时候应该以死殉国。"说完，他眼露杀气。

抹捻尽忠见此，说道："这个是自然。这样，我先回去交代一番，穿一身好衣服过来。"

完颜福兴一人在痛哭流涕，大喊："国将破，我只有以死殉国了。"说完，他辞别了家庙，饮下了毒酒。

这边的抹捻尽忠快速地收拾好了衣物，到了晚上，他便准备带着老婆、孩子，一车的金银珠宝出城，完颜珣那些美丽的小妾得知后抱着他的大腿请求与他一同出城。

抹捻尽忠担心人多太招摇，便欺骗她们道：“我先去探一下路，回头来接你们。”

那些美丽的女人当然没有料到抹捻尽忠会欺骗她们，当然，抹捻尽忠走后再也没有回来。

完颜福兴已经自杀，中都已经群龙无首。金军将领完颜合答分析了一番形势后，决定向成吉思汗投降。

在恒州避暑的成吉思汗得知消息后，立马派失吉忽秃忽、汪古儿和阿孩儿前去中都受降，并清点国库。

金军将领完颜合答听说蒙古使者已经进城后，立即搜集出大量的金银珠宝，准备送给他们，来表达投诚的诚意。

失吉忽秃忽表情威严地说道：“以前中都城里的一切都是你们皇帝的，现在它们都属于成吉思汗了，你怎么能够拿出可汗的东西来送人呢？我是坚决不会要的。”

但汪古儿和阿孩儿却没有这样的魄力，开心地收下了礼物。

当他们三人回去向成吉思汗报告受降的情形时，聪明的成吉思汗问道：“完颜合答有送你们什么东西没有？”

失吉忽秃忽回答道：“有玉器和锦缎，不过我予以了拒绝，我告诉他，这些东西都属于大汗，不能送人。”

成吉思汗听后十分开心：“我的义弟做得不错。不愧是我的义弟，我的耳目。”

成吉思汗没收了汪古儿和阿孩儿私自接受的财物，但没有惩罚两人，这已经是恩赦了。

中都沦陷后便遭到了蒙古人的洗劫，成吉思汗将中都城中一切值钱的东西都装上了牛车和驼车，可以说，他已经将中都搬空了。对于马背上的民族来说，城市对他们来说没有什么意义。因此成吉思汗并不注重城市的保护，等掏空中都后，便下令屠城和放火，据说大火烧了整整一个月。

在这短短的一年时间里，成吉思汗占领了整个黄河以北的地区，金国的命运已然是岌岌可危了。

兵贵神速，木华黎的第二战场

成吉思汗这次攻打金国时将蒙古军分成两路：一路由石抹明安率领，另外一路则由木华黎率领。当石抹明安攻下中都时，木华黎同样成绩斐然，快速地攻下了高州城、兴中城、北京城、东京城。

当这边的石抹明安攻下了中都时，那边的木华黎正在辽西战场上所向披靡。木华黎先制定了天衣无缝的战略，自西向东，先攻下了金国上京临潢府。因为该城的守将是主动投降的，所以木华黎对其进行了宽大处理。

很快，木华黎继续向西推进，很快就来到了高州。高州原本是辽国的疆土。当辽国被金国吞并后，这个地方便被金国拿来当关战俘的地方。在成吉思汗攻打金国时，高州的守将攸兴哥便组织了几次有效的战斗。当木华黎来到高州城后知道攸兴哥所做的一切后十分生气，他下令道："要想保住高州，把攸兴哥的脑袋送给我，不然就屠城。"

在高州百姓的心目中，攸兴哥是如同岳飞般的英雄，所以他们决定与木华黎反抗到底，但这一切反而让攸兴哥寝食不安起来。他知道木华黎是蒙古的名将，曾立下无数的战功，并且蒙古军所向披靡，说到做到。他实在是不想高州那么多百姓为他陪葬，于是打开了城门，亲自上门送上脑袋。

正在这时，事情出现了转机。木华黎不但没有杀掉他，反而重用了他。命运就像个顽童，总是在你不经意间给你开个小玩笑。

等占领了高州城后，石抹也先建议木华黎分兵攻打东京（今辽宁辽阳）。木华黎有些犹豫不决，他的兵力有限，再分兵的话，攻打任何一个地方都会很吃力。

石抹也先看到了木华黎有所顾忌，就开始毛遂自荐，他说："将军，我请求带兵攻打东京，即使攻不下东京，也能起到牵制敌人的作用。"

木华黎是一个有大将风范之人，在考虑过后，便同意了石抹也先这个殷切的请求。

石抹也先率领一支蒙古大军快马加鞭地向东京推进，也许是士兵人数过少，也许是他的指挥能力有限。他向前推进的速度十分缓慢，更为倒霉的是，还被城内守军偷袭了。经过两个多月的挣扎，石抹也先终于意识到自己完成不了攻下东京的目标，于是便返回到木华黎身边。

这边的木华黎依旧有条不紊地展开推进工作。1214 年 10 月，木华黎攻下了成州，然后，他准备向北京推进。途经兴中时，木华黎派使者前去劝降。不过，中间有一段曲折的经历。

当时兴中的首领兀里卜一口回绝了木华黎的使者，使者一走，兴中城的百官和土豪们便不乐意了。"那是一支狼虎之师，他们一向的策略都是：投降不死，不投降死。兀里卜凭什么决定我们的生死，要死他自己去死就行了，不要让我们也搭上性命。”商议完，他们立马行动了起来，很快就要了兀里卜的命。一个新的领导人上任了，这个也是一个土豪，名叫石天应。

石应天是“新官上任三把火”，开始频频向木华黎抛出橄榄枝。木华黎给他写了一封表扬信：“你的忠心我看得见，但我还有重要的事情需要处理。我代表成吉思汗封你为兴中城最好长官，好好干，期待我们下一次的见面。”

木华黎不想在兴中城上浪费时间，因为相对于兴中城来说，北京城对他的吸引力更大。

1215 年 1 月，木华黎率领大军兵临北京城，他先将北京城的外围防御力量清除掉，然后把北京城围得密不透风。

北京城当时由奥屯襄防守，这个人历经多场战争，但结果都是一样的，那就是每次都战败了，每次都活得好好的，如同我们口中那打不死的小强。到了后来，完颜珣再也不想看到他那副尊容，就把他调到了北京。

木华黎先采取了那一成不变的试探性攻城，然后佯装打不过，向后撤退，而此时主力队伍则提前埋伏好。奥屯襄依然中计，不过照旧一人逃回了北京城内。

这次过后，奥屯襄的运气便用完了，完颜习烈与他对待外来侵略者的方针完全不一样。完颜习烈主张投降，而奥屯襄主张的便是他那无效的抵抗。两人多次发生争吵。很快，奥屯襄便被有心计的完颜习烈除掉了。

当完颜习烈当上北京城一把手后立马忘记了向木华黎投降这回事情。同样，北京城那些土豪便坐不住了，又将完颜习烈杀掉了。很快，他们便向虎视眈眈的蒙古大军投降了，北京城就这样无声无息地沦陷了。

攻下北京后，木华黎便把目光对准了东京。1215 年 3 月，木华黎率领蒙古大军直接向东京推进。

东京城戒备森严，子民们都是一副视死如归的模样。

木华黎准备强攻，但石抹也先建议道：“不能强攻，最好智取。”

木华黎问道：“怎么智取？”

石抹也先没有回答。他之前攻打东京的时候也想智取，但最后只能夹着尾巴回到木华黎身边，主要是因为没有想到智取的办法。但很快上天开了眼，眷顾到他。

完颜珣在得知蒙古人正围攻东京时立马派出了一名擅长守城的官员。这位官员历经千辛万苦，躲过重重危险来到距离东京城 50 里的地方。但好运并没有一直伴随着他，他很快就被木华黎的巡逻队队长逮住了。

石抹也先知道后十分开心，一个计谋油然而生。他准备装扮成这个官员的模样，进入东京城，让东京城放弃抵抗。

木华黎不太赞成这个计谋，因为东京人既认识这名官员，也见过石抹也先。但此时石抹也先听不进去，他太想一洗前耻，木华黎只好答应了。

石抹也先经过易容师的一番装扮后变成了另外一个人。他进入了东京城，拿出完颜珣的委任状。东京的官员们盼星星盼月亮，终于盼来了这位救世主。但让他们错愕的是，这位救世主拯救东京的方法是向蒙古大军投降。

在东京的官员们还没有反应过来的情况下，石抹也先已经登上了城墙，下达了打开城门的命令。就这样，木华黎不费一兵一卒地占领了东京城。

1215 年，这对于金人来说是噩梦的一年。在这一年来，蒙古大军以中都为中心，攻下了金国大大小小城池多达 862 座，并把河北地区纳入自己的疆土范围内。

广纳人才，耶律楚材的投靠

在成吉思汗攻打金国的时候，耶律楚材成为俘虏。在见了耶律楚材一面后，他深深地被其才华吸引。正是由于像耶律楚材这些人的投靠，加速了金国的灭亡。同时，在耶律楚材的影响下，大蒙古帝国被拉到了文明的大道上。

1215 年秋天，成吉思汗返回到蒙古草原上，带回了堆积如山的战利品。不过，让成吉思汗最开心、最满意的战利品不是物品，而是一个人，这个人叫耶律楚材。

耶律楚材是辽太祖耶律阿保机的长子东丹王耶律倍的八世孙，于金明昌元年（1190）出生。辽国时期，耶律楚材的家族中出了 4 个太师，可谓显赫一时。当金国吞并了辽国后，如同大部分耶律皇族一般，耶律楚材的祖辈们也为金国效命。他的爷爷、父亲都是金国朝廷中的中级官员。出生时，他的父亲耶律履已经年过六十。深通术数、会相面算命的耶律履对亲人说，“我 60 岁才得到这个儿子，他将是我们耶律家的希望。我看了他的面相，此子日后必定要大出息，并且会去他国当官。”所以，他给儿子取名为“楚材”。

出生于名门世家的耶律楚材幼年时期一直过着苦日子，在他三岁的时候，父亲就因病去世了，母亲杨氏是一个贤惠的母亲，经常教他读书识字。耶律楚材从小就博览群书，尤通经史，还会天文地理、术数、律史、占卜之说。他出口成章，是一个大才子。17 岁那年，他考上了进士。朝廷授予其掾吏之职，后升为开州（今澶州）同知。

当成吉思汗攻下中都时，耶律楚材成为俘虏，当时的他在金国朝廷担任中级官员。

有人把耶律楚材推荐给了成吉思汗，成吉思汗并没有放在心上，只回复道："随便给他一个官职吧。"

但推荐人坚持让成吉思汗接见耶律楚材，说道："此人是一个人才，大汗还是见见吧。"

成吉思汗感兴趣地问道："你具体说一说。"

推荐人先介绍了耶律楚材的家庭背景，然后再介绍他本人的情况。在中国传统文化领域方面，耶律楚材算得上是大师级别的人物。当学习佛学的时候，他会让自己成为一个虔诚的佛教徒；当学习天文学的时候，他就自己制作出望远镜；当学习金国的法律时，他会去监狱亲身体验，翻阅刑部所有的案宗。更为关键的是，他会术数，能够预测未来。

成吉思汗一听便来了兴致，尤其是听到耶律楚材能预测未来，便激动了起来。蒙古草原上的人们也热衷于占卜，但层次不高。他们经常烧几块羊骨，然后从羊骨上的裂纹来预测福祸。成吉思汗也一样，每次出征前，都会烧一堆羊骨。

成吉思汗马上对耶律楚材发出了邀请，当耶律楚材一走进来，成吉思汗立马被迷住了。他身高八尺，目光炯炯有神，紫面长髯，声音洪亮，贵族气质明显。

成吉思汗只看一眼便喜欢上了这位儒雅的人，他问道："你今天带了羊骨了吗？"

耶律楚材有些莫名其妙，说道："带动物尸骨干什么？"

成吉思汗提醒他道："我想让你帮忙占卜。"

耶律楚材听完后恭恭敬敬地回答道："我是看星卜卦。"

成吉思汗听完兴奋地说："你卜一卦，我大蒙古国最近有什么战事？"

耶律楚材掐了一下手指，说道："西北有战事。"

成吉思汗脸上呈现出了惊喜的表情，但耶律楚材却十分平静。

成吉思汗急忙问道："我什么时候能够占领整个中原地区？"

这回耶律楚材没有掐指头，而是淡淡地说道："这个不必卜算，金国已经日落西山了，很快就会被可汗消灭。"

成吉思汗很爱听这些话，不知为何，他觉得这个人是长生天送给他的。在接下来的三个月时间里，他与耶律楚材寸步不离，友情很快升温。耶律楚材向这个中原人口中的野蛮人灌输了文明，并小心谨慎地劝他不要嗜杀。

为了证明自己的观点，耶律楚材是这样说的："大汗，你已经占领了大量的领土，扩大了自己的版图。如果你每到一处都以杀人为乐，把年轻人都杀死了，那谁来耕种这些地方的土地呢？"

"我正想让这些地方荒芜下去，成为草原。我蒙古大军四处征战，并不是为了土地，而是享受战争的乐趣。"

"那民心呢？民心不附，立国不稳。"

"我杀人就是为了民心稳定下来，人都害怕死亡，懂得顺生逆死。看到我杀人后，他们就不敢叛变了。"

耶律楚材摇摇头，说道："我的看法刚好相反，百姓为了不被杀死，一定会拼死抵抗的。"

"是吗？"成吉思汗从没有听到这种论调，不禁对眼前这个青年才俊刮目相看，"你为何要见我？"

"金国已经腐败得不能再腐败了，中原终究需要一个明主，我愿意辅佐大汗早日统一中原，让百姓不再生活在水深火热当中。"

成吉思汗实在是太喜欢耶律楚材了，他对三子窝阔台说道："耶律楚材是一个天才，是长生天赏赐给我蒙古的，你们一定要好好对待他。"

喜欢一个人，就爱关心这个人的一切。成吉思汗同样如此，他对耶律楚材说："你们契丹人和金人素为仇敌，我能替你报仇。"

耶律楚材立马回答道："我祖父、父亲和我都曾是金国朝廷的官员。那么，我们就是金国的臣仆。既然是臣仆，就应该对金国皇帝忠诚，如果对金国皇帝有二心，就犯下了欺君之罪。"

这一番番大道理都是成吉思汗之前从来没有听过的，成吉思汗的性格中有一特点尤其值得人称赞，那就是他敬重每一个忠诚的人，哪怕这个人是他的敌人。

事实上，能让耶律楚材流芳百世的并不是和成吉思汗待在一起的岁月，而是在成吉思汗的继承人窝阔台时期。在成吉思汗时期，他只是一个参谋长。即便如此，他已经知道怎样把这个野兽般的军事王国拉到文明的轨道上。

有一次，一位弓匠对成吉思汗说："国家正需要武力，为何要个书生？"

耶律楚材说道："造弓箭尚且必须使用制造弓箭的工匠，那么治理天下怎么能够不重用治理天下的人呢？"那个弓匠一下子被问住了。

成吉思汗十分欣赏他的这句话，此后更信任他了。因为成吉思汗潜意识里已经感受到，一个庞大的国家必须要有会治理国家的文官，特别是耶律楚材这种算命先生般的书生。

出奇制胜，潼关之战

成吉思汗已经瞄准了金政府最后的阵营，那就是开封。当蒙古大军抵达开封的屏障——潼关时，统帅撒木合发现这个地方易守难攻，但又没有其他好的攻打开封的办法。最终，撒木合克服了重重困难，出奇制胜，攻下了禁沟，从而占领了潼关。

中都攻下之后，耶律楚材建议成吉思汗从西夏境内进入陕西，攻下潼关、开封，给金人最后一击。1216 年 8 月，在成吉思汗的命令下，撒木合率领十个千户的蒙古大军进入西夏境内，然后进入关中。一路上，蒙古大军锐不可当，很快就攻下了京兆府。

1216 年 10 月，撒木合率领蒙古大军抵达潼关。从地理位置上讲，潼关是开封的屏障，位于黄河和渭水的交界处。显而易见的是，这个地方易守难攻，撒木合望着河水只能长长地叹了一口气。

很快,撒木合便撤兵了。他率领蒙古大军向汝州推进,并快速占领了它。很快，蒙古军又占领了密州，来到了杏花营，这里距离开封只有 20 里。

此时，开封府乱成了一锅粥，完颜珣请求山东给予支援，但山东在成吉思汗的重挫下已经半死不活了。这个时候，大将郭忠想了一个办法，那就是想方设法取得当地的义军花帽军的信任。于是，花帽军来到了杏花营战场。

花帽军一到战场就与蒙古军展开了激烈的战斗，很快两者就进入了胶着状态。撒木合没有料到金国这个时候居然还有如此善战的军队，于是撤军了。实际上，是花帽军将蒙古大军轰到黄河以北的。撒木合率领蒙古大军经由陕州来到黄河北岸。

1216 年 10 月，撒木合率领士兵又回到了潼关。他觉得潼关占尽了地理优势，不大适合强攻。他在潼关附近徘徊了很久很久，最终决定先去攻打禁沟。

禁沟是潼关南面一条南北走向的天险深谷，长达 30 里。南端与秦岭相接，北端与石门关相接，而石门关与潼关只有 4 里之隔。沟谷势如壁立，谷中布满灌木丛，人迹罕见。在西侧，金军修筑而成的连城有 12 座，一道人工屏障由此而形成，保卫着潼关。撒木合第一次对潼关发动进攻时，就经常遭到禁沟守军的骚扰，弄得他疲于应付。因此，他决定先攻下禁沟。

想要在禁沟与金军拼实力攻下这里比登天还难，因此，撒木合想来想去只能采取偷袭这招数，而想要偷袭就要攀登高峰。

高峰陡峭得连鸟儿都难以飞过去，这个时候，蒙古人充分发挥了他们那吃苦耐劳的精神，经过重重磨难后，他们终于登上了高峰。

蒙古士兵来到了敌人的头顶上，随即发动了猛烈的进攻。石头雨倾盆而下，吓得金军抱头鼠窜。如此一来，撒木合便成功地攻下了禁沟。失去禁沟的保护，潼关立马陷入了危险的处境。这个时候，完颜珣命令完颜永锡前来支援。完颜永锡也害怕蒙古军，但皇帝命令在此，又不得不带领金军上路。完颜永锡担心这次是有去无回，他的这种精神面貌直接影响到他的士兵们。一路上，不少士兵直接逃走了。

完颜永锡垂头丧气地来到京兆府后便想住下来，但完颜珣派来的监军督促他快快前行，前去支援潼关。一封封情报接二连三地传来，而这些情报在完颜永锡的眼中便成了催命符。

完颜永锡拿着情报，全身颤抖不已，哆嗦着说：“蒙古人就是猛虎，我们前去就是羊入虎口哇。”

监军们问道：“那你说怎么办？”

完颜永锡被问得哑口无言，半天才说了一句：“现在只能听天由命了。”

撒木合知道敌人的援兵快要到了，于是对潼关发动了更为猛烈的进攻。皇天不负苦心人，他终于攻下了潼关。当蒙古大军进入潼关时，完颜永锡还在京兆府掉眼泪，并死活不愿再走了。有人也对他流眼泪了，苦苦哀求他前去支援。被逼急了，他编造了一个谎言，说道：“皇帝让我在这里等候，难道皇帝的命令你们都不听了吗？”

当潼关被蒙古大军占领的消息传来时，完颜永锡长长地吁了一口气，说道：“我等这一刻等了好久，终于可以回开封了。”

金国不少大臣认为完颜永锡要对潼关失守负一定的责任，为了以儆效尤、振作军威，应该判处他死刑。

完颜永锡虽然是一个无能之辈，但擅长搞关系，他在军界和政界都有不少的好朋友。他的朋友开始轮流在皇帝耳边吹热风，让他放了完颜永锡。

完颜珣脑袋变得清晰起来，说道：“一年前，朕派他去支援中都，结果他不战而逃，导致中都沦陷。那时就应该杀死他，怪我太心软，放过了他。现在又犯下了同样的错误，导致潼关沦陷。完颜永锡在两次大战中连敌人的面都没见着就逃走了，导致我大金的脸面都被他丢光了。这种人留着不杀，难道还留着让更多人效仿他吗？”

这个时候，有实权的人站了出来。术虎高琪对完颜珣说道："所有人都知道完颜永锡是一个忠孝两全的人，你看他每次逃走，即使知道皇帝要惩罚他，也要回到皇帝身边。如果皇帝把他杀了，就会伤了那些效忠陛下的人的心。"

完颜珣一听，立马换了一副语气，说道："完颜永锡是死罪可免，活罪难逃。这次剥夺所有的官位，回老家去待着吧，好好反省一番。"

完颜珣没有意识到的是，其实金国朝廷里的所有人都应该好好反省一下，特别是他，为何强大的金国到了他头上就迅速走向衰败。当然，金国朝廷所有人都没有这种意识，所以金国的消亡也就不足为奇了。

不战而屈，徒劳攻开封

撒木合带领蒙古军队向金人最后的根据地——开封发动了战争。由于将领术虎高琪坚守不出，导致撒木合无计可施。但随着时间的推移，开封的粮仓见底，完颜珣只好找撒木合谈判求和。

当成吉思汗听到撒木合攻下潼关的消息后叹息了一下，耶律楚材问道："可汗，潼关已经被攻下了，这应该是一个好消息呀，为何大汗还闷闷不乐呢？"

"撒木合接下来的这一仗并不好打呀。"

"原因何在？"耶律楚材问道。

"开封是他们金国的根据地，为了活命，他们一定会拼死抵抗的，现在金国的大部分兵力都在那里，而撒木合却只有一万士兵，所以强攻是不可能的。如果使用诱敌的策略，也有些难度。金人已经与我们打了不少次交道，也熟悉我们的诱敌策略。"

当天晚上，成吉思汗派 20 个千户奔赴战场，同时要求西夏协同作战。

此时西夏的国君是李遵顼。1211 年，他废掉了叔叔李安全而登上帝位，同样是一个能力不足的人。在他的统治下，西夏如同风雨中的枯树，随时都有被雷劈倒的可能性。

当成吉思汗的命令到达时，李遵顼立马调兵遣将了三万人，让他们奔赴战场。撒木合正眼都没有瞧一下，大概是嫌弃他们不是正规军。事实上，他们还真不是冒牌货，是正规军，但与蒙古军相比，显然不是一个档次。

撒木合率领混合军向前推进，来到了渑池。这里距离开封有 600 里，由金国将领蒲察阿里驻守。虽然也害怕撒木合的军队，但他决定与敌人抗战到底。

撒木合先命令西夏发动攻击，西夏大军毫无秩序号叫着冲向了金人，这叫声让蒲察阿里信心大增。他十分开心，对部将说道："如果蒙古军都是这种素质，那么金国就有重振中都的希望，把他们打回老家去。"于是，他率领军队对敌人猛追不舍。撒木合见时机已经成熟，便下令蒙古大军发动攻击。

两支大军的战斗力一个天上，一个地上。遇到蒙古大军，蒲察阿里就如同双手被绑上一样，没有丝毫抵抗力。他努力了一番，才在乱军中找到一条生路，于是带着自己的情人一起逃走了。

撒木合率领大军乘胜追击，追着追着，便来到了开封的郊区。这个时候，金国朝廷里已经乱成了一锅粥。完颜珣按照习惯召开了会议，商量对付撒木合的策略。

这个时候，术虎高琪担当起守城的重任，下令严守城门，打防御战。撒木合只能望门兴叹了。随后，他使出了蒙古将领惯用的计谋，那就是主力与开封城对峙，多个小梯队攻打开封周边的城池，从而将开封孤立起来。

术虎高琪对撒木合的各种小动作视而不见，心里只有开封城的大门。在撒木合军队的猛烈攻击下，开封城的城门发出吱吱呀呀的声响，但只是响声而已。

此时，撒木合快抓破了后脑勺也没想出什么办法来。他知道开封城的守军有20多万，而他的兵团只有3万人，西夏军那3万可以直接忽略不计。撒木合不知道的是，开封的城墙比中都的城墙脆弱多了，粮食储备也只有它的一成，这只够他们一个月的口粮。

撒木合多次采用了诱敌的计谋，却一点效果都没有，此时的术虎高琪是"两耳不闻墙外事，一心只想守城门"。

其实这个时候，术虎高琪的敌人多了不少，那些便是城墙里面的监督官。他们都责备术虎高琪是一个胆小怕事之人，只知道龟缩在城墙里面。他们建议完颜珣派出一支骁勇善战的精锐之师，突破敌人的重围，将潼关抢回来，再派另外一支骁勇善战的精锐之师将渑池抢回来。这样形成掎角之势，对蒙古军进行合围。

监督官们不断地在完颜珣耳边吹冷风，最后，完颜珣终于鼓起了勇气，向术虎高琪提出了可采取可不采取的建议。术虎高琪听完后吐了一口唾沫，说道："这些人就是一群猪。"

这样简简单单的一句话在监督官们中间引起了轩然大波，他们纷纷上书，要求完颜珣解除术虎高琪的职务。术虎高琪听说后平静地说："现在谁能解除我的职务呢？"

完颜珣听后也十分平静，他知道现在的术虎高琪已经是金国军界的老大，而自己只不过是一个傀儡而已。

随着时间的推移，开封城内的粮仓逐渐见底，术虎高琪的保守策略效果也越来越小。城墙外，撒木合在徘徊着；城墙里，术虎高琪也在徘徊着。当完颜珣再次找他商量对策时，他懒懒地说："和蒙古军议和。"

于是，完颜珣派出使者，与撒木合谈判。撒木合派人去询问成吉思汗的意见，成吉思汗说道："我们已经将所有的野兽都打光了，可以放过这只兔子。"

当成吉思汗说完这句话时，他的部将补充道："当他们都成为可汗的奴隶时，和平才会出现。"

成吉思汗听完后仔细一想,顿时明白了撒木合的不容易。他给撒木合回信道："在前线见机行事，不必纠结开封城。"

接到成吉思汗的口谕后，撒木合感到一阵羞耻，为他没有攻下开封而羞耻。因此他将怒气撒在议和条件上："割出山东、河北等地，去掉完颜珣的帝号，可封为河南王。"

完颜珣知道后肺都要气炸了，回信道："你提出的条件，我是不会同意的。即便我同意了，我的祖宗也不会同意的。即使我的祖宗同意了，我的子民们也不会答应的。如果我同意了，我颜面何存？"

撒木合现在是进退两难，无奈之下，只好对开封发动猛攻。但明眼人都看得出来，他已经没有作战的心思了。

术虎高琪这次也敏锐地发现了，于是抓住这个机会，去寻找救兵。国难当头，这个时候涌现出了不少爱国人士，譬如河东地区首领胥鼎以及各地的义军。

这些支援部队分五路攻打撒木合，撒木合为了避免被群殴立马撤兵到黄河地带。但了解蒙古人作战风格的金人并没有追击，因为你不知道他们是真逃跑还是战略转移，这是一群凶狠的幽灵，招惹不得。

撒木合十分生气，将火撒在了中原上。他在撤退的过程中，对陕西等地洗劫一空。

经过这场战争，金国已经处于风雨飘摇之中了，后面的灭亡就成了自然而然的事情。

追击乃蛮余孽，占领西辽

为了打通通往西域的道路，成吉思汗把目光对准了西辽。当时刚好乃蛮部太阳汗的儿子屈出律谋权篡位夺得西辽的政权，他以追击乃蛮余孽为借口占领了西辽。

征服了金国后，成吉思汗便对西辽产生了兴趣，想要率领蒙古大军去征伐。如果一定要说出讨伐的理由，那就是乃蛮部太阳汗的儿子屈出律逃到了那里，企图东山再起。

辽国的土著是契丹人，因其居住在辽河流域的上游，故称“辽”。907年，辽太祖耶律阿保机称汗。数十年后，辽太宗耶律德光称帝，确定了国号。一直以来，辽国占据着东北和华北绝大部分地区。等金国强大起来，又被其吞并。1132年，契丹流亡贵族耶律大石在叶密立（今新疆额敏）称帝，号称菊儿汗，年号延庆。就此，哈剌契丹古儿罕帝国（即西辽帝国）建立了起来，疆土面积包括新疆伊犁、塔拉河、楚河、喀什噶尔地区以及阿富汗的部分地区。

西辽国建立初期十分注重军事和经济方面的发展，曾不断往外扩张，占领了中亚不少土地。但是，它与蒙古部落几乎没有进行过正面的冲突，直到太阳汗的儿子屈出律逃到那里。

当成吉思汗吞并了乃蛮部后，屈出律就开始了他的流亡生涯。1208年，衣衫褴褛的他带着几十个同样衣不蔽体的部将逃到了西辽。

屈出律想投靠西辽，但又不知道他们的想法。精明的屈出律想了一个办法，他和一个部将互换了身份。如此一来，即使情况不利于他，也能快速逃走。他们来到宫门前，请求觐见，西辽皇帝耶律直鲁古很快就召见了他们。那个部将进去后，屈出律则站在宫门外。

耶律直鲁古听说他们国破家亡便打算收留他们。屈出律虽然已经落难，但依然气度不凡。当站在宫门外等待回复时便吸引了不少人的目光，包括西辽皇后。

西辽皇后见到了这个长相英俊的年轻人后便问侍卫这是什么人，侍卫告诉皇后他是乃蛮王子的侍卫。“他们远道而来，侍卫也是客人，快请进。”西辽皇后说道。

到了皇宫里面，皇后说道：“我看你气度非凡，不是一般人。”

屈出律见皇后这么善良便和盘托出，听完这番坦白后，皇后十分感动，于是把小女儿浑忽介绍给了他，浑忽十分喜欢这个风度翩翩的男子。几天后，耶律直鲁古决定把女儿嫁给他。

命运之神就这样眷顾了他，一个流亡者成为西辽的驸马。

婚后，在妻子的要求下，屈出律放弃了自己原来的信仰景教，改信佛教，但这并没有磨灭他的野心。当时西辽有着严重的内忧外患，西域的花剌子模国一直对它虎视眈眈，而成吉思汗也一直想攻下这个国度，从而打通去往西域的通道。

更为糟糕的是，西辽国内不断有叛变发生，这也是耶律直鲁古收留屈出律的原因。耶律直鲁古本想找一个靠谱的助手帮助自己重振西辽，没有料到的却是引狼入室。打入西辽的皇室后，屈出律开始费尽心思地巴结朝中权贵。

这个时候，屈出律得知乃蛮残部在附近流亡，于是对耶律直鲁古说要去收集本部落的部将，以此来扩充西辽的兵力。

耶律直鲁古被屈出律的糖衣炮弹迷惑了，不仅同意了他的要求，还给了他不少钱财。屈出律到了海拉立、叶密立一带后将乃蛮残部召集过来，并与其他部落结盟。

当时几乎所有的人都看到了屈出律的野心，只有耶律直鲁古依然不相信屈出律会恩将仇报，他认为女婿一直在替自己招兵买马。但很快，事实就摆在了他眼前。

1209年，西辽国撒马尔罕王斯曼叛变。耶律直鲁古大发雷霆，集结大军对斯曼进行讨伐。屈出律认为时机已经成熟，率领士兵叛变。耶律直鲁古终于看清了屈出律原本的面目，他立即召回了攻打斯曼的远征军。

在都城下，屈出律率领军队与耶律直鲁古的军队进行了厮杀，最后大败而逃走。屈出律虽然战败，但主力还在，而耶律直鲁古虽然是胜利者，但霉运一直伴随着他。

斯曼没有了耶律直鲁古的阻拦后便联合了花剌子模军一起越过锡尔河，对西辽国的边防重镇怛逻斯发动了猛烈的进攻。这里的西辽军没有什么战斗力，很快就溃败了，主帅塔阳古成为俘虏。

在怛逻斯战役之后，西辽军和花剌子模军都退兵了。但西辽军队毫无军纪而言，沿途抢劫自己人。当他们抵达八剌沙衮时，百姓们紧闭城门，禁止他们入城。西辽首领告诉他们，花剌子模军已经撤退了，但百姓们依然拒绝他们进城。西辽军队便用大象撞开了城门，然后进行了屠城。他们抢走了金银财宝，并据为己有。此时，西辽国国库出现了赤字，宰相马赫穆德巴依因为耶律直鲁古没收了自己的财产而建议将士们交出财物，将士们一听也发生了叛变。葛逻禄部首领阿儿斯兰汗也在这个时候投奔了成吉思汗。

耶律直鲁古见此心烦意乱，不得不出兵镇压叛变。屈出律逮住这个机会，趁机攻打西辽都城。三天三夜过去后，屈出律占领了西辽的都城。屈出律这次是以西辽皇帝的身份出现在都城所有人面前，他表面上十分恭敬，“尊耶律直鲁古为太上皇，皇后为皇太后，朝夕问起居”，其实是挟天子以令诸侯。这时的屈出律已经走上了人生的巅峰，从一个四处流亡的太子成为一个国家的皇帝。

但是很快屈出律便用事实证明自己不过是一个蠢货而已，游牧部落出身的他毫无管理国家的经验。相反，乃蛮部的景教背景让他推行残酷的宗教迫害。辽宗室一直信奉佛教，而西辽的百姓大部分信奉伊斯兰教，此时的他已经改信佛教，便强硬要求百姓都只准信佛家。

他强硬改变别人的信仰，无疑埋下了一个隐形的地雷，只要有一点星火，就会被送到阎王那里，但他丝毫没有意识到危险的临近。

这个时候，西辽的大部分地区纷纷独立了出去。屈出律不断派兵镇压，士兵打仗不行，但会烧杀抢劫。屈出律统治西辽这段时间里民不聊生，哀鸿遍野。在这一段时间里，屈出律与快速崛起的花剌子模国继续交恶，已经到了水火不容的程度。

这个时候，在一帮谋臣的建议下，成吉思汗决定向西南扩张，使自己的版图进一步扩大。这些年来，成吉思汗目睹了中原的富饶，并接触了一些从西域而来的商人。并且，还听说屈出律已经当上了西辽的皇帝，并且企图找蒙古报仇雪恨。成吉思汗知道后开心极了，这给他攻打西辽制造了一个机会。

1218年，成吉思汗以追捕屈出律为由，派出蒙古大军攻打西辽，任命哲别担任统领，术赤和速不台担任副统领。

成吉思汗只给哲别两万士兵，并要求西辽的邻国畏兀儿出两万士兵。他还对哲别说道："这次你攻打西辽，不需要硬打。打出宗教信仰自由的旗号，屈出律就会被西辽的人民除掉。"

很快，哲别率领蒙古大军向西辽推进。

得知自己已经成为成吉思汗的目标，正在喀什噶尔的屈出律赶紧召集了四万辽西士兵驻扎在喀什噶尔、兀里嘎拉城。

喀什噶尔城也有天然的地理优势，它位于一座山冈上，前面是草原，另外三面是险峻的高山，山上树木茂密。

等蒙古军兵临喀什噶尔城时，皇长子术赤说道："西辽是一个小国，不足为虑。我们要一鼓作气，一举攻下西辽，活捉屈出律。"

哲别察看了一番地形说："喀什噶尔城墙全是用大条石堆砌而成，十分牢固。易守难攻，一定要小心谨慎。"

术赤依然不屑地说道："你带领5000士兵去攻打兀里嘎拉城。"

哲别问道："那喀什噶尔城怎么办？"

术赤翻了一下白眼道："你不用管了，由我和速不台负责。"

哲别虽然是统帅，但人家术赤是皇长子，对于术赤的无礼也只能忍着。

哲别只好带领 5000 士兵向兀里嘎拉城出发，但他是这次的主帅，担心会辜负了成吉思汗的一番期待。在临走之前，他一再嘱咐速不台："屈出律十分阴险狡猾，最擅长的是脚底抹油。所以，这次一定要小心，活捉了他。"

速不台反驳道："大王爷连你这个主帅的话都不听，还能听我的？"

哲别长长地叹了一口气，然后离开了。

经过一天两夜，哲别率领着蒙古军来到了兀里嘎拉城。安寨扎营后，哲别看到士兵们已经累得快要瘫倒在地了，"要是敌人趁今天夜里来袭击我们，就要吃大亏了。"

与部将商量一番后，哲别决定留下空营，并在周围埋伏起来。

果然被哲别猜中了。半夜时分，当城门悄无声息地打开时，一支精锐之师溜了出来。随即，他们对哲别的军营发动了进攻。当发现军营中空无一人时，他们才意识到中计了，慌忙向后撤退，但为时已晚。哲别率领蒙古军队发动了猛烈的攻击，很快就杀了辽军首领葛里高里，一千多士兵也无一人幸免。

第二天清晨时分，哲别下令蒙古士兵打扮成西辽士兵的模样，骗城内守将打开城门，然后一拥而入，城内百姓你追我赶地冲到城门处欢迎蒙古军的进城。

哲别占领了兀里嘎拉城后命令他的副将帖而泰率领一千人马驻守在这里，并嘱咐不要烧杀抢掠，随后便率领士兵前去支援术赤。

等哲别赶到时，术赤的人马已经被屈出律的骆驼队冲击得如同一盘散沙。见到哲别后，术赤如同看到了救星。

哲别在了解情况后说道："只要驱散那上千头骆驼，问题就迎刃而解了。可以用火攻的办法。"

速不台说道："办法好是好，但火难以控制。依我看，还是用红布驱散骆驼比较好。"

第二天，蒙古人再次来到城门下叫喊，让西辽军出战。很快，城门开了，一群仰着脖子的骆驼朝哲别冲了过来，顿时，尘土飞扬。

哲别大声下令："我的勇士们，向前冲。"

刹那间，一块无比巨大的红绸子被展开。在太阳光的照耀下，如同一团燃烧的大火。奔跑中的骆驼见此顿时被吓住了，乱作一团。

等骆驼队伍散去，哲别、术赤、速不台率领蒙古军朝城内冲杀过去。

屈出律见情况不好便没有返回城中，而是率领一支军队偷偷地溜走了，哲别发现后穷追不舍。一路上，他一刻不停地向当地的百姓宣扬："我们每个人都有自己的信仰自由，我们蒙古士兵只要捉住屈出律就行，不会伤害无辜。"

而那个狡猾的屈出律知道这一带的百姓曾都信奉伊斯兰教，对他恨得牙根痒，自然不敢逃到百姓当中，最后躲到穆斯塔山脉一旁的崇山峻岭当中。屈出律最擅长的就是逃跑，多次从蒙古军眼皮底下逃走。当然，为了保住自己的性命，他早就抛弃了那些跟随自己的士兵。

屈出律为何要逃进穆斯塔山脉呢？那是因为他想去帕米尔高原躲难。

哲别、术赤、速不台占领西辽的都城虎思斡耳朵后，继续向当地的百姓宣扬信仰自由，重新放开清真寺，并多次强调蒙古人只抓屈出律。

于是，教徒们纷纷投靠了蒙古人，发动了起义，追击残余的西辽军。哲别按照成吉思汗的交代办事，一改旧习，宣布了蒙古军“不抢、不杀、不烧”三不政策。

由于哲别所做的事情顺应民心，因此蒙古军受到西辽百姓的夹道欢迎。这些百姓拿出家中的食物送给了士兵们，一些白发苍苍的老人拉着哲别的手，向他哭诉屈出律这近十年来的暴行。

一些猎户听说蒙古军正在追杀的屈出律已经逃入了深山之中便挺身而出，声称要去活捉屈出律。一位来自巴达哈吾的猎人对哲别说道：“让我们的猎犬去完成活捉屈出律的任务吧。”他们让几十只猎犬进了山，搜寻屈出律。

几天后，遍体鳞伤的屈出律走了出来。

活捉了屈出律后，哲别对西辽的百姓说：“多年来，这人一直与我们成吉思汗为敌，一直仇视我们蒙古人，在西辽犯下了不少罪行。只有杀了他才能平息西辽百姓内心的怒火，只有杀了他才能惩恶扬善。”说完，他下令杀了屈出律，并将其脑袋割下，让部将拿到不远的可失哈尔（今新疆喀什）、忽炭（今新疆和田）等地示众。

在不到两个月的时间里，哲别、术赤、速不台率领的蒙古军攻下整个西辽国以及新疆，这在中亚地区引起了极大的轰动。至此，成吉思汗占领西辽国，控制了丝绸之路中间段的贸易资源，而这次战役也可以看作蒙古军第一次西征前的准备战。

第六章

拉开西征的序幕

谋求通商，两大巨头结仇

为了发展蒙古经济，成吉思汗迫切希望与花剌子模国通商。为此，他组织了一支 500 人的商人队伍，任命朵歹为团长，前往花剌子模国经商。当商队一到花剌子模国的边防重镇讹答剌城时，该城最高统治者海尔汗夺走了蒙古商队的所有财产，并杀死了 499 名商人，只有朵歹一人逃了出来。成吉思汗派镇海等三名使者前去质问摩诃末，不料镇海被杀，两大巨头由此结仇。

在蒙古人的眼中，花剌子模国人特别会经商，而花剌子模人一说起先辈们建国的艰难都会潸然泪下。

花剌子模国是一个古老的国度，位于西域阿姆河的下游。这个国家又小又弱，并且一直以来只注重经济的发展而不注重军事的发展，因此给附近强大的国家当了几个世纪的奴隶。1037 年，它成为塞尔柱帝国的属国。花剌子模国出了一个名叫纳失的斤的人，战功赫赫，颇受主子塞尔柱帝国国王的喜欢。在这个时期，塞尔柱帝国同西辽开战，然后势力便如同落日般逐渐衰败，对花剌子模国也逐渐失去了控制。花剌子模国在纳失的斤的带领下日渐强盛，慢慢地摆脱了塞尔柱国的统治，开始走向了光明。

但命运又与花剌子模国开了一个玩笑。1124 年，西辽攻打花剌子模国，大胜而归，花剌子模国又有了新主子。11 世纪末，在纳失的斤的后代塔喀什的领导下，花剌子模国迅速地强大了起来，吞并了塞尔柱帝国，将波斯西部纳入自己的版图中。1200 年，塔喀什之子阿拉乌丁・摩诃末继位，在他的带领下，花剌子模国走上了巅峰时期，成为中亚地区最为强大的帝国。他是花剌子模国历史上第一位英明有为的君主，也是最后一位君主，而他也因为成为成吉思汗的对手被载入史册。

摩诃末同样是一个热衷于扩大自己国家版图的人，在短短几年，花剌子模国的版图就扩大了 3 倍，他觉得与主子西辽皇帝谈判的机会到了。

1209 年，西辽国按照惯例派出使者向花剌子模国索要贡品，而摩诃末热情周到地接待了使者。接着，他拿出被他征服的国家的特产来招待这名使者。使者立马发现了这个问题，拿出了老大的架势，冲摩诃末大发脾气。摩诃末是故意这么做的，他下令杀掉使者，并将尸体扔进了阿姆河，率领大军讨伐西辽。

当时的西辽国也是日落西山，摩诃末的进攻效果显著，他吞并了不花剌（今布哈拉）、奥斯曼部。

1210年，摩诃末率领花剌子模军，在塔拉恩河畔与西辽国开战，很快又大胜而归，占领了西辽若干个城池。紧接着，他率领士兵向西推进，占领了伊朗境内不少地方。

几年时间里，在摩诃末的带领下，花剌子模国不仅实现了独立自主，还发展成为一个强大的国家。在中亚和西亚地区，它成为一代霸主。摩诃末野心勃勃，很快就把遥远的东方作为他的新目标。他同样制订了一个攻打金国的计划，在计划还没制订完时，他就听到一个噩耗，那就是金国已经被一个名叫成吉思汗的人占领了。

当然，花剌子模国的强大离不开其大力发展贸易。成吉思汗也一直想与其通商，发展蒙古的经济。早在1206年，成吉思汗就接待一个花剌子模算端派来的使团。他很有诚意地表示，蒙古帝国虽然与花剌子模国有着不同的文化、经济背景，但愿意与它和平友好相处，共同促进彼此间的贸易往来。当时蒙古文化落后，土地贫瘠，缺少衣物和生活用品。他们十分欢迎花剌子模国的商人，但一些从西亚来的商人却瞧不上蒙古人，经常占他们的便宜。

1215年，摩诃末派出了一个间谍使团来到中都，见到了成吉思汗。

成吉思汗对花剌子模国的了解远远胜过摩诃末对蒙古草原的了解，为了发展蒙古经济，他迫切希望与花剌子模国通商。

使团的到来让成吉思汗欣喜万分，这个使团的团长大力吹捧自己的君王摩诃末，而成吉思汗一声不吭。等团长吹捧完，成吉思汗请使团参观了一下中都。中都废墟一片，尸骨遍野。在他们眼中，这就是人间地狱，他们的心灵受到了强烈的震撼。

参观完，成吉思汗面带微笑，说道："我们大蒙古帝国和花剌子模国之间没有矛盾冲突，希望和平相处下去，多进行商业贸易往来。"

花剌子模国使团一走，埃及国王哈里发纳昔儿也派使团来到中都。团长对成吉思汗说："埃及哈里发纳昔儿国王听说东方的仁义君王成吉思汗已经统一了中原，特来贺喜。在你的西方有一个花剌子模国，这个国家是个叛徒，它会给你带来灾难，请慎重考虑与它的关系。"

成吉思汗不以为然地说："一个小小的国家能翻起什么浪花，请不要影响我们两国的友好关系。"埃及使团失望地离开了。

这边的花剌子模国的使团心惊胆战地返回了自己的国家，立刻受到了摩诃末的接见："中原那边怎么样？"

团长心情沉重地说："已经被成吉思汗霸占了。"

摩诃末长长地叹了一口气。

团长接着说："成吉思汗希望与我们多进行商业贸易往来，我看他挺有诚意的。根据我观察，蒙古十分落后，没有自己的商业，一直靠打劫度日。他们的抢劫生意发展得如火如荼，成吉思汗也一直想依靠这带动蒙古经济的发展。"

摩诃末摇了摇头，说道："按照你们所说的，蒙古人都是一些四肢发达头脑简单的人。他们也应该意识到自己是打仗的料，而不是经商的料。成吉思汗此时想与我们做生意，恐怕另有目的。"

下面发生的这件事情便验证了摩诃末的想法，三个花剌子模国商人想穿越蒙古草原去往金国，但没有被带到金国皇帝面前，而被带到成吉思汗面前。

成吉思汗热情地招待了他们，还问他们带来了什么稀奇货物，他可以与他们做生意。三个商人轻蔑地看了成吉思汗一眼，把随身携带的织金料子、棉织品等摆在桌子上面。成吉思汗询问一块织金料子的价格，一个名叫巴勒乞黑的商人开始漫天开价："这个需要三个金巴里失。"

成吉思汗一愣，然后生气地说："你这是欺负我没有见过世面吗？你这个比市场价高出20倍。"

说完，成吉思汗命令侍卫带巴勒乞黑去自己的仓库中看他所收藏的贵重织金料子。这个傲慢的商人被眼前堆得像小山一样的商品吓得呆若木鸡。

这名商人回到了成吉思汗的营帐中时半天说不出话来，另外两个商人也发现了这一问题，立马变得警惕起来。于是，成吉思汗再次指着那块织金料子问另外一个商人："这个卖多少钱？"

那个商人学聪明了，死活不说出价格，并且圆滑地说道："大汗想出多少钱都可以，在我心目中，大汗一直是一个慷慨大方的人。"

成吉思汗注意到这个商人比上一个商人更为狡猾，于是他问了第三个商人。那人转了一下眼珠子，说道："我是奉我们国王的命来给大汗送这些织物的。"

成吉思汗听到这里微笑了起来，为了满足他们的自尊心，以高于市场价格六倍多的价格买了下来。

随后，成吉思汗把这三个商人带进了他的珍藏室。这里的丝织品多得如同海洋般，比他们所带来的商品好上上万倍，还有晶莹剔透的水晶球、闪耀着金黄色光芒的黄金球等，这些都是他们三个从来没有见过的。

在三个商人回花剌子模之前，成吉思汗意味深长地说："不要看我金银珠宝多，但它们只是收藏品而已。我们蒙古是马背上的民族，缺少太多的商品，我希望与你们进行商业往来。你们大可以放心，我不会占你们便宜的。”

为了礼尚往来，1217 年末，成吉思汗也准备派出一个间谍使团去花剌子模国。

在成吉思汗的营地里，一个 500 人的商人队伍组建而成，团长是朵歹。为了不让朵歹在经商的过程中吃太大的亏，成吉思汗派出了一个精明的印度商人作陪。这支商队的驼车上装载着大量的金银珠宝、金巴里失、驼毛制品和兽皮等。

此时，成吉思汗和耶律楚材正在检查驼队，耶律楚材提醒道：“大汗，我们是不是应该先派一个使者与花剌子模国王摩诃末沟通一下？”

成吉思汗回答道：“没有这个必要吧，我们派去的是一个商队，是去与他们做生意的，又不是过去招降的。”他转头对印度商人说：“你是印度人，已经做了多年的生意，这次全靠你了。”

印度商人回答道：“愿为大汗效犬马之劳。”

成吉思汗又叮嘱朵歹道：“朵歹，你可是我们蒙古的第一个商人。虽然我们的抢劫事业一直发展得十分顺利，但随着各国的警惕性加强，我们的处境会变得艰难起来。为了永远有肉吃，我们要像耶律楚材说的那样，要学着去经商。要知道，经商经营得好，就能推动蒙古经济的增长了，这项伟大的事业要从你开始。”

朵歹回答道：“大汗对我的信任是我的荣幸。”

成吉思汗说道：“好了，赶紧上路吧。”

驼队出发了。

1218 年秋天，这支商队经过长途跋涉，终于来到了锡尔河畔的讹答剌城，这里是花剌子模国的边防重镇。

“朵歹百户长，我们已经到了讹答剌城。”印度人激动万分地说道。

朵歹拿起皮囊，喝了一口水，面带微笑地说：“哎呀，我的长生天，我们终于到了做生意的地方了。”

朵歹带领着驼队进入了讹答剌城的城门，只见街道两旁都铺上了地毯，上面摆放着各种各样的商品，有丝缎、银器、陶瓷、食品、色彩斑斓的鸟儿、蛇，还有一处是贩卖奴隶的。人贩子高声叫喊：“大家都来看看，这个是斡罗思人，如骆驼、牛般健壮，会各种手艺，会种地、打铁、做木匠活，只要 5 个黑铜第尔赫姆。”

很快，一个声音响起：“我出 7 个。”

人贩子喊道：“有人出 7 个黑铜第尔赫姆了，还有加价的没有？”

另外一个声音响起：“我出一个银第尔赫姆。”

…………

突然，人群中出现了一阵骚动，四个开路的骑士出现：“讹答剌城的保护者、光荣的海尔汗来了，大家让让路。”骑士们边说着边用鞭子抽向那些动作慢的行人。

朵歹的驼队也马上靠到了路边。很快，街上的人们都跪了下来，不住地磕头。

在一百多名骑士的簇拥下，坐在骆驼轿中的海尔汗神情高傲地出现在众人面前。

朵歹对印度商人说道：“真有派头。”

印度人说：“他是这个城市权力最大的人——海尔汗，即强大的汗。”

朵歹问道：“你认识他？”

印度人笑了笑，说道：“他名叫亦纳勒术，是花剌子模算端同母异父的弟弟。好多年前，我们是形影不离的朋友，他经常找我喝酒。”

朵歹反驳他道：“真是满嘴谎话。”

“你不信？那你等着。”

等海尔汗的轿子经过蒙古商队面前时，印度商人高声叫道：“亦纳勒术，近来可好哇？”

护卫队冲了过来，抓着印度人的衣领道：“你是皮痒了。”

印度商人继续说道：“高贵的骑士，把鞭子留给奴隶吧，我是你们海尔汗的老相识。”

海尔汗在轿子里说了一句，骑士走了过来，说道：“海尔汗邀请你们去汗廷做客。”

印度人春风满面地说道：“朵歹百户长，怎么样，我没说谎吧，一会儿我们的商品一定会卖出一个好价钱的。”

朵歹提醒道：“一定要守规矩，公平交易。”

两人带领着驼队跟在海尔汗的护卫队后面。

在内堡，在印度商人和朵歹的陪同下，海尔汗抚摩着那些货物，眼里闪烁着贪婪的光芒。

“你们蒙古人怎么有这么多好东西？”

印度人说道：“这里面有不少是成吉思汗从金国缴获来的，都是好东西。”

海尔汗不住地称赞：“还真是好东西，它们的价值甚至超过了我的整个内堡。”

两人哈哈大笑起来。

朵歹问道：“他在说什么？”

印度人再次充当翻译官，说道：“海尔汗对我们的货物赞不绝口。”

海尔汗对他们说道：“我请你们喝下午茶，吃些点心。”

朵歹说道："你自己去吧，我吃手扒肉。"

在海尔汗的汗廷上，海尔汗和印度人边喝下午茶边聊天。

海尔汗问道："你这个印度人怎么又加入了蒙古商队啦？"

印度人说道："成吉思汗是天下的明君，所有的人都愿意为他效劳。"

海尔汗反驳道："但他是一个异教徒。"

"是的，但他让所有人都享有信仰自由。"印度人说道。

"但安拉说，只有伊斯兰教教徒才是世界的统治者。"

"亦纳勒术兄弟，你是没有见识到成吉思汗，不知道他有多厉害。走南闯北多年，我最认可的便是成吉思汗，蒙古大军也是所向无敌。"

海尔汗问道："连我们花剌子模国都不是成吉思汗的对手吗？"

印度人说："兄弟,听我一声劝,宁愿徒手去抓老虎,也不要去招惹成吉思汗。"

海尔汗阴沉着脸，说道："是这样的吗？"

"是的，你去招惹老虎，结果是你一人被吃。如果你招惹成吉思汗，结果是整个花剌子模国人被吃。"

海尔汗勃然大怒，道："还是我先吃了你和整个蒙古商队吧。"

印度人拍着海尔汗的肩膀道："兄弟，息怒息怒，不要开玩笑。"

海尔汗拍了拍手，很快，护卫队走了进来。海尔汗下令道："把整个蒙古商队的人都抓起来，他们都是蒙古国的奸细，还有，没收他们所有的货物。"

印度商人立马跪在地上求饶："亦纳勒术兄弟，哦，不，海尔汗，你弄错了，我们不是奸细，请饶了我们吧。"

很快，印度商人被拖了下去。

内堡里，海尔汗的卫兵正在抓捕蒙古人。刚开始，蒙古人奋起抵抗，但很快就被镇压了下去，朵歹躲在骆驼群里惊慌失措地看着自己人被抓。

讹答剌城广场今天比往常都热闹，百姓们都纷纷来到这里，想亲眼见证蒙古奸细被处死的过程。他们都大声叫嚷着："杀死这些奸细，杀死这些奸细。"然后，他们朝这些蒙古人身上扔臭鸡蛋，烂菜根。

海尔汗给这些蒙古人准备了一个巨大的土坑，刽子手拿着砍刀站在土坑边上。很快，一个蒙古人被推了上来，被刽子手一刀砍下了脑袋。砍完，刽子手举起被砍下的脑袋示意了一下，广场上响起了一片欢呼声。

就这样，大坑中脑袋和失去脑袋的尸体越来越多，直到刽子手砍完第 499 个蒙古人。刽子手浑身是血，面露凶光。周围的看客们不住地发出一阵又一阵的欢呼声，似乎在欢庆佳节。

自以为很聪明的海尔汗返回汗廷，捧起一把珠宝，脸上露出得意扬扬的笑容。

贪婪的海尔汗根本没有意识到他的这一行为会给花剌子模国以及欧洲带来什么样的灾难，在当今世界国与国的交往中，谋杀几个人，都会引起一场国际争端，何况是数百人的商队，更何况是两个巨头之间。

朵歹忍着巨大的痛苦与惊吓东躲西藏了一天，然后等到半夜时分爬到讹答剌城城堡，在哨兵打盹儿之际，依靠一根绳子从城墙上溜了下来。在城墙外，他偷了一匹马，然后快马加鞭地向蒙古草原方向冲去。

当海尔汗杀死蒙古人的消息传到摩诃末耳朵中时，他默认了这种行为，当然也没有对成吉思汗进行慰问，因为他还没见识到成吉思汗的厉害。

死里逃生的朵歹终于逃回了成吉思汗的营地，他踉踉跄跄地走进汗廷，泪流满面，哽咽着向成吉思汗控诉海尔汗的残忍。

成吉思汗听完，巨大的悲伤涌上了心头，他捶胸顿足地说："长生天啊，如果你的双眼能够看到这些无辜的商人，就请惩罚花剌子模人吧，我要让他们血债血还。"

说完，成吉思汗便登上了山头，将帽子摘了下来，跪在地上为死者祈祷了整整三个昼夜。众多臣子纷纷前去安慰他。第四天，成吉思汗下山了，对众多臣子说，"我一定要问个明白，他们为何这般残忍？这样对待我的子民。"

当时，哲别、术赤、速不台率领蒙古大军刚吞并西辽，依然在东突厥斯坦处安寨扎营。这个时候，成吉思汗派使者不分昼夜地赶到那里，让他们做好出兵的准备。与此同时，他派镇海、麻哈茂德（花剌子模人）和另外一个蒙古人作为使者赶往花剌子模国去质问摩诃末，三人都是伊斯兰教人。成吉思汗如此安排有自己的目的，因为花剌子模人都信奉伊斯兰教。

镇海三人不卑不亢地来到摩诃末的大殿中，以穆斯林的礼节问候摩诃末。

镇海说："大蒙古帝国的使臣——真正的伊斯兰教人——镇海来拜见花剌子模算端。"

摩诃末目空一切地说："使臣阁下，安拉是宽容的，你是为成吉思汗派出大批间谍到我国这件事情来道歉的吧？"

镇海冷笑了一声，说道："陛下真是掩耳盗铃。"

摩诃末问道："什么意思？"

"就是指自己把自己的耳朵捂住去偷铃铛，以为自己听不见，别人也不会听见。简而言之就是自己欺骗自己。"

众汗拔出刀来，咆哮道："大胆！"

镇海若无其事地接着往下说："算端陛下，贵国的讹答剌城城主海尔汗抢劫我国的商队，屠杀我大蒙古帝国499名商人，真是罪大恶极。"

"那些人都是奸细。"站在摩诃末一旁的海尔汗说道。

镇海哈哈大笑了起来，说道："我想算端陛下也是一个聪明之人，你见过有500个奸细一起在大街上晃悠的吗？"

海尔汗顿时被问住了，这个时候，麻哈茂德在镇海耳边说了一句话。

镇海指着海尔汗说道："你就是那个杀人越货的海尔汗吧？"

没等海尔汗开口，镇海又对摩诃末说道："算端陛下一定还不知道海尔汗所犯下的罪恶。本使臣受成吉思汗的重托，强烈要求算端陛下将海尔汗这个肇事者交出来，由我们大蒙古国来处置。"

摩诃末见镇海威胁他，心想："我正愁找不到对手，想去中原捞一笔，将自己的版图扩张到中原地区。"他又看了一旁面露杀机的钦察诸汗们，心一横，对镇海说道："我实话告诉你吧，海尔汗杀死蒙古的奸细正是本算端的旨意，本算端就是要消灭所有的异教徒。"

镇海说："那好，我会将算端陛下的这句话一字不漏地告诉成吉思汗的。"说完，镇海他们三人就往外走。

"不能放他们走。"海尔汗说道。

"站住，你已经没有这个机会了。来，把这个异教徒推出去砍了。"

侍卫们一拥而上，抓住了镇海。

镇海喊道："我是伊斯兰教教徒，不是异教徒。摩诃末算端，我警告你，今天你杀了我，明天成吉思汗就会把这座城市夷为平地的。"

"你的那个成吉思汗给我擦鞋都不配，我很快就会给他在斡难河源头找一块墓地，给我推出去斩首。"

一群侍卫把镇海推了出去。

"还留这两个干什么？"海尔汗问道。

"我自有用处，把他俩押到地牢里。"摩诃末说道。

麻哈茂德和另外一个使者被关进了地牢里，一天晚上，一个声音在铁门外响起。

"麻哈茂德，你出来。"

麻哈茂德站了起来，另外一个使者问："是不是我俩的死期到啦？"

"你放心，我以自己的胡子做保证，安拉一定会保佑我们平安无事。"说完，他便走出了地牢。

在皇宫的密室里，摩诃末对海尔汗说：“麻哈茂德已经答应啦？”

“是的，他已经同意给我们当间谍了。要知道，伟大算端的意志可以征服任何人。”

麻哈茂德被带进了摩诃末的皇宫密室里，摩诃末端正地坐在地毯上，一旁站着海尔汗。

麻哈茂德上前行礼，然后毕恭毕敬地站着。

摩诃末说道：“本算端接见你，是你的荣耀。”

“我将带着这份荣耀走完人生最后一程，不，我将把这份荣耀带入天堂。”麻哈茂德双手在腹部前交叉，迈着小碎步上前亲吻了一下摩诃末的衣襟，然后退了下去。

海尔汗拍拍手，一个女仆端着一个盘子走了进来。

女仆把四个装着甜点的精美盘子放在了桌子上，然后退了出去。

摩诃末问道：“你是花剌子模人吗？”

麻哈茂德回答道：“家住玉龙杰赤。”

“你是正教徒吗？”

“安拉的仆人。”

“你为何去给成吉思汗当使者呢？”

“在下一直在中原经商，然后有幸结识了杰出的世界征服者成吉思汗。”

“嗯？”摩诃末诧异地问道。

麻哈茂德这才知道自己说错话了，赶紧补充了一句，说道：“当然，任何人都比不上你，伟大的算端。”

摩诃末说道：“我已经征服了整个西方，成为诸多国家的君王，我还是伊斯兰教的最高统治者。我拥有这个世界上最繁华的城市——玉龙杰赤，你的那位成吉思汗有什么？”

“他什么都没有。”麻哈茂德赶紧回答道。

“你是在敷衍我吗？”

“我对安拉发誓，整个蒙古国全是草原，一个城市都没有。他们最大的财富就是那些牛羊、骆驼，还有很多一无所有的奴隶，并且他们时时得与饥饿、灾荒做斗争。”

“那他们有宫殿吗？”海尔汗问道。

“他们有方形的帐篷、圆形的蒙古包以及树皮搭盖而成的木屋，而成吉思汗则住在用毛毡、木材搭建而成的金顶大帐里。”

“毛毡？木材？”摩诃末和海尔汗哈哈大笑了起来。

“他这是在过原始生活吧，真是愚蠢至极。”海尔汗说道。

“好吧，我以后会用马刀告诉他们什么才是宫殿。”摩诃末说道。

“砍掉他们的头，他们就什么都不用知道了。”海尔汗又是一阵狂笑。

“我听说，成吉思汗的蒙古军还打败了金国？”摩诃末突然严肃地问道。

“算端陛下只要看看他们所骑的马匹就知道了。”麻哈茂德说道。

“怎么？”摩诃末问道。

“我可以用我这最尊贵的胡子发誓，与花剌子模国的战马相比起来，他们的马匹就像是兔子。”

又是一阵狂笑。

“告诉我，成吉思汗现在在干什么？”摩诃末问道。

“他现在还在为商队的事情生气，但是，他的那些那颜更为气愤。”

“那颜是谁？”

“蒙古的王公和将领们，就如同我们的伯克。”

“成吉思汗有攻打他国的想法吗？”

“有。他向南攻打金国，向西攻打西辽，现在已经是分身乏术了，再说他算得上是一个老人了。如果攻打花剌子模国，他骑马到这里需要一年半时间，中间还要经过几个沙漠，这对于他来说是一个极大的考验。”

摩诃末笑了笑，麻哈茂德说：“今天春天，一场暴雪降临在蒙古草原上，冻死了很多牲畜。唉，蒙古人正愁没有饭吃呢。”

“好吧，把赏赐给他。”摩诃末说道。

等摩诃末说完，海尔汗将一个钱袋扔给了麻哈茂德。

“那是一百个金巴里失。”

“伟大的算端陛下，安拉永远庇护你！”

摩诃末离开了。

“麻哈茂德，为了让成吉思汗相信你，你得受点委屈了。”

侍卫将另外一个使者也推了进来，“将他们的胡子烧掉。”说完海尔汗便走了出去。

麻哈茂德和另外一个使者顿时目瞪口呆，几个侍卫按住了他们，用蜡烛将他们的胡子烧掉了。

麻哈茂德和另外一个使者狼狈不堪地回到了蒙古草原，当然麻哈茂德答应做间谍也只是嘴上答应，如此一来，才能逃回去。

当成吉思汗听说镇海已经被害了，如同万箭穿心，勃然大怒，恨不得马上将摩诃末碎尸万段。

两个幸存的使者哭诉完镇海，又流泪道："胡子是穆斯林权利的象征，他们将我们的胡子烧掉，就如同剥夺了我们生存的权利，这对我这个伊斯兰教教徒来说是一种极大的侮辱。"

耶律不花说道："可汗，如果上次蒙古商队被杀，还有误会的可能。这次杀了我国的使者，这就是公然的宣战与挑衅。"

"可汗，镇海先生是与大汗一起共饮班朱尼河水的功臣，在大汗最困难的时候投奔了大汗，我们绝对不能就这样让他白白死了。"合撒儿愤怒地说。

成吉思汗流泪说道："我一定要踏平花剌子模，为镇海报仇雪恨，用摩诃末的鲜血来洗刷蒙古人的奇耻大辱。"

成吉思汗再次来到不儿罕山上，摘下了帽子，"扑通"一声跪在了地上。他伤心欲绝地说道:"长生天,你要惩罚有罪的人,拯救正义的人。罪人就是摩诃末,正义的人就是我。当我那些邻居不愿意给我们以和平的时候，那我只能靠自己去争取了。长生天，我要依照你的指示去消灭花剌子模。"

说完这些，成吉思汗在山上待了三天三夜。下山后，他说出的第一句话便是："给摩诃末下战书。"

很快，耶律楚材就写好了战书。

成吉思汗命令道："念。"

"长生天让我做天下之主，我仅仅花了十年时间完成了这一伟大的事业，成为世界的征服者。长生天告诉我，我的职责就是将那些不听话的国家消灭，让他的子民痛不欲生。我的蒙古大军踏上任何一个国家的领土，其子民就得称臣。摩诃末你竟然如此对待我大蒙古帝国，我要对花剌子模开战……"耶律楚材念道。

"战书内容太长，我说，你来写。"

耶律楚材拿起了笔，成吉思汗念道："摩诃末，你要战，我奉陪到底！"

成吉思汗的这封战书能与一千多年前的汉武帝写给匈奴的战书相媲美，当时的汉武帝在战书上说："战，则来；不战，赶紧滚。"

选出继承人，成吉思汗的备战

成吉思汗在选出第三子窝阔台为继承人后，立马率领士兵朝花剌子模国出

发。蒙古大军经过艰苦的长途跋涉，走出了天山，途经伊犁河谷，多尔布尔津，终于抵达西域有名的城市阿力麻里。除了西夏以外，各国纷纷出兵表示支援，成吉思汗的兵力又增加了30万。

在出征前，成吉思汗面临着一个问题。某天晚上，也遂对成吉思汗说："大汗这次出征不似往年，现在年事已高，此次前去又山险水恶，还要冒着枪林弹雨，如果你那像山一般伟岸的身体倒下了，蒙古大国将由谁来接管？"

也遂皇后的这番言论也是胆大妄言，也只有得宠的女人才敢问出这样的问题。听到也遂的这番话,成吉思汗如梦初醒。成吉思汗握住也遂的双手说:"也遂，你说出的这番话虽然不中听，但却是摆在眼前的事实。我已经是一个白发苍苍的老人了，也应该挑选出一个继承人了。也遂，你虽然是女儿身，但有着比男人还要高的眼界。"

成吉思汗之前从来没有认真想过继承人的问题，在这匆忙的出征之际，该如何作出选择呢？他的皇后妃子有40多人，都分别居住在四个毡帐中，养育了六个儿子。成吉思汗的第一斡耳朵的皇后便是孛儿帖，生了四个儿子，分别是长子术赤、二儿子察合台、三儿子窝阔台、四儿子拖雷，另外还有第五个儿子兀鲁赤（无子嗣），第六个儿子阔列坚（第二斡耳朵忽兰皇后所生）。根据《元史》宗室世系表所记载，成吉思汗还有也速干皇后所生的察兀儿和古儿别速所生的术儿彻两个儿子。

术赤是成吉思汗的大儿子，战功赫赫，是一名真正的蒙古勇士，有着丰富的人生阅历，是一个很好的继承人人选。孛儿帖皇后同样觉得术赤有能力管好这个国家，向成吉思汗推荐的第一个人便是大儿子。

但成吉思汗一直对术赤的血脉存疑，父子之间的关系颇为微妙。所以，当孛儿帖向他推荐大儿子时，他没有吭声，这使孛儿帖想起了她那心酸往事。

一天，成吉思汗将自己的兄弟们和儿子们都叫到了眼前，对大家说道："也遂的话提醒了我，各位兄弟、儿子们，你们谁也没有提出继承权的问题，就像我也觉得自己永远都不会死一样，其实这都是一种自以为是，这次前去攻打花剌子模国，也许会面临重重挫折。因此我必须要在你们中挑选出一个继承人来，你们有什么想法？"

刚开始的时候大家一阵沉默，和成吉思汗一样，大家都没有意识到成吉思汗已经老去,也会死亡。成吉思汗将沉默打破,对术赤说道:"你是长子,你先说吧。"

次子察合台性格急躁，还没等术赤开口，便站出来粗鲁无礼地说道："难道父汗和母后想让他做太子吗？你们不要忘了，他身体里流淌的可是蔑儿乞惕人的血液。父汗怎么能让他来统领蒙古国呢？我们这些兄弟要如何受他的管理？我察合台第一个不答应。”

察合台一语揭开了成吉思汗不愿提起的隐私，这让术赤难堪无比。术赤如同鞭炮一样爆开来，他抓着察合台的衣襟，咆哮道：“父汗和母后从来没有说我是蔑儿乞惕人，你为何在这里信口雌黄呢？你比我有什么本事，只不过是性情暴戾而已。”

察合台一听顿时暴跳如雷，说道：“我们来比试比试，看你能战胜我吗？”

“比就比，那我们比射箭，如果你战胜了我，我就把拇指砍下来。”

“我为何要同你比射箭？”

“那我们决斗，谁输了谁就永远躺在地上不要起来。”

术赤扑向了察合台，两人立马厮打在了一起。察合台虽然是一个大力士，但最终还是被术赤重重地摔倒在地。“你再敢胡说八道，我就杀了你。”术赤恶狠狠地说道。

成吉思汗始终阴沉着脸，博尔术上前批评察合台道：“察合台王爷，我是在你母亲被抢走之前成为你父亲的那可儿的，我是那场让人不寒而栗的变故的见证人。你父亲的部将叛变，跟随着主儿乞家族和泰赤乌人走了。当我、忽必来、者勒蔑、速不台投奔你父亲的时候，你们算上狗、羊在内，也不足一百。”

“察合台王爷，你那贤明的母亲是被人掠走的，是可恶的战争所造成的不幸。”者勒蔑说道。

“察合台王爷，你怎么能轻信敌人的谣言？这怎么能对得起你那仁慈的母亲呢？”速不台也站了出来批判察合台道。

者勒蔑继续说道：“术赤王爷降生的那天，我正在大汗身边，第一个怀疑术赤王爷血统的人是札木合。札木合你们是知道的，他与你父亲为敌，多次置你父亲于死地。你为何要相信这些人放出的谣言呢？察合台王爷，你和术赤王爷都是同父同母的亲兄弟，是孛儿帖夫人所生的亲骨肉。”

“作为外人我也许说多了，但察合台王爷，你不该当众揭开你那仁慈母亲的伤疤呀。”博尔术说道。

察合台听完这些话后立马冷静下来，低垂着脑袋。

这时，成吉思汗才缓慢地开口道：“术赤是我的亲生儿子，是我的长子，以后捕风捉影的谣言不要再说了，这是最后一次了。”

术赤听了父亲的这句话后也平静了下来，察合台虽然不再吵闹，但还是决定拉术赤下水，说道："术赤十分有才能，我和他都是父亲的儿子，愿意齐心协力为父汗效命。如果我二人有不履行诺言的，另外一个人就打破他的脑袋、砍断他的脚后跟。窝阔台是一个仁慈宽厚的人，我愿意拥护他，让他成为父亲的继承人。"

成吉思汗问术赤："你呢？你有什么想法可以说出来。"

到了这时，术赤除了同意外还能怎么说。为了安抚他们兄弟二人，成吉思汗说道："你们不必在我身边效劳，蒙古国疆土辽阔，你们都有各自的封地。不过，我要告诫你们的是，你们要信守诺言。即使日后关系不好，也不要相互侵犯，不然长生天一定会怪罪你们的。"

术赤和察合台异口同声地发誓道："我们的誓言由各位蒙古忠臣做证，如果我们有违背誓言，将流血而死。"

成吉思汗只能做到这里，以后的事情他也无法控制，他向窝阔台投以寄予厚望的目光，问道："窝阔台，你有什么样的想法呢？"

正如同察合台所说的那样，窝阔台仁慈宽厚，并且沉着稳重、英勇善战、心思缜密，很有君王的气度。但他明白，正是两位兄长的不慎行为为自己带来了机会，因此自己一定要谨言慎行。

窝阔台恭恭敬敬地说道："父汗如果抬举我，两位哥哥也说我可以，我又怎么能说不行呢？我一定尽力而为之，带领蒙古帝国走向繁荣昌盛。"

成吉思汗满意地点了点头，这个儿子内敛不张扬，远见卓识，胸怀宽广，其睿智与雄才大略并不在成吉思汗之下。

成吉思汗最后看向了他的小儿子拖雷，拖雷立马说："我愿意听从三位兄长的吩咐，也愿意替他们出征，为大蒙古帝国征战厮杀。"

成吉思汗微笑地点了点头，正是这一次成功的布局，在他去世后，蒙古帝国依然经久不衰，他为蒙古帝国挑选出了一个优秀的继承人。

1219 年 4 月，已经 57 岁的成吉思汗开始为攻打花剌子模国而备战。他留给弟弟帖木格一万名士兵让他来驻守蒙古大本营，给木华黎三万人继续蚕食金国，自己则率领 20 万蒙古大军向西推进。

成吉思汗出征前召集诸多部将，在克鲁伦河畔举行了一次声势浩大的集会。史书上如此描述："车帐如云，将士如雨，马车被野，兵甲赫天，烟火相望，连营万里。"

临行前，成吉思汗站在用 16 匹赤、白、黄、黑的骏马拉着的行军宝帐车上，严肃地宣布了作战军纪、行军路线以及各路军的统领。

这次西征，成吉思汗依然带上了忽兰皇后，来照顾自己的饮食起居。随后，成吉思汗刀锋一指，蒙古大军便大张旗鼓地向西方出发了。

等蒙古大军到达金山下的也儿的石河时，成吉思汗派出使者向花剌子模国宣战，“蒙古大军已经出征，要报复犯下死罪的花剌子模国的算端摩诃末和海尔汗。”地界的异族们纷纷以下人见到主人的礼节来招待成吉思汗。

一个月后，蒙古大军抵达天山脚下，只见山谷间流淌着清澈透亮的溪水，树木和草地郁郁葱葱，满眼的翠绿。山腰处瀑布一泻千里，蔚为壮观。

成吉思汗正凝思时，突然一阵狂风而起，乌云遮盖了天空，瞬间大雪飘落了下来。半个时辰后，雪深三尺。他诧异极了，问耶律楚材道：“这种天气竟然下大雪，这会不会是长生天给我的警告哇？”

耶律楚材说道：“大汗，玄冥之气出现在夏天，是上天对花剌子模惨无人道的行为感到愤怒，也是长生天被大汗的言行所感动而哭泣。大汗，这是我蒙古大军克敌的征兆，请大汗不要有所怀疑。”

听了耶律楚材的这番话，成吉思汗终于释怀，于是命令大军继续前行。

当蒙古军经过乃蛮故地时，成吉思汗感叹道：“唉，我再次来到了乃蛮，一切还如同往日，只是人已经老了，经常会感觉到疲惫。”

一个名叫刘仲禄的人立马为成吉思汗排忧解难：“大汗，你怎么会老呢？你是受长生天保佑的真命天子，怎么会跟我们这些凡夫俗子一样变老呢？”

成吉思汗听完摇摇头，说道：“世界上哪有长生不老之人？”

刘仲禄见此立马说道：“中原有个名叫丘处机的道长，现在已经300岁了。”

成吉思汗一听，眼睛都亮了起来。其实几年前，他就听到整个传闻，原以为是人们捕风捉影而已，没想到身边的亲信也这么说。如果能够与这种神奇的人见上一面，也许……他想了好久，最终决定让刘仲禄前去请丘处机前来。

事实上，刘仲禄同样对丘处机一无所知。丘处机于1148年出生，到1219年，也才71岁，根本没有所谓的300岁。他是山东蓬莱人，19岁的时候出家，20岁的时候拜王重阳为师父。他继承了师父王重阳的思想，主张清心寡欲的修道之本。他有一种天赋，能在十几年的时间里将自己炼成一个超凡脱俗的全真教真人。

金国皇帝曾经对丘处机抛出了橄榄枝，但被拒绝了。南宋的皇帝同样邀请他去讲道，也被拒绝了。他给出的理由都是，他是世外之人，不想再入世。

刘仲禄这次带着成吉思汗的诏书而来，但与前两次不同的是，他同意了。他觉得成吉思汗的诏书里透露出一种世界之主的霸气。耶律楚材替成吉思汗这样写道：“虽然我是天下之主，将无数人踩在脚底下。但在你们中原人的眼中，我依然是一个野蛮人，对此，我心知肚明。因此我尤其希望能够得到中原文化的塑造。如果老先生不嫌路途遥远，可以到我成吉思汗营帐中来。我既希望从你那儿得到长生不老之术，还希望能够得到你的辅佐。"

丘处机看到诏书言辞恳切，又看到全天下百姓深处水深火热之中，皆是成吉思汗所造下的孽，因此希望能够用毕生所学，劝成吉思汗放下屠刀，停止杀戮，用仁义管理天下。于是他带着 10 名道士出发了。

1220 年春天，丘处机和刘仲禄抵达金国中都。蒙古人热情地欢迎了他，并告诉他成吉思汗已经西征了，他听完面露遗憾地对刘仲禄说："你不是说成吉思汗在西辽与蒙古国的边境等我们吗？"

刘仲禄说道："成吉思汗已经准备攻打花剌子模国了，我们动作要快一点。"

丘处机听完摇摇头，说道："我已经 70 多岁了，老胳膊老腿儿的，跑不动了，还是等成吉思汗回来再说吧。"

刘仲禄好不容易才请动丘处机出山的，哪里会轻易放过他。丘处机拗不过，只好给成吉思汗写了一封信。他信中大概是说自己年岁已高，不适合长途颠簸。即使有幸见到成吉思汗，也在打仗，他根本帮不上什么忙。他能够做的只是以道德之心劝人戒掉欲望，所以他去与不去效果都一样。

收到信后，成吉思汗也执拗起来，立马让耶律楚材给丘处机回信，希望他能够效仿老子西行、释迦牟尼东行，一定要前来。他成吉思汗请他前来，不是为了让他指导自己作战，而是希望他传授文化。

丘处机再次收到成吉思汗诏书时已经是一年后了，无可奈何之下，他只好再次跟随刘仲禄上路了。

而这边的成吉思汗在第一次给丘处机下达诏书后继续率领大军向西推进。为了翻越不剌城南部的阴山，为了行军需要，他先下令先锋部队开始凿冰。等爬上顶峰时，一个大湖出现在他们面前。

湖水已经结冰，四周景色优美。蒙古将士见此，身上所有的疲惫之情一扫而光。这个时候，前去探路的士兵返回，向成吉思汗报告说前方的道路不通。成吉思汗立马让蒙古大军驻扎在湖边，休息几天，同时派三儿子窝阔台去负责阿尔泰山的修路工程。一个月后，他又命令二儿子察合台出发，顺着窝阔台修完的山道经过白骨甸沙漠，到天山去修路架桥。

这个工程颇为艰难，窝阔台在修筑阿尔泰山的工程时正值盛夏，但山峰有一层厚厚的积雪。窝阔台先要凿破寒冰，再开凿道路，幸亏他们带有炮工部队。一路上他们历经千辛万苦，但最后还是顺利地完成了任务。察合台则率领着几千蒙古士兵，日夜不停地伐木采石。没过多久，如同奇迹般，48座桥梁出现在所有人面前，成吉思汗率领蒙古大军行走在桥梁之上，如同天兵天将般。

蒙古大军经过艰苦的长途跋涉，走出了天山，途经伊犁河谷，很快就来到了地势平坦的地方。一条小河流淌而过，岸边有绿油油的小草，还有垂柳。再往前走，一个小土山出现在大家面前。成吉思汗对此来了兴致，对耶律楚材说道：“以前我讨伐乃蛮部时曾经到过这里，但不知道其地名。”

耶律楚材说：“此地位于阿尔泰山的南面，也儿的石河上游，现在一部分地方属于大汗。”

成吉思汗说道：“既然已经是蒙古国的领域，我给它取一个名字吧，就叫多尔布尔津。”他还把这块地作为蒙古大军休整之地。

等翻过土山，蒙古大军抵达了西域有名的城市阿力麻里。国王斡匝儿之子昔格纳黑的斤热情地欢迎了成吉思汗，并以君臣之礼迎接。为了表达自己的诚意，昔格纳黑的斤还派出了一支军队来支持成吉思汗。除此之外，仗义的畏兀儿也派来一支军队来支援。

当蒙古大军来到西夏的边境时，成吉思汗派出了使者，对西夏国王说：“你曾经说你要当我的右手的。现在我要征讨花剌子模国，你过来当我的右手吧，同我一同攻打花剌子模国。”西夏国王一声不吭。

西夏国王的一个名叫阿沙敢不的大臣对成吉思汗派来的使者说：“你们蒙古既然力量不够，为何要装大尾巴狼呢？既然成吉思汗要讨伐花剌子模国，小小的西夏为何要跟他抢功劳呢？”

从这位大臣的态度可以看出西夏国国王的两面派做法，他的臣服不过是做做样子而已，并且对成吉思汗大为不敬，也许他认为成吉思汗这次注定会大败而归吧。

成吉思汗知道后勃然大怒，但目前最主要的任务是攻打花剌子模国，最终还是决定先暂时放过西夏国。

到了这时，除了西夏，西部的国家、部落纷纷用行动来表达对成吉思汗的支援。在他们的支援下，蒙古大军又增加了30多万。

釜底抽薪，攻克讹答剌城

成吉思汗留给察合台、窝阔台3万大军来围攻讹答剌城。察合台、窝阔台对该城来了个釜底抽薪，断了其粮食供应。城内人心惶惶，士兵士气低迷。察合台、窝阔台趁这个时候对讹答剌城发动猛烈进攻，终于攻下了这座城市。

1219年9月，蒙古大军抵达讹答剌城。成吉思汗下令道："在城外安寨扎营，将整个讹答剌城包围起来。"

顿时，讹答剌城立马变成了无数雄狮劲旅的汹涌海洋。城主海尔汗见到此景此情不禁全身哆嗦，他死也没有料到自己的一时贪财会给讹答剌城带来如此大的灾难。

花剌模子国的算端摩诃末得知50万蒙古大军压境时不禁哑然失色，他没有料到成吉思汗的蒙古军会来得这么快，也没有料到蒙古军如此之多。

在儿子札兰丁的提醒下，摩诃末不得不接受这个现实，立马召集了一支三万人的军队，但他一时不知道将这三万人派到哪里增援。儿子札兰丁再次提醒他："成吉思汗一定会先攻打讹答剌城。"因为祸端起在那里，三万士兵马上赶往了那里。

即便如此，摩诃末还是有些放心不下，于是又派出了骁勇善战的哈剌察汗带领一万人去增援，外加讹答剌城原本有两万士兵，现在已经六万士兵。

一直以来，摩诃末都有两件难以处理的大事情：第一个是宗教政治问题。花剌子模国绝大部分国民都信伊斯兰教，但摩诃末却同伊斯兰的宗教领袖哈里发的关系不太和谐，这让摩诃末颇为苦恼。第二件苦恼的大事情是与他母亲秃儿罕关系同样不好。在摩诃末东征西战时期，秃儿罕立下了汗马功劳。她极为专横跋扈，不仅蓄养自己的势力，还经常与摩诃末对着干。摩诃末住在新都撒马尔罕，而秃儿罕依然占据着旧都玉龙杰赤。

在开战前，成吉思汗让耶律楚材写了两封信：一封信是写给哈里发的，另外一封信是送给秃儿罕的。

在写给哈里发的信中，成吉思汗是这样说的："摩诃末一直都想除掉你，这次已经不再是伊斯兰教的家事，而是一次罪大恶极的国际事件。你可以与我合作，如果你不想与我合作，也请不要干涉。"

哈里发早就对摩诃末心生不满，他落井下石地说道："打吧，我挺你。"

哈里发是伊斯兰教的首领，只要他一声令下，那成吉思汗就会被伊斯兰教教徒包围，从而陷入伊斯兰教战争的汪洋大海之中。

在写给秃儿罕的信中，成吉思汗是如此说的："你和你儿子常有冲突，我们不想攻打你的居住地。等我攻打完花剌子模国后，一定将美丽富饶的呼罗珊（今伊朗东部阿姆河以南）送给你。"

秃儿罕并没有给成吉思汗回信，但成吉思汗从这一行为中得出她会袖手旁观，后来事实证明也是如此。这封信让蒙古大军解除了腹背受敌的危机。

成吉思汗做好了这些准备后立马向讹答剌城发动了猛烈的攻击，一场恶战正式拉开了序幕。

讹答剌城士兵坚守城池，很快，讹答剌城城门下堆满了双方士兵的尸体，但讹答剌城依然屹立在腥风血雨中，接受着血与火的洗涤。

一连攻打了几天，讹答剌城还是没有攻打下来，成吉思汗有些焦灼不安地说："这个讹答剌城是根难啃的骨头哇。"

耶律楚材说道："大汗不要担心，之前攻打中都不也这样，最后还不是攻下了。相比较而言，这个花剌子模国没有金国强大，既然硬打打不下来，可以智取。"

成吉思汗问道："你想出什么好办法了吗？"

"小小的讹答剌城不需要那么多士兵来打，我们要分兵攻打花剌子模规模小点的城市，先攻下小城，然后孤立大城市，紧接着占领不花剌城，从而将旧都玉龙杰赤和新都撒马尔罕之间的联系切断。如此一来，摩诃末便成为瓮中之鳖了。"

"好主意。"成吉思汗赞许地说道。

很快，成吉思汗将蒙古兵分成四路：察合台、窝阔台负责讹答剌城；术赤负责攻打毡的和养吉干；速客秃、阿剌黑以及踏海负责攻打忽毡和别纳客忒；成吉思汗则负责攻打不花剌城。

此时，讹答剌城只剩下察合台、窝阔台率领的三万大军。用这三万士兵攻打讹答剌城绝非一件容易的事情，但成吉思汗却对他们充满了信心。经过一番分析后，他告诉两个儿子，讹答剌城徒有其表，城主海尔汗不得人心，又与援军哈剌察意见相左，很容易在军事上被孤立起来，如此一来，士兵的士气必然受挫。蒙古大军已经围住了讹答剌城，只要切断其粮食供应，那么这座城就能够轻而易举地被攻打下来。这个时候，我蒙古大军已经兵分几路去攻打花剌子模国的其他城市。如此一来，摩诃末就不知道该支援哪座城市。

现在的蒙古军已经有了丰富的攻城经验，在父汗的指导下，察合台、窝阔台对讹答剌城围而不打，并且断了这个城市的粮食供应。随着时间的推移，城内的粮食越来越少，士兵一整天也吃不上一顿像样的饭，城内人心惶惶，士气低迷。

很快，海尔汗发现蒙古军正在砍伐木头，搬运石头。他还以为蒙古士兵准备种庄稼，打持久战，想活活饿死他们。

不过，海尔汗马上意识到蒙古士兵砍伐木头、搬运石头，不过是为了制造抛石器。抛石器马上被蒙古士兵用上了，顷刻间，石块、毒药烟球、蒺藜火球在空中划出了抛物线，然后稳稳地落入讹答剌城城中。

城内顿时浓烟四起，熊熊大火燃烧了起来。

这个时候，窝阔台派出使者，说道："我们蒙古大军是来报仇的，只要你们交出海尔汗，我就放过你们。"

哈剌察见无力抵抗，于是对海尔汗说："向蒙古人投降吧，也许我们还有一条活路。"海尔汗一想到成吉思汗 60 万大军跋山涉水为他一人而来时害怕极了。他知道，即便自己现在投降，也是性命堪忧，还不如奋力一搏。他道貌岸然地训斥哈剌察道："我不能做对不起摩诃末算端的事情，也不能做对不起讹答剌城百姓的事情。"

哈剌察见劝说海尔汗无效，于是趁蒙古军攻城最为猛烈的时候逃走了，准备投靠蒙古大军，察合台接见了他。哈剌察毛遂自荐，希望能为成吉思汗效力。但察合台特别看不起这个时候当逃兵的人，对他说："你对自己的主人都不忠诚，又怎么能保证你忠于大汗呢？"哈剌察无话可说，最后被察合台杀死。

讹答剌城失去了一个守将，士兵看到主将抛弃了他们，难过不已。此时城外的蒙古士兵发动了更为猛烈的攻击，很快便攻破了他们的城门。

按照蒙古大军的习惯，对于顽强抵抗的城池，一旦被攻破，就会遭受屠城的危机。但成吉思汗事前有过交代，只要海尔汗一人以及满城的财物就行，数以万计的讹答剌城百姓被轰出了城门。很快，一场大浩劫开始了。蒙古大军与海尔汗率领的士兵展开了激烈的巷战，海尔汗知道被蒙古士兵抓住就是死路一条，成吉思汗是绝对不会放过这个屠杀蒙古商队的人，于是他依然在做困兽之斗。

蒙古军又花了一个月时间才攻下内堡，海尔汗退守到内堡的顶端，与他的最后两个侍卫做最后的垂死挣扎。窝阔台和察合台下令只要活的海尔汗，海尔汗也战斗到最后一刻，直到所有的武器都被用光了。

海尔汗全身都被铁链绑住，站在囚车里面，被送到了成吉思汗那里。成吉思汗一见到海尔汗，立马咆哮道："你为了谋财，杀死了我大蒙古帝国 499 名商人，我今天终于可以报仇雪恨了。"说完，成吉思汗便让人将烧熔化的银水灌入海尔汗的耳朵鼻子当中，让他在痛苦中慢慢死去，这个杀人凶手终于得到了应有的惩罚。

讹答剌城沦陷了，这让摩诃末忐忑不安起来。他原以为，讹答剌城支撑三年都不在话下，没有料到的是，只支撑了五个月，摩诃末认为自己人生最大的对手已经来到了自己的家门口。

兵贵神速，横扫锡尔河

术赤对锡尔河下游的花剌子模国的各个城市发动了猛烈的攻击，攻下了昔格纳黑城后对该城进行了屠城，起到了明显的效果。接下来，各座城市的百姓纷纷在第一时间选择了投降。术赤很快占领了额失纳思城、毡的城、羊吉干城。就这样，术赤顺利、快速地占领了位于锡尔河下游的所有城池。

当察合台和窝阔台对讹答剌城发动猛烈进攻时，术赤也开始对锡尔河下游的花剌子模国的各个根据点发动了猛烈的攻击。

术赤率领着蒙古大军所向披靡，势不可当，如入无人之境，径直抵达位于锡尔河畔下游的昔格纳黑城。

昔格纳黑城不大不小，只有两万多的百姓，平时是由一支千人的康里兵来把守。但是在全国紧急备战期间，摩诃末不太重视这座小城市，于是把驻守在这里的康里兵调遣到了别处。在这种情况下，城中只剩下一支人数很少的杂牌军。当术赤率领蒙古大军抵达昔格纳黑城时，这支军队被吓得立即溃败，纷纷逃窜。术赤见此，认为没有发动军事进攻的必要性，于是派了一个名叫哈散的使者前去谈判，希望和平解放这座城市。

哈散是一个虔诚的伊斯兰教教徒，还是一名优秀的商人。在成吉思汗发动统一蒙古草原的战争时，他就投靠了成吉思汗，并成为成吉思汗最信赖的伙伴之一。在哈散进城之前，术赤叮嘱他，就在城门下劝降即可，一旦有什么不好的情况发生，一定要立马逃回来。

哈散显然是没有把术赤的话放在心上，在他心目中，他和城内的百姓都是伊斯兰教教徒，都是同胞。因此，他认为城内的百姓一定会用掌声和鲜花来欢迎他。

哈散一进城便径直来到城中央的广场上，站在高处发表演讲。他说道："我也是花剌子模国的子民，我这次来，是来劝降的。为了生命安全和财产安全，你们赶紧投降吧。不然被真主知道了，后果会十分严重的。"

昔格纳黑城城中的百姓绝大多数都是无产平民，只有一条贱命，没有财产。在听完哈散的这句话后，他们咆哮地冲向了他，将他从高处扯了下来。大家你打一拳，我踩一脚，很快哈散就一命呜呼了。

这些人为了表达自己的爱国情操，还把哈散的头砍了下来，当球一般扔到了城外。术赤见此勃然大怒，对昔格纳黑城发动了猛烈的攻击，一连攻打了七天七夜，直到昔格纳黑城沦陷。

术赤进城后，先残忍地挖掉了杀死哈散的凶手的眼睛和鼻子，再砍掉其四肢，让其痛苦不堪地死去。很快，术赤又下达了屠城的命令，即便是小孩儿都没有放过。

术赤残忍地屠城起到了立竿见影的效果，在接下来向前推进的过程中，所经过的城池的百姓在第一时间都选择了归顺。这些直接放弃挣扎的城市大部分都居住着商人，他们拥有财富，比较爱惜自己的生命，不愿为图一个虚名而付出所有。

很快，术赤率领蒙古大军抵达了额失纳思城，这里很多百姓都是江湖中人，当时到中国的西域武林高手都出自这个地方。

术赤派使者前去劝降，这群武林高手便接待了这个使者。使者的话还没有说完，就被这些技艺超凡、能够飞檐走壁的人大卸八块。

术赤没想到这个时候还有这么自不量力的人，觉得他们这么做无异于以卵击石，于是他下达了屠城的命令。

武林高手单打独斗的能力很强，要是面对一支作战能力很强的军队时，便成了表演杂技的猴子。而且，他们守城经验严重匮乏，甚至有人建议把蒙古人都放进来，摆下一个擂台，来进行比武。因此，额失纳思城也不出意外地沦陷了。那些武林高手发现蒙古人不讲江湖道义，喜欢一哄而上，于是准备逃跑。但当时城内已经人山人海，因此他们没有如愿，全部被屠杀。

术赤攻下额失纳思城后，立马向毡的城推进。人人都认为，一场腥风血雨又要降临在毡的城上空。

术赤照例派出使者，使者对城内的百姓说："要么投降，我们还是好朋友。要么你们奋起抵抗，但我们最终肯定会攻破城池的。到了那个时候，发生什么只有真主知道。"

毡的城是锡尔河流域第二大城市，这里的百姓有着强烈的荣誉感，当他们发现术赤派来劝降的人是花剌子模人时暴跳如雷。他们对他破口大骂，骂他是叛徒，并想对他动手。这个使者急中生智，立马把昔格纳黑城以及几个主动投降的城池的结局进行了对比。由于对比太强烈，百姓立马安静了下来。使者趁机跑了出去，告诉术赤，城中并没有像样的军队，只有一群战争经验严重匮乏的百姓。

术赤率领蒙古大军很快就占领毡的城，攻下城池后，他只惩罚了几个得罪使者的人，放过了其他百姓。

当术赤在毡的城中庆祝战争的胜利时，他的一支梯队也攻下军事重镇羊吉干城。就这样，术赤顺利地占领了位于锡尔河下游的所有城池。

出其不意，攻占不花剌

成吉思汗和拖雷率领蒙古大军推进到不花剌城下，成吉思汗采取了“三面围截，网开一面”的战术。城内的敌兵想从成吉思汗留下的缺口中突围出去，没有料到却掉入了陷阱之中，蒙古士兵就这样出其不意地占领了不花剌城。

当窝阔台和察合台攻下讹答剌城时，成吉思汗和小儿子拖雷率领着另外一路大军，朝不花剌城推进。

不花剌城位于花剌子模国新首都撒马尔罕与旧都玉龙杰赤中间，它将这两大城市联系了起来，它还占据着至关重要的军事地位和文化地位，是当时中亚文明的汇集地。

对于不花剌城的防守，摩诃末自然不敢掉以轻心，派重兵把守。

不花剌城深入花剌子模国的腹地，所以，要想占领不花剌城，首先要攻下沿途的城镇。当蒙古大军要经过匝儿讷黑小城时，当地的百姓一个个心惊胆战，躲进了城堡内。

无奈之下，成吉思汗只好派一名伊斯兰教宗教领袖当使者前去劝降：“如果你们投降，我们就是好朋友，如果你们拒绝投降，那只能刀枪相见。”

这个小城的守军也只有仅仅一千多人，百姓们也明白他们根本不是蒙古人的对手。识时务者为俊杰，只要保住性命，谁来统治他们都一样。当然，也有一些人想要保家卫国，想杀掉这名使者。

这名宗教领袖是一个有勇有谋、有雄辩之才的人。他对大家说：“我不是一个蒙古人，但和你们一样，都是伊斯兰教人。我之所以要来劝你们，完全是从本族人的利益出发，是受命于真主，来救你们于水火之中。你们应该都知道成吉思汗每攻破一座城市，都会烧杀抢劫，将其洗劫一空。现在他们来这里是来报仇雪恨的。你们觉得这个小城能抵挡住蒙古大军吗？但我们小城的百姓与成吉思汗无冤无仇，与成吉思汗有仇的是那些贵族。我们为何要替那些贵族去拼命呢？蒙古人不可能一直待在这里，他们要的是让这里的人们臣服于他们，留着我们性命在，还怕不能东山再起吗？”

这位宗教领袖就这样给这些百姓讲了一堆大道理，直到大家都认为他说得有理才停下来。这些百姓虽然同意归顺成吉思汗，但担心成吉思汗出尔反尔。因为匝儿讷黑小城有一个人曾对蒙古军表示归顺，但最终还是遭到了杀害。这位宗教领袖再次动用他那三寸不烂之舌的功力，以他的性命作担保。话都说到这个份儿上了，百姓们也只好同意归顺，不再抵抗，纷纷出城献出礼物来欢迎成吉思汗，只有少数贵族因为吝啬自己的财产而躲了起来。成吉思汗也教训了他们一下，将那些躲着的贵族的房屋夷为平地。但他信守了承诺，没有杀城内的百姓，因此这个小城也被称为“忽都鲁——八里”（幸福城的意思）。

随后，成吉思汗从那些归顺的百姓中挑选了一些青壮年，让他们加入蒙古大军。这个时候，一个熟悉地形的突厥人出现了，帮了成吉思汗大忙，他给蒙古军当向导。这一路，蒙古大军所向披靡，几乎没有遭受到什么像样的抵抗，大部分城镇的百姓都选择了归顺。

在花剌子模国热心带路人的帮助下，拖雷率领大军抄近路来到了讷儿城。在接近讷儿城时，几座园林出现在蒙古大军面前。为了迷惑住城内的守军，蒙古大军先锋先命令士兵伐木做梯子，然后举着梯子缓慢前行。讷儿城的守军以为这是一些卖梯子的商人，就放松了警惕。这群商人来到城下时立马将梯子扔掉，包围了整个讷儿城。

拖雷派使者前去劝降，不出意料的是，城内也分成了两派：一派愿意投降，说不能牺牲自己的性命；另一派不愿意投降，说不能对不起摩诃末。最后，投降派占据了上风。他们提出了条件，那就是蒙古大军不能进城，但他们可以将粮草献出来以表感激之情。拖雷同意了他们的投降条件，并从这座城池绕过，继续向前推进。很快，成吉思汗也率领主力兵临城下，讷儿城的百姓热情地迎接了他们，成吉思汗问道：“我的前锋部队过去了，为何你们一点事情都没有？”

讷儿城的百姓说：“因为我们是一群识时务的人，并且先锋官答应我们会绕城而过，我们量自己之物力，讨大汗之欢心。”

成吉思汗听完十分欢心，也绕道而行，然后向不花剌城推进。

1220 年春天，成吉思汗的蒙古大军如同天降一般出现在花剌子模国的不花剌城下。

不花剌城由城堡、外城以及内城组成，是花剌子模国的宗教中心，内城里遍布大大小小的城堡，官员、教主、贵族以及富绅等都居住在里面。外城面积很大，共有 12 个城门，护城河有一人深。新都撒马尔罕位于其东面，古都玉龙杰赤位于其西面，它是连接新旧两个都城的纽带。当时驻守不花剌城的将士有两万多人，他们专心地守着它。

当成吉思汗的蒙古大军兵临不花剌城城下的消息传到撒马尔罕时，摩诃末如遭雷劈般险些从椅子上滚了下来。摩诃末怎么说也是一大国的君主，怎么会有这种举动呢？那是因为都城撒马尔罕已经没有什么兵力了，这个事情要从半个月前说起。

15 天前，锡尔河各个防线相继崩溃。摩诃末立马将撒马尔罕的一半兵力调了出来，对锡尔河进行支援。没过几天，一支蒙古大军出现在撒马尔罕东南方 600 里处的地方的消息传入了摩诃末的耳朵中，而这支蒙古大军由哲别统率，摩诃末只好又派另外一半兵力去防御。因此当成吉思汗的大军抵达不花剌城时，撒马尔罕的守兵只有两万多。

成吉思汗和哲别率领的蒙古大军对撒马尔罕的攻势形成了掎角之势，摩诃末只有脱离这个包围圈这一条路可以走，然后去召集军队。不过他依然认为像蒙古这种游牧民族不能打持久战，抢走足够的财富后一定会撤退的。而撒马尔罕和不花剌城城墙高大而坚固，必定能够坚持很长一段时间。于是，他带领 1000 名亲信，从撒马尔罕南下，撤退到位于阿富汗北部的巴尔克。在这里，他休整了一下后立马开始征调人马，同时关注着形势的发展。

目前形势的发展对摩诃末极为不利，成吉思汗抵达不花剌城时立马对其发动了猛烈的进攻，战争整整进行了七个昼夜。

当时不花剌城将领是哈迷的布尔，据说哈迷的布尔是蒙古人，是摩诃末的亲信。摩诃末既给他以高官厚禄，又让他带兵防守如此重要的城市，对他寄予了很大的期望。蒙古大军来势汹汹、喊声震天，吓得哈迷的布尔和士兵们快要窒息了。

很快，蒙古大军停止了进攻，并且还把在一面城门前与花剌子模军对峙的大军撤走了，哈迷的布尔的部将们纷纷要求趁这个机会逃走。

哈迷的布尔摇了摇头说："成吉思汗最狡猾了，这是他们所玩的阴谋诡计。"

一些部将萎靡不振地说道："哪怕是阴谋诡计，也比堵死在城里强，难道元帅还有什么更好的办法吗？"

哈迷的布尔再次摇摇头，当人心惶惶的时候，他也只能眼睁睁地看着他们离开。他勉强支撑了两天后，便率领 400 人放弃外城撤退到城内。另外一名名叫怯失力罕的将领趁自己的兵力还没有打光，也准备弃城而逃。

被哈迷的布尔猜中了，这正是成吉思汗的"三面围截，网开一面"的战术。当给黑暗中的人一丁点光亮时，他便会奋不顾身地冲过去，那么掉入陷阱中也是必然的。

怯失力罕率领大队人马，在清晨时分从成吉思汗留下的缺口逃走了。蒙古军没有料到这么多人一起逃走，被冲击得连连后退。幸好拖雷反应够快，立马率领一万骑兵奋起追击。怯失力罕无心恋战，冲阿姆河方向逃窜，拖雷的士兵在后面穷追不舍。这些突厥士兵斗志全无，只顾逃跑。蒙古士兵一路砍杀，将接近两万的敌军杀得片甲不留，鲜血染红了整个阿姆河。

就这样，成吉思汗在没有使用云梯和火器的情况下轻而易举地占领了不花剌城的外城。

攻破外城后的第二天凌晨，成吉思汗骑着一匹高头大马威风凛凛地走进了不花剌城。在不花剌城百姓的眼中，成吉思汗身材高大、身强力壮、精神抖擞……白发苍苍、神情专注、天赋异常，有着令人心生畏惧的攻击力。

当地的学者、能人、伊斯兰教宗教长老们用掌声和鲜花欢迎成吉思汗的到来。

不花剌城既不是都城，也不是主要的商业城市，但在整个伊斯兰教的人心目中，它有着至高无上的宗教地位，是教徒心目中"高贵的布哈拉"，因其具有"为所有的伊斯兰教徒带来荣耀和欢愉"的称号而声名远扬，是伊斯兰教的圣地。对于这一点，成吉思汗是明白的。

成吉思汗威风凛凛地骑着马从城门穿过，来到外城中心，进入一座高大的用砖石堆砌而成的建筑内，并接见了城中一些重要的人物。

成吉思汗问道："这座宫殿是你们摩诃末算端所居住的地方吗？"

长老回答："这个宫殿比国王的宫殿高大，但没有国王宫殿雍容华贵。这里是真主的府邸，是清真寺。"

成吉思汗看了看四周，心想："我为何之前要毁掉那些建筑呢？我觉得住在这些建筑里面比住在草原的营帐里要安全不少。"

成吉思汗并不是伊斯兰教的教徒，这里成了他蒙古士兵饮酒作乐的地方。对此，当地的宗教首领只能默默接受。他们认为，不花剌城沦陷是天意，清真寺遭到践踏同样是天意，因此他们只能一声不吭地去接受。

成吉思汗对当地的富绅说："我们的马已经将粮草吃完了，你们现在去打开粮仓，把粮食拿出来喂我们的马。"然后，他让人将装有伊斯兰教书籍的箱子倒空，把箱子拿来当马槽。

成吉思汗虽然是萨满教教徒，但并没有有意践踏伊斯兰教。事实上，他尊重任何一种文化、任何一种信仰。

这个时候，当成吉思汗听说城内哈迷的布尔还在负隅抵抗时便马上摆好了抛石机和弓弩，当着整个不花剌城百姓面，为他们送上了最后的"午餐"。哈迷的布尔和他那 400 名亲兵被压在了土墙之下。很快，成吉思汗命令拖雷和速不台率领大军将内城夷为平地，任凭士兵恣意妄为。根据史书记载：内城中比鞭子高的花剌子模国的男子通通都被杀死了，共有两万多人，而他们的妻子子女则沦为了奴隶。

此时，整个不花剌城已经完全沦陷了，成吉思汗将外城剩下的百姓召集在广场上。他与儿子拖雷一起登上祭坛，训诫百姓道："不花剌的百姓应该明白，你们罪孽深重，你们的宗教教主、大臣以及贵族老爷们儿都罪孽深重，你们的首领摩诃末更是罪大恶极，我是代表上天来惩罚你们的，你们要老老实实地接受我的惩罚。"

那些穆斯林的长老目瞪口呆，魂飞魄散，生怕这个野蛮人马鞭一挥，他们的脑袋就要搬家，但成吉思汗并没有这样去做。一个小时后，成吉思汗便离开了不花剌城。

在离开前，成吉思汗对这座城市的百姓采取了心理攻势：只要他们交出财宝，一律免死，不花剌城的百姓不敢违背他的旨意。因此，清真寺大厅中的财宝堆积如山。成吉思汗十分开心，但依然不太习惯住在城堡里面。最终，他回到了营帐里，和忽兰皇后一起饮酒庆祝。等财宝都搬出后，他便下令放火烧了这座城市，只留下那座供后人瞻仰的清真寺。

当蒙古大军离开时，地上遍布已经被马蹄踩烂的《古兰经》。一位著名的学者见到这一场景后，对一个富绅愤怒地说道："这真是一群强盗。"

富绅立马使了个眼色，低声细语地说："不要说话，这是真主吹过来的愤怒之风，而我们这些被风吹散的稻草，已经没有发言的机会了。"

一个劫后余生的不花剌百姓是如此评价不花剌城的命运的："这群蒙古人来到这里，在这里搞破坏，然后展开杀戮，抢走财宝，烧毁这座城市，最后离去。而成吉思汗还说，他是上帝的鞭子，而我们是罪人。"

经过几年治理和修缮，历经战火洗涤的不花剌城才逐渐恢复往日的繁荣面貌。

步步为营，忽毡城之战

阿剌黑奉命去攻打忽毡城，他的对手是骁勇善战、智勇双全的花剌子模的民族英雄帖木尔灭里。阿剌黑先攻下了忽毡城的外城，然后想方设法地与帖木尔灭里周旋，步步为营，最终逼走了帖木尔灭里，赢得了正面进攻的胜利。

攻下不花剌城后，撒马尔罕、玉龙杰赤便是成吉思汗下一个目标。摩诃末终于意识到成吉思汗是一只不能招惹的猛虎，但现在明白已经迟了。他开始有些忐忑不安起来，只能到处召集各处的精兵，坚守撒马尔罕、玉龙杰赤两座城市。

蒙古大军正面攻击最艰难的战斗发生在第三路大军，这路大军的统领是阿剌黑，只有5000士兵。成吉思汗最初的想法是，用这5000人发动正面攻击足够，因为沿途并没有什么固若金汤的城市。但阿剌黑不太走运，虽然没有遭遇什么坚固高大的城池，但却遭遇了花剌子模国有勇有谋的民族英雄帖木尔灭里。

事实上，一开始的时候，阿剌黑就不太走运。当阿剌黑率领大军抵达别纳客忒时，照例先派出使者前去劝降。但很不幸的是，使者被城内守将杀死，脑袋被砍后扔了出来。阿剌黑勃然大怒，他正准备对该城发动猛烈进攻时突然发现敌人的城门打开了，他们竟然与野战冠军打起了野战。最终，阿剌黑击退了敌人，但也向后撤退了几十里。他得知该城的守将是曾立下赫赫战功的名将，而守军是花剌子模帝国的一支精锐部队。阿剌黑告诉自己这次一定要小心谨慎。

等战斗进行到第四天，别纳客忒的守将发现几百人根本无法守住城池。更倒霉的是，这名守将面部中箭了，当场身亡。在一片混乱之中，百姓将城门打开。阿剌黑让士兵和百姓各站一排，所有的士兵都被杀死了。阿剌黑还强招了百姓中的工匠，让他们加入炮工部队，年轻人则充当“哈沙儿”。

“哈沙儿”是蒙古军中一项没人性、残忍的军事制度，由战败国家的子民组成，他们的主要工作就是充当人肉盾牌。阿剌黑将别纳客忒洗劫一空后立马向西北方向的忽毡城推进。

阿剌黑、塔海以及速客秃率领蒙古大军顺着拔汗那河谷，沿着锡尔河而下，讨伐忽毡。

忽毡的百姓一听说蒙古大军马上要抵达了，不是躲进城堡内，就是逃走了，而他的对手帖木尔灭里则等候多时。他是花剌子模国一员少有的虎将，他一表人才、智勇双全、十分爱国。民间曾经有这样的传说——就算鲁斯坦（当地赫赫有名的英雄）再世，也只能给他当马夫。

当蒙古大军攻打花剌子模国时，帖木尔灭里就不断地搜集情报，他不禁感叹道：“蒙古人果然有勇有谋，能够与这样的军队作战真是三生有幸。”他的部将们被感动得一塌糊涂，个个满腔义愤，他们发誓要与敌人战斗到最后一刻，与忽毡城共存亡。

帖木尔灭里先把城内的百姓全迁到内城，然后率领着士兵日夜不停修筑城堡。最终，在锡尔河中间河水分流处，一座高大而坚固的城堡建成。城堡在高处，蒙古人的弓弩和抛石机没有那么远的射程，就失去了作用，骑兵也难以渡河成功，蒙古大军只能望着河水叹息。相反地，城堡中的投石器和弓弩却可以发挥极其重要的作用。阿剌黑的前锋部队顿时损失惨重，他的士兵也不多，并且充当炮灰的

“哈沙儿”也少。在无计可施的情况下，他只好先清除外围的敌人，而外围的守军只有几千人。蒙古士兵一到，吓跑了一些胆小的人，剩下的人也完全不是蒙古军的对手。阿剌黑仅仅花一天的时间便击败了敌人。

速客秃见敌军的将领中有一人左突右突，十分骁勇，便追杀了过去。双方展开了肉搏战，砍杀了一段时间后，胜负难分。看到这种情况后，塔海前去助战。速客秃和塔海两人联手，又大战 20 多个回合，还是没有击败对方。

这个时候，那人喊道：“一直都听说蒙古士兵个个骁勇，我看也不过如此。如果你们是一些真有本事之人，就到我的城堡上去战斗。”说完，他大笑着离开。这时，速客秃才意识到此人便是守将帖木尔灭里。等他想起要去追的时候，帖木尔灭里已经弃马上船，上了城堡。

在外城，蒙古军再也没有遭受像样的抵抗，但接下来，他们该如何解决帖木尔灭里的城堡呢？阿剌黑、速客秃、塔海都曾立下无数战功，但却奈何不了眼前的一个小小城堡。他们该如何向成吉思汗交代呢？三人望着锡尔河一筹莫展。突然，速客秃计上心来。忽毡不是凭借它那有利地势而顽强抵抗吗？那他们把这条河填平了不就可以了吗？

于是，阿剌黑向成吉思汗请求救援，成吉思汗见此只好将察合台和窝阔台的部队派去支援。现在阿剌黑得到了两万援军以及从讹答剌城而来的一万“哈沙儿”。

阿剌黑将这些“哈沙儿”编成十人一小组，一百人一大组，这一万个“哈沙儿”被蒙古军用武器驱赶着去搬运石头来填平锡尔河边的浅滩。

帖木尔灭里不愧是智勇双全的花剌子模名将，面对蒙古人疯狂地填河，他早就想好了应对之策。他在城堡中召集了一批工匠，让他们抓紧时间制造出了几十艘大船。船身坚固而狭长，覆盖上湿毯，既可以防撞，还能够防火，船上还设置有窥视孔，可以作放箭和窥视之用。

当太阳升起的时候，帖木尔灭里派人乘坐着船只巡视，射击填河之人。蒙古人见状进行回击，下令弓箭手射击，但箭镞大多时候都落在船体上，对对方没有杀伤力。

帖木尔灭里还下令搬走被蒙古人填入河中的石头，于是出现了这样一种有趣的场景：夜晚，蒙古人的“哈沙儿”努力地往河里填石头，次日早晨，帖木尔灭里的战船又清除了石头。阿剌黑气得直跺脚，更让他生气的是，帖木尔灭里趁“哈沙儿”搬运石头时还发动了几次突然袭击，导致蒙古军时时刻刻紧绷着一根神经。

为了打破这种僵局，蒙古军又运来了石炮，但石炮也远在射程之外。很快，成吉思汗派术赤的大军前来支援。这些蒙古大军将忽毡城围得密不透风，帖木尔灭里现在是插翅难飞，成为他们碗里煮熟的鸭子。

帖木尔灭里低估了蒙古人的耐性，原以为他们几个月后就会离开，没想到是不活捉他决不罢休。忽毡城内虽然有大量的粮食物资，但毕竟是一座无人援助的孤城，再这么下去也是死路一条。

一天晚上，帖木尔灭里正在苦苦思索退路。突然，雷声大作，暴雨倾盆而下。他的心头立刻涌出这样的一个念头：这暴雨之后，河水一定会上涨，那么他就有逃离这里的机会了。

次日三更时分，暴雨依然哗啦啦地下着，帖木尔灭里决定率领 70 艘船冒着大雨突围。他将伤员和武器粮草等都转移到船上，自己则率领一队勇士登上了一艘大船，点起火把，顺着湍急的河水而下。

蒙古军发现他们要逃跑，由于他们没有船只，只得骑着马顺着河岸追赶。每当有大批的蒙古士兵追赶上来时，帖木尔灭里就通过船上的窥视孔射击他们，并且保证箭不虚发。

这是蒙古军自从诞生以来打的第一场如此狼狈不堪的战争，沿岸两万多的蒙古士兵目送自己的敌人离开这里，去了别纳客忒城。

术赤又下令快骑赶到下游，以铁链为索，结舟为梁，并配以石炮。没有想到的是，帖木尔灭里比他略胜一筹，在蒙古军设置埋伏之前的一个地点弃船上岸，冲向荒野地带。他让自己的亲兵先走，自己负责断后。蒙古军得知他上岸后大喜过望，因为他们蒙古军最擅长的便是陆地战。

术赤率领士兵穷追不舍。面对不计其数的蒙古军，帖木尔灭里十分淡定。他骁勇善战、左突右突，让蒙古士兵无法接近他。但毕竟他的士兵人数太少，因此在这场消耗战中，他最后只剩下三支箭，据说其中的一支还是没有箭镞的箭。就在他仰天长啸“天要亡我也”时，三个蒙古士兵悄悄地接近了他。他用那支断箭射中了一个人的眼睛，然后对另外两个人说道：“我还剩下两支最好的箭，但我舍不得用。识相的就赶紧回去，免得浪费了我的箭，要了你们的命。”

两个蒙古士兵围着他转了好几圈，都因为害怕他的箭法而不敢上前。最后，他们眼睁睁地看着帖木尔灭里消失在他们面前。

帖木尔灭里逃走了，就如同放虎归山，他的英雄故事还在继续着。他逃到玉龙杰赤后卷土重来，继续率领士兵抗击蒙古大军。由于他的顽强抵抗，使蒙古大军攻打小小的忽毡城变成了一场苦战，这对占领无数城堡的蒙古士兵来说是很少遇到的。

帖木尔灭里丢下了忽毡城，意味着阿剌黑已经成功地完成了成吉思汗的任务。蒙古大军现在已经突破了整个锡尔河防线，从而进入河内。现在，摆在他们每个人面前的任务就是攻打花模子国新旧都。

集结全军，攻克新都撒马尔罕

成吉思汗集结蒙古大军，对花剌子模国的新都撒马尔罕发动进攻。脱该汗积极应战，发动了几次小规模的进攻和一次大象战，最终都被蒙古军打败。撒马尔罕被烧成了废墟，这标志着花剌子模国的沦陷。

到了1220年，成吉思汗率领蒙古大军在花剌子模国烧杀抢劫、无恶不作长达一年之久。按理说，大仇已报，但他根本没有想要退兵。他让忽兰皇后带着一部分人回到兴都库什山北麓，为大军准备一个休养整顿的地方，而他自己则集结所有的大军向花剌子模国的新都撒马尔罕推进。

撒马尔罕地处阿姆河上，这里沃野千里，环城数十里均是园林，家家都有园林。园林里遍布飞泉池水，巧夺天工，连中国的苏州园林都无法与其媲美。从8世纪以来，这座城市便以造纸业闻名于世。撒马尔罕三面环山，一面是平原，有着无比深的护城河河水。摩诃末自己不敢掉以轻心，在城外设置了不少外堡防线，说它是花剌子模国的铁墙铜壁也不为过。古老的城墙高大而坚固，即便是鸟儿想飞过去也有一定的难度。城门由钢铁锻造而成，城墙上三步一岗，五步一哨，还有数不胜数的炮楼和碉堡保护着这座城市。

在不花剌城沦陷后，摩诃末立马为撒马尔罕调来了五万大食军和六万突厥军，又在都城四周建起了不少外垒防线，进一步加高了城墙，在墙下挖濠蓄水，还别具匠心地组建起了一支大象军。这支大象军由20多头身披铁甲的战象组成，充当前锋，用来阻挡蒙古人的骑兵。为了打持久战，这座城市还储备了足够50万百姓一年的口粮。可以这样说，这是花剌子模国固若金汤的政治、文化、经济、宗教中心。

成吉思汗率领大军抵达撒马尔罕城墙下时便对这座伟大的城池发出由衷的赞美，他对众多部将说："一路上，我大军所向披靡，看来长生天是认同我西征的。现在我们马上要攻打花剌子模国的都城了。摩诃末现在应该瑟瑟发抖了吧！"

哲别回答道："那个坐立不安的摩诃末已经逃到了境外，不过一直为这座城市招兵买马，外加布阵。"

成吉思汗听说后立马分出一半的兵力去缉拿摩诃末，他细细地观察了一番撒马尔罕的外围防御——那还没来得及完成的高墙以及深不见底的护城河。

“你们觉得这座城池怎么样？”成吉思汗问部将。

“高大而壮观，住在里面应该相当舒坦。”

“那就认真看看它。”成吉思汗语气冰冷地说道。

“大汗为何这样说？”

“因为我很快会让它从人间蒸发。”

当成吉思汗全神贯注地审视撒马尔罕时，撒马尔罕的统领脱该汗也在城墙上方认真审视成吉思汗。最后，脱该汗认为，城墙下方的这个老头儿传奇色彩过于浓重。

脱该汗是一个天赋异常、自命不凡之人。成吉思汗观察完撒马尔罕的城墙后，就将从不花剌带来的“哈沙儿”拉进战场，让他们充当蒙古士兵，以此来迷惑脱该汗，让他误认为蒙古士兵的人数“超过沙粒和雨滴”。

不过，脱该汗却不这样认为。就在蒙古大军对撒马尔罕进行围攻的那天夜里，脱该汗派出了一支千人敢死队，悄悄地打开城门，对蒙古大军发动了突然袭击，但仅仅给蒙古大军带来了暂时性的恐慌。很快，这支训练有素的军队就恢复了平静，抵住了他们的猛烈进攻，然后进行反攻，最终将他们全部消灭。

很快，脱该汗又给蒙古大军准备了一个小惊吓。次日中午，西门又悄悄地打开了。一只手举长矛、大刀的军队如同潮水一般地涌出城外，这是撒马尔罕百姓自发组成的志愿军。在脱该汗的指示下，他们进行了这场如同儿戏般的突围。

成吉思汗立马下令前锋部队向后撤。撒马尔罕的志愿军见如此顺利便忘乎所以，对向后撤退的蒙古军乘胜追击。他们追了十几里后便中了蒙古人的埋伏，最终全军覆没，只有几个受到了安拉眷顾的人逃回了城中。

第一时间，脱该汗对他们进行了慰问。当几个人说出了蒙古军的战斗力时，脱该汗心如死灰。

脱该汗手下部将说：“我们还是死守吧。”

穆斯林宗教首领们则有不一样的意见：“我们还是投降吧。”

脱该汗白了穆斯林宗教首领们一眼，说道：“投降，投降有什么用，不一样被杀。”

脱该汗又对部将说：“最好的防守便是进攻，明天我们再与这群野蛮人好好过过招，伟大的算端摩诃末的援兵马上就要到来了。他将带着信心和千军万马来到城下，杀光所有的蒙古人，如同宰杀牲口般。”

这个希望是美好的，但终究只是希望而已，如果摩诃末真的有信心的话，就会与他们一起坚守撒马尔罕城。事实上，当锡尔河防线被蒙古军突破时，摩诃末的信心便消失殆尽，只剩下无限的悲伤。

大家清晰地记得，对撒马尔罕城墙进行加固时，摩诃末从壕沟旁走过，魂不守舍地说道：“安拉真的不准备保佑我了吗？难道我真的犯下了一个天大的错误了吗？这群野蛮人，如果他们一人扔一条鞭子，就能填平壕沟，根本不用花力气去填平壕沟。”

众多士兵听了摩诃末的这句话后万分沮丧，士气顿时一落千丈。他们说道：“算端陛下如此恐惧蒙古军，即使我们再骁勇善战，想要取胜也是很难。”

当摩诃末准备逃出撒马尔罕时，不少人都请求他留下来。他无精打采地说道：“你们自己想一下怎么活命吧。”

脱该汗应该还能清楚地记得，在那段时间里，摩诃末整天失魂落魄的，遇到谁就问：可有免除这场灾难的办法？

一想到这里，脱该汗就绝望了，但他不能在部将和那群穆斯林长老面前表现出来。他把所有的希望就寄托在次日的主动进攻上，准备发动一次猛烈的进攻。

第二天，天空露出了鱼肚白，激烈的攻城战就要开始了。成吉思汗亲自上阵，指挥战争，而脱该汗进行着防守。蒙古士兵利用抛石机将巨大的石头朝敌人城墙抛了过去，脱该汗也不甘示弱，用弓箭和矢石进行了回击，战斗的呐喊声响彻整个天空。

当蒙古大军的攻势越来越猛烈时，脱该汗下令将城门打开。20多头全副武装的大象从里面冲了出来，紧跟其后的是花刺子模国的步兵。

20多头大象身披战甲，象牙上缚有锋利的钢刀，那不再是可爱的大象了，而是杀人巨兽。

蒙古的“哈沙儿”一见，掉头就跑。因为蒙古士兵根本没有防备，军队很快被大象冲散了，乱成了一团。不少士兵还被大象踩死了，骑兵也吓得连连后退。

这个时候，术赤突然想起攻打屈出律时他们曾经用红绸布逼退大象的计谋。次日，他命令士兵在城外堆积木材，并在上面浇上桐油，然后准备了几十个火把。当战斗再次开始时，城门再次打开，大象战队轰隆隆地走了出来。术赤立马点了火，大象见此后掉头就跑。

脱该汗急中生智下令士兵关上了城门，不管城门外的士兵和大象的死活。他暗自下决心，再也不出城门打仗了。

穆斯林的长老们又出现在脱该汗面前，劝他不要作无谓的挣扎，赶紧投降，保住城内百姓的性命，保全寺院，保全整个伊斯兰教。

脱该汗觉得自己已经尽力了，并且再也想不出什么办法来对付这支狼虎之师，面对穆斯林长老们的殷切询问，过了好久，他才缓缓说道："投降这种事情，我一个大汗，怎么能带头呢？"

穆斯林的长老们听完欢天喜地起来，次日就打开了城门，欢迎成吉思汗入城，表达了归顺之心，并恳求成吉思汗饶过全城的百姓。成吉思汗一脸的微笑，说道："你们能自己做主吗？城内还有一些人在反抗呢。"

穆斯林的长老们又马上奔回城内，将脱该汗说服。脱该汗带领着自己的部将来到了成吉思汗面前，向成吉思汗承认错误，请求他饶过士兵们的性命，成吉思汗答应了。

也有很少一部分守军不愿意相信成吉思汗，于是退守到内城，准备以死殉国。

成吉思汗很快占领了撒马尔罕。从第一次发动进攻到完全占领，只花了10天。撒马尔罕的百姓用鲜花和掌声欢迎了这些蒙古人。

成吉思汗马上对这座城市进行了改造，先撤除了城墙，将撒马尔罕的百姓和愿意投降的士兵轰到城外，然后对城内洗劫一空。他还将20多头战象驱赶到没有草的地方，活活将它们饿死。第二天早上，撒马尔罕最英勇善战的两万多士兵就惨遭屠杀。

与他们相比，撒马尔罕内城的将士们就英勇悲壮不少。当蒙古大军在外城烧杀抢劫时，他们发动了突然袭击，将抢劫队伍杀了个措手不及。很快，蒙古军站稳了脚跟，凭借着人数上的优势，将其逼回内城。

蒙古大军将内城围得密不透风，双方都用箭雨、大石伺候对方。直到夜幕降临，内城才被攻打了下来。1000多名勇士后退到清真寺，顽强抵抗，宁死不屈。最后，成吉思汗下令蒙古兵向他们喷射石油，然后点火，将他们活活烧死在清真寺内。

战争过后，横尸遍野，浓烟滚滚，废墟随处可见。撒马尔罕用了一个世纪时间才建成这般，而成吉思汗却用10天将其变成一座废墟。

根据史料记载，城中有10万多户（约40万人），国破以来，幸存者只有原来的四分之一。换而言之，也就是说在这场战争中，有30万人被杀。

部分妇女儿童被送到了蒙古草原，包括驯象师在内的三万名工匠被分给了几个皇子和众多部将。

将战后安置工作安排妥当后，成吉思汗便返回到兴都库什山北麓，在这个风景优美的地方和忽兰皇后度过了夏天和秋天。

紧追不舍，摩诃末的逃跑

成吉思汗在攻下花剌子模国的新都撒马尔罕后，立即派出大将哲别和速不台对摩诃末穷追不舍。摩诃末逃到哪里，哲别和速不台的大军就跟到哪里。最终摩诃末躲到里海的一个荒无人烟的小岛上，无比凄凉地结束了自己的一生。

摩诃末始终都想不明白，成吉思汗的蒙古大军为何这样强大，强大到有时候他真的认为,成吉思汗就是安拉派来的鞭子。但他已经没有时间去思考这个问题，他现在将所有的精力都用在了逃亡上面，在他看来，哪里都不安全。

这个时候，成吉思汗派速不台和哲别来追击他。临出发前，成吉思汗严肃地嘱咐他们："不捉拿到摩诃末，就不要回来。哪怕他逃到天涯海角，也要将他追回来。剩下的城市,愿意归顺的就赦免他们,不愿意归顺的,就消灭他们。"哲别、速不台接受命令后日夜兼程地朝摩诃末逃跑的方向追击。

逃亡到巴尔克的摩诃末听说成吉思汗的大兵追来了，马上和儿子札兰丁商量该逃亡到哪里。札兰丁说："现在大势已去，我们一定要尽最大的努力保住呼罗珊和伊拉克地区。我们现在将各城的驻军召回，以阿姆河为城壕，与蒙古军决战到底，要不直接退到忻都（今印度）。"

伊拉克的首领们请摩诃末去他们那里召集士兵，以图东山再起。摩诃末刚好也有这种打算，只有儿子札兰丁表示反对，他说："我认为现在最好的办法便是将呼罗珊的驻军集结起来，对蒙古大军展开猛烈的攻击，我觉得这是可以办到的。如果父亲大人执意要去伊拉克，那么请把国内军队的指挥权交给我，让我来给蒙古人最后一击，我不想留下骂名。"

摩诃末没想到自己的儿子有如此大的骨气，但他又清醒地意识到，他们没有抵抗蒙古大军的能力。他怒斥札兰丁道："你小小年纪知道什么，吉凶之势乃天下注定，岂是你所能改变得了的！真是不知天高地厚。"于是，他下令全军继续向西撤退。

一路上，摩诃末的亲兵目睹首领的懦弱无能，于是准备废了这位算端陛下。他们并不想当亡国奴，更不想当逃兵。而摩诃末事前得到了亲兵要叛变的消息，悄悄地从自己的帐篷里跑了出来，去了另外一个帐篷中休息。次日早晨，他醒来的时候发现原来睡觉的帐篷上布满了密密麻麻的箭。当他重新出现在亲兵面前时，大家都错愕万分，以为安拉在保佑他。从此以后，大家不再有反叛之心，一心一意跟摩诃末逃跑。

摩诃末用一招暂时制服了亲信想要叛变的心，他率领着他们逃到你沙不儿（今伊朗境内）。

哲别和速不台率领大军奉成吉思汗的命令对摩诃末穷追不舍。当蒙古大军逼近你沙不儿的消息传到摩诃末的耳朵中时，他先给还在玉龙杰赤的母亲秃儿罕送了一封信，让她带领亲人赶紧离开玉龙杰赤。然后，他下令不设防的乡间、城镇迁入设防的大城，同时命令各城的指挥官坚守城门，等他从伊拉克搬来救兵。

但这次花剌子模国的人没有把摩诃末的命令当回事，那些百姓不愿意背井离乡，因此蒙古军每到一城，都会得到不计其数的粮草和财物。各地的守军也不愿意冒着生命危险去与强大的蒙古军作战，纷纷投降。

摩诃末很快就逃出了你沙不儿城，逃到可疾云，在那里，他的一个部将集结了三万士兵正等候他的来临。他与部将们商量了一番，有人建议躲到山里去，对此，摩诃末也表示赞同。他不想再四处奔跑了，太累了。他很快就巡视了一遍周围的山，回来垂头丧气地说道："附近没有山可供躲藏，再说，如果敌人放火烧山，那就是死路一条。"

摩诃末最后给出了自己的意见，那就是坚守可疾云。他的将士翻了一个白眼，如果他真有心守城，为何要跑这么远？

事实也是如此，当速不台和哲别率领蒙古大军抵达你沙不儿时，摩诃末开始坐立不安起来，逢人便问逃到哪个地方较为合适。

哲别、速不台的大军在途中并没有遭受什么像样的抵抗，沿途的大多数城池都选择了投降。哲别和速不台并未屠城，只征收了少许的粮食后便离开了，因为两人都有任务在身。如果遇到那些顽强抵抗的城市，两人还是率领蒙古大军对他们举起了屠刀。

这一路上，只有徒思城（今伊朗马什哈德北）那么做，哲别让城内百姓提供一些粮草，但城内百姓死活不开城门。哲别懒得和他们计较，准备绕道走。但徒思城的百姓居然望着蒙古大军背影在城墙上方敲锣打鼓，对蒙古军破口大骂。当然他们中一些懂得蒙古语的人直接用蒙古语大骂。蒙古军勃然大怒，立马掉转方向对徒思城发动了猛烈的进攻。三天后，徒思城便沦陷了，哲别对该城的居民进行了无情的屠杀。

1220 年 6 月，速不台和哲别率领蒙古大军来到你沙不儿城下。你沙不儿城热烈欢迎蒙古军的到来，并提供粮草和马匹，还主动说出了摩诃末的逃跑方向，并帮蒙古军分析他最有可能的逃亡地点。

于是，哲别和速不台兵分两路对花剌子模国进行扫荡，两人率领各自的大军最终在剌夷城（今伊朗德黑兰南）会合。由于剌夷城不愿意投降，哲别和速不台对其发动了猛烈的进攻，一连攻打了五天，最终攻下了剌夷城。剌夷城一沦陷，可疾云就相当于门户大开，失去了军事基地的意义。当消息传到摩诃末的耳中时，他大为震惊："难道安拉就不爱他的孩子了吗？你为何让蒙古人在你所保护的土地上百战百胜呢？"

剌夷城的失陷让摩诃末军队的士气低到极点，将士们纷纷做鸟兽状逃走，刚刚聚集起来的士兵一哄而散，逃走了一半。

摩诃末只好带着儿子札兰丁和亲信逃到了哈伦堡。在这里，哲别和速不台追上了这位一直在逃跑路上的国王，双方立马展开了战斗。摩诃末的亲信紧紧拖住了蒙古人，摩诃末立马逮住机会逃跑。一个蒙古人见到摩诃末正准备逃走便射出了一箭，但这一箭并没有射中摩诃末，而是射中了他的坐骑。这对摩诃末的逃跑速度没有丝毫影响，他的鞭子飞扬，猛地抽向了自己的坐骑，很快就逃离了战场。

哲别和速不台的蒙古大军阴魂不散，摩诃末在哈伦堡停留了一日便继续往前逃，不过这个时候，他多了一个心眼。他让人散布他要向达城逃亡的消息，去向哈里发赔罪，让哈里发在伊斯兰教的世界发动圣战，但事实上他却逃向了卡兹文山区。哲别和速不台朝达城方向追击了两天，没有一丁点关于摩诃末的消息，意识到自己受骗了，于是折回进入了卡兹文山区。

听到风声之后，摩诃末立马逃出了卡兹文山区，乘坐船只逃到里海的一座小岛上，在当地的清真寺里虔诚地祈祷了几天。到了这个时候，跟随他的将士有的死了，有的逃走了。最后，他的身边只剩下几个儿子和一部分贴身侍卫。他们一路狂逃，经常会饿肚子，只能自力更生。

到了此时，摩诃末有些许的放心，因为蒙古人追不到这个地方来。但一想到从一个大帝国国王沦落到这种地步，他心情有些不好。不久，他生起病来。他经常朝着陆地的方向感叹："我征服的国家那么多，拓展的土地不计其数，没想到到最后连一块墓地都没有。"

蒙古大军抓走了他的母亲秃儿罕和亲族，当这个消息传到摩诃末耳中时，他泪流满面，哽咽地发誓："待我复兴之日，一定要遵照正义之礼，报仇雪恨。"他悲愤交加，神经错乱，经常胡言乱语，由于没有药品，环境又差，他的身体每况愈下。后来，当他听说宠妃被送到成吉思汗的营帐中、昔日的皇宫已经被烧成废墟时，他彻底崩溃了。在感觉生命已经走到尽头之际，他叫来了儿子札兰丁和贴身侍卫，对他们说："现在只有札兰丁能够挽救国家了。只有他不怕蒙古人，甚至还要找蒙古军拼命。现在我发誓，一旦札兰丁击退了蒙古军，安拉再次赋予我旧日的权力和威望，我一定在国内施行仁政。”

说完，摩诃末取下象征权力的佩剑，亲自给儿子札兰丁挂在腰间，说道：“现在，你就是花剌子模国的算端了，去完成你的使命吧。”

札兰丁看着气息奄奄的父亲，流下了悲伤的眼泪：“蒙古军在我国领土上肆意妄为，我军节节败退。在国家危难之际，我接受父王的任命，管理花剌子模国，统领军队。即使如此，我也要成为这黑暗中的一道闪光，发出最大的光亮，我现在要将所有的勇士召集起来，共赴国难。”

摩诃末听完流下了眼泪，有气无力地挥挥手，说道：“去吧，去上战场吧，让蒙古人见识真正的花剌子模的勇士。”

札兰丁恋恋不舍地离开这座荒凉的岛屿，没承想这次分开竟成了永别。

1220 年 12 月，在病痛和精神的双重折磨下，摩诃末死在这座荒无人烟的小岛上，他的尸体被岛上仅剩下的三人草草地下葬。他死后，身上的衣服破烂不堪，还是一位侍卫拿出自己收藏的衣衫装殓了这位曾经不可一世的国王。

据说，在摩诃末临死前，撒马尔罕的上空响起了震天动地的雷声。成吉思汗急忙咨询耶律楚材，耶律楚材掐指一算，说道：“这是吉兆，摩诃末马上要死了。”

当父亲去世的消息传到札兰丁的耳中时，他正在玉龙杰赤召集勇士，准备和蒙古人抗争到底。他当着所有士兵放声大哭，哭得撕心裂肺，整个军队都被这种情绪所感染着，他们发誓要与敌人抗争到底。

乘胜追击，玉龙杰赤攻防战

在攻下花剌子模国的新都撒马尔罕后，成吉思汗把目标对准了它的旧都玉龙杰赤。他派自己的三个儿子术赤、察合台以及窝阔台对玉龙杰赤发动了猛烈的进攻。玉龙杰赤的士兵和百姓们与蒙古军抗争到底，最终因为寡不敌众而惨遭屠杀，一座名城就这样灰飞烟灭了。

摩诃末无比凄凉地死在了小岛上，花剌子模的贵族认为新算端札兰丁一定会带领他们收服祖国的山河。当然，札兰丁也的确在蓄积力量，以图东山再起。

1220 年冬天，成吉思汗从兴都库什山返回，他决定攻打玉龙杰赤。

玉龙杰赤是花剌子模国的旧都，横跨阿姆河，中间以桥梁相通。志费尼曾经夸赞它：“世界众多国王的宝座所在，人类诸名人的驻地；它的四角供当代的伟人作歇肩之用，它的领域是容纳现代奇珍的府库……你期望的一切，精神的和物质的，都在其中。”

蒙古大军在攻下撒马尔罕之后,又攻下了花剌子模国诸州和边疆诸城。最终，玉龙杰赤已经成为一座孤城，蒙古大军已经将其围得密不透风，玉龙杰赤就如同“绳子被割断后倒塌下来的帐幕般地暴露在中央”。

摩诃末的母亲秃儿罕离开玉龙杰赤时并没有任命该城的统领，城内的突厥、康里军队一共有九万人，一时间群龙无首。1220 年夏天，那位让蒙古人狼狈不堪的花剌子模国的民族英雄帖木尔灭里来到了玉龙杰赤。他重新整顿了军队，并率领士兵对被术赤占领的养吉干城发动了主动进攻，杀死了蒙古驻守的官员。很快，全国范围内掀起了一阵诛杀蒙古官员的风潮。

1221 年初，札兰丁来到了玉龙杰赤，他做了一场豪情壮志的演讲。全城的百姓欣喜若狂，认为他们马上就能见到曙光，取得抗击蒙古军的胜利，但军队的想法却不是这样的。

玉龙杰赤的将领们并不待见这位新国王，因为札兰丁是一个有个性、刚正无私之人。并且他们原本是秃儿罕的部下，而札兰丁是摩诃末的人，秃儿罕和儿子摩诃末长期不和，自然而然，他们对摩诃末的这个儿子存在排斥心理。

玉龙杰赤的军官们开始密谋杀死札兰丁，帖木尔灭里得知消息后立马告诉了札兰丁。札兰丁满心愤懑，却也无可奈何，说道：“既然玉龙杰赤不欢迎我，我再待在这里不太合适，还是走吧。”

帖木尔灭里感慨地说：“如今整个花剌子模国只有玉龙杰赤尚有精兵，你离开这里，怎么复兴花剌子模国啊？”

札兰丁毅然决然地说:“只要有复国这份心，哪里都可以。”

帖木尔灭里十分感动，决定追随札兰丁。一个深夜时分，二人率领 300 亲兵悄无声息地离开了玉龙杰赤。他们用16天时间横穿花剌子模、呼罗珊两地的沙漠，来到了达奈撒地区（今土库曼斯坦阿什哈巴德东）。

在札兰丁和帖木尔灭里离开后，玉龙杰赤再次陷入一团混乱中，最后，王族成员忽马儿成为新的统领。在札兰丁离开三天后，玉龙杰赤的将领们得知蒙古军要来攻打他们所在的城市。忽马儿很快就用他那极其有限的智慧制订出了抗击蒙古军的计划，那就是随机应变。

成吉思汗派术赤、察合台、窝阔台兄弟三人讨伐玉龙杰赤，很快，问题就产生了。

成吉思汗曾对术赤说，要把花剌子模国以及其西边的土地都分给他，作为他的封地。对此，察合台十分不满。在这次出兵前，他对窝阔台说："玉龙杰赤富可敌国，父汗竟然把这种好地方分给术赤那个野种。我觉得我俩应该加快速度，赶在他前面攻下玉龙杰赤，将其烧成一座废墟，让他什么也得不到。"

"这样做不太好吧。"窝阔台摇摇头说道。

没有窝阔台的支持，察合台只好独自一人率领蒙古大军上路了。术赤为了避免破坏玉龙杰赤做出了很大的努力，城内的不少人都主张投降，而忽马儿依然没有投降的表示。察合台见此便对这座城市发动了猛烈的进攻，这使术赤之前所做出的努力都付诸东流。

察合台率领士兵花了整整 10 天的时间才填满了城外的壕沟，填完后，察合台便发动了总攻。察合台派出 3000 勇士占领了阿姆河上方的桥梁，而玉龙杰赤的百姓的饮用水主要来自阿姆河，这座桥关系着他们的生命，因此双方展开了激烈的战斗。蒙古军一度占领了这座桥梁，但马上又被玉龙杰赤的士兵包围住，双方进行了残酷的肉搏战。最终，蒙古 3000 勇士全军覆没。虽然这场战争持续了 7 个多月，城门外堆满了蒙古士兵的尸体，但这一仗极大地鼓舞了玉龙杰赤军民的士气。

对于蒙古人来说，这是一个重大的打击。玉龙杰赤那么长时间没有攻下来，让远在阿富汗的成吉思汗勃然大怒。他再次让窝阔台前去支援，并任命他为蒙古军的首领。

窝阔台来到玉龙杰赤的时候已经是深秋时分，他先找两位兄长进行了一场促膝长谈。最后，术赤和察合台勉强握手言和。三人开始对玉龙杰赤发动了总攻。

经过蒙古军几次密集的箭雨攻击，玉龙杰赤的守军节节败退，最后撤退到内城当中。双方立马展开了游击战，十分激烈。蒙古军一路砍杀，最后杀红了眼，不管是人还是牲畜，只要见到在地上行走的，一律将其杀死。城内的人想方设法进行反抗，连妇女儿童都参加了这场战争，最终，蒙古军只好暂时性地撤退到城外。

玉龙杰赤的抵抗虽然大张旗鼓，但最高领导人不给力，相当于还是一种群龙无首的状态。

很快，窝阔台再次发动了进攻。他先派出一支部队冲到城下抢劫牲畜，希望将城内的守军引出城门，玉龙杰赤的守军并不知道这是计谋，很快就中计了。守将将一扇城门打开，放出了数以千计的士兵以及百姓。蒙古士兵一看见有人追赶就立马翻身上马，玉龙杰赤人在后面紧追不舍，一直追到了几十里外的城郊宴游花园附近。突然，一群事先埋藏好的蒙古士兵冲了上来，双方立即展开了厮杀。玉龙杰赤人死伤大半，剩下的人掉转方向，向城内跑去，而蒙古军紧跟其后，再次杀入城中。

蒙古军进入城内又与城内的百姓、士兵厮杀在一起。长时间的久攻不下让术赤大为恼火，加大了进攻的力度，并下令杀光城中的百姓。

激烈的战争持续了九天，一直到1222年4月，玉龙杰赤才最终沦陷。这次战争是历史上十分罕见的一次攻防战，据说，战后，每一个参战的士兵负责处死24名俘虏。如果攻城的蒙古军有三万人，那么被杀死的玉龙杰赤人就有72万。除此之外，还有10万工匠被送到了蒙古大草原。

最后，察合台出了一个馊主意，破坏阿姆河堤，放水灌城溺死了无数的百姓。城市被攻陷之前，总有一些人会藏起来而免于被屠杀，但是玉龙杰赤却无一人生还。

名声赫赫的玉龙杰赤城就这般化为乌有，志费尼悲痛地说："从此玉龙杰赤，这斗士的忠心，游女的会集地，福运曾降临其门，鸾凤曾以它为巢，现在则变成了豺狼的邸宅，猫头鹰出没之处。"

这一战，术赤、察合台和窝阔台获得了大量的财富，但他们并没有上交给成吉思汗，也没有分给下属，而是都独吞了。成吉思汗知道后勃然大怒，三天不愿意看到他们。经过博尔术和其他部将的极力劝说，成吉思汗才重新接纳了他们。

离间计，八鲁湾之战

札兰丁召集了七万部将，并向成吉思汗发出了一封战书，成吉思汗收到战书后立马派出蒙古国最高断事官失吉忽秃忽率领三万士兵前去作战。双方在八鲁湾展开厮杀，最终，失吉忽秃忽大败，三万士兵只剩下1000多人，这是成吉思汗西征唯一的败绩。为了扭转败局，成吉思汗采用离间计，使札兰丁的兵团瓦解。

当术赤、察合台以及窝阔台讨伐玉龙杰赤的时候，札兰丁正奋发图强，卷土重来。他与帖木尔灭里率领了300骑兵，成功从花剌子模国的最大的沙漠——沙漠黑沙漠穿过，抵达纳撒城。在蒙古人的铁蹄之下，这座城已经成了一座废墟，由700名蒙古骑兵驻守。

英勇无畏的帖木尔灭里建议札兰丁将眼前的700名蒙古人杀死，然后把这个地方作为自己的根据地，札兰丁立马毫不犹豫地同意了。两人率领着士兵从各个方向对蒙古军发动了突然袭击，冲散了毫无准备的蒙古人。

这次是札兰丁继承父亲皇位以来首次与蒙古人交战，首战大捷，让他信心大增，让他认为复国大有希望。他坚信，只要和帖木尔灭里齐头并进，完全可以战胜敌人。他随后向可疾云推进，准备在那里集结一支可以复国的精锐部队。哪怕愿望在短时间内不能实现，他可以从可疾云去往申河（今印度河），去往忻都集结军队，东山再起。

路过你沙不儿时，札兰丁和帖木尔灭里四处寻找，才找到这座伟大的城市，但已经成为一座废墟。在伤心了几分钟后，札兰丁满怀仇恨地上路了。等抵达也里城时看到这座城池还在，他那悲愤的心情才有所缓和，但他却没有进城，因为这里已经不属于他了。

在快速奔波的路上，札兰丁曾遇到一支民间自发组织的抗击蒙古军的武装组织。这个武装组织的领导人希望札兰丁能够留在他们那里，因为他有无坚不摧的城堡，札兰丁感慨万千地说道："你不应该躲在这座城堡里，你应该去旷野中与蒙古人斗争。因为再固若金汤的城堡，蒙古人都能把它攻打下来，然后进行摧毁。"

札兰丁说的是事实，这一路来，他目睹了太多太多。昔日的城池现在都变成了废墟，这令他悲伤不已。帖木尔灭里在一旁安慰他，鼓励他，让他化悲痛为力量。札兰丁伤感地说道："以前对这片土地没有什么感觉，现在看到它伤痕累累，我真的想要流泪了。"

札兰丁和帖木尔灭里终于抵达了可疾云，可疾云原本是可疾云王国的都城，在13世纪初，摩诃末将其攻打下来，并将其纳入自己的版图。摩诃末原本想利用这个地方牵制整个可疾云王国，于是把这里的军事大权交给了当地土著哈儿蒲思忒，但这个人十分热爱祖国，三番五次挑拨可疾云的子民发动叛乱。由于战乱频繁，导致这里的军队、百姓战斗力十分惊人。

摩诃末后来将这个乱摊子扔给了儿子札兰丁。札兰丁派亲信苫思丁率领着一支精锐部队驻守可疾云，由于这支精锐部队士兵数量极其有限，也只能维护可疾云表面的和平。

在蒙古军的猛烈攻击下，花剌子模国的防线纷纷崩溃。也里城的守将，也就是摩诃末的大舅哥额明灭里率领两万士兵投靠札兰丁，请求哈儿蒲思忒给他安排一个临时住所，但遭到了拒绝。札兰丁勃然大怒，于是买通了城内的守将，将哈儿蒲思忒杀死，迎接额明灭里入驻可疾云。在几方势力相互牵制之下，可疾云暂时风平浪静。

札兰丁一到达可疾云，立马意识到城内至少有五万士兵，这一发现令他心花怒放。他召开了大会，豪情壮志地号召大家要光复花剌子模国，即使是奉献出自己的生命也在所不惜。在他大力号召下，可疾云各路部队团结到了一起。

没过多久，花剌子模国属下的两万阿拉伯骑兵在其首领阿格剌黑的带领下投靠了札兰丁。札兰丁的势力大增，已经有了与蒙古大军开战的条件。

1221 年夏天，札兰丁率领七万士兵北上，抵达范延城（今阿富汗巴米扬）郊区，他们与一支千人蒙古大军迎头碰上，札兰丁以迅雷不及掩耳之势消灭了这股蒙古大军。札兰丁让蒙古俘虏给成吉思汗送去了一封信，他在信上说，请快速指定交战地点，我将奉陪到底。

成吉思汗接到这封信后，先是大吃一惊，然后面露微笑："想不到札兰丁这个毛头小子折腾劲还挺大的。"他问俘虏关于札兰丁军队的情况，俘虏说："札兰丁的军队不少于七万人，并且都是骁勇善战的阿拉伯人和康里人。"

成吉思汗想了想，说道："他折腾不了多久了。"但他还是派出失吉忽秃忽率领三万士兵前往范延城与札兰丁作战。

临行前，成吉思汗千叮咛万嘱咐，对失吉忽秃忽说道："一定要小心谨慎。札兰丁是一个能干之人，不然也不会在惨败之后依然召集了那么多的士兵。"

失吉忽秃忽胸有成竹地说道："大汗请放心，我一定会取得战争的胜利。"

札兰丁听说蒙古大军已经赶来，立马迎战，双方在八鲁湾（今阿富汗喀布尔以北）展开厮杀。这场战争是蒙古大军与花剌子模国交战以来第一场大规模的野战，第一场厮杀持续了两天两夜也没有分出胜负来。于是双方停战休整，相约改日再战。

额明灭里担心休整是敌人的缓兵之计，所以不同意休兵。札兰丁见此面带微笑道："放心吧，我已经摸清蒙古人的底细了。他们攻打花剌子模国的兵力在 15 万以内，并且大部分被牵制在玉龙杰赤和呼罗珊，无法支援这里。"

额明灭里这才把心放在肚子里。但次日，他的心再次提到了嗓子眼。因为他发现蒙古军的兵力至少翻了一番，他们在三公里外的地方骑马奔腾。他火急火燎地冲到了札兰丁面前，失魂落魄地说："蒙古人的援兵到了，我们只有死路一条。"札兰丁不相信蒙古人的援兵到了，但又无法解释多出的人是从哪里来的。

阿拉伯骑兵团的首领阿格剌黑已经做好了向后撤退的准备，其他路的兵团也有撤退的打算。札兰丁立马站了出来稳定军心："这个时候，蒙古人根本无力支援这里，那是他们玩的阴谋诡计。要知道，我们的士兵是他们的两倍多，我们现在位于上游，为何要退缩呢？我们的国家正是由于这样的不断退缩，才落到今天如此凄惨的地步。现在我们要不断向前，向前，战胜蒙古军。将来的某一天，我们的子孙问我们，这一辈子做过最辉煌的事情是什么？相信我们都会有同样的一个答案，那就是我们在八鲁湾打败了蒙古人。"

札兰丁这番令人热血沸腾的讲话令军队的士气大增。“杀光蒙古人，将他们赶出我们的国土。”士兵们大声地喊道。

札兰丁趁士兵士气正盛的时候立马下达了作战的命令，他兵分两路：一路徒步作战，另外一路则先隐藏起来。

正如札兰丁所言，蒙古人并没有援兵，这是失吉忽秃忽想出的计谋，他在马上安置了不少的假人，在军营前来来回回地移动，他以为这样就可以吓跑花剌子模的士兵。没有料到的是，札兰丁不但没有后退，还主动发起了进攻。无可奈何之下，失吉忽秃忽只好率领蒙古军迎战。

札兰丁率领三万士兵对失吉忽秃忽的三万蒙古军发动了进攻。也许有人会认为札兰丁这么做是自掘坟墓，其实他这么做也是有自己的道理的，因为八鲁湾地面坑坑洼洼，不适合骑马作战，却适合步兵作战，因此失吉忽秃忽的骑兵就丧失了原来的优势,不少骑兵的马蹄陷入坑洞中无法动弹。战争进行了一个小时后，大家展开了肉搏战。

双方的士兵一对一地厮杀，战事进入僵持阶段。这就是札兰丁想要的场面，很快，他命令剩下的三万多骑兵杀入战场，在战场边沿对战场上的蒙古人进行砍杀。

失吉忽秃忽见蒙古军已经被团团包围住，便立马下达了撤退的命令。但札兰丁率领士兵死死将其咬住，等失吉忽秃忽率领蒙古士兵死里逃生时发现蒙古军只剩下 1000 多人。

这场战争是成吉思汗率领的蒙古军西征以来所遭受的最大一次失败，当噩耗传到成吉思汗的耳中时，他难过万分，但很快平静了下来，说道：“一直以来，失吉忽秃忽都在打胜仗，从没有遭受过挫折。现在让他受点打击也好，那样他才能真正地成长起来。”

对战失败之后,成吉思汗决定亲自出马对付札兰丁。八鲁湾战争后的一个月，成吉思汗便率领蒙古大军去缉拿札兰丁。当抵达战场时,成吉思汗先巡视了一番，失吉忽秃忽前来汇报当时的作战情况。听完后，成吉思汗怒其不争地说道：“唉，你都不知道如何利用有利的地形，这个地方本就不适合骑兵作战。并且在布阵上你又犯错，只要敌人一多，你必败无疑。”

失吉忽秃忽沉默不语，成吉思汗赞美札兰丁道：“札兰丁是一名良将，他先用步兵困住你，然后用骑兵来包围。”

失吉忽秃忽依然一声不吭，成吉思汗接着说：“但札兰丁的军队不是正牌军，成分复杂。我们可以利用这点，采用离间计来使他们分崩离析。”

这招成吉思汗在最开始攻打花剌子模国时使用过，为了孤立摩诃末，他先后给摩诃末的母亲和伊斯兰教的宗教领袖哈里发送去了一封信。没过多长时间，札兰丁各个兵团首领也都收到了成吉思汗的一封信。在信中，成吉思汗说札兰丁是一个有难同当而不能有福同享之人。并且他许诺，只要他们离开札兰丁，就能得到极大的财富。

就在这当口，札兰丁刚好犯下了一个低级的错误。在瓜分从失吉忽秃忽那里得来的战利品时，阿格剌黑和额明灭里两人因为一匹阿拉伯战马而斗得不可开交。两人恶语相向，大打出手，都受了伤。后来，两人来找札兰丁评理。考虑到额明灭里是自己的舅舅，札兰丁便把骏马赏给了额明灭里。而且，他也没有安慰阿格剌黑，札兰丁就此给自己埋下了一个地雷。

阿格剌黑愤怒极了，当天晚上，便率领自己的士兵离开了。在成吉思汗的离间计下，可疾云兵团和一支民间武装力量也离开了札兰丁。这些情况都使得札兰丁的力量骤减，只剩下额明灭里的两万士兵外加可疾云内城少量的花剌子模士兵，最多也只有 25000 人。

当得知成吉思汗亲自讨伐自己，札兰丁陷入了迷茫之中，不知是前进好还是撤退好。

当札兰丁烦闷之时，成吉思汗这边也接到了一个噩耗。在攻打范延城时，他的亲孙子，也就是察合台的儿子蔑忒干中箭而死。成吉思汗一向十分疼爱这个孙子，因此伤心不已。在蒙古军攻下范延城时，他便下达了屠城的命令，不许饶过一个活物，并将此地摧毁成荒漠地带。成吉思汗还给此地取了一个名字，为“卯危八里”，意为“歹城”。这座被彻彻底底摧毁的城堡，直到今天，依然没有生命的迹象。

当成吉思汗在范延城外给自己的爱孙报仇时，攻陷了玉龙杰赤的察合台和窝阔台赶来。成吉思汗担心儿子察合台无法接受这一事实,先嘱咐身边的人要保密，等到有机会时再亲口告诉他。

察合台一见到父亲便问父亲蔑忒干去了哪里，成吉思汗告诉他，蔑忒干去了撒马尔罕，很快就会回来。

几天过去了，察合台又接着问起，他什么时候可以见到儿子？

成吉思汗突然训斥察合台，连带把窝阔台也训斥了一通，说道：“你们都不服从我的命令。”

察合台心生恐惧，立马下跪，发誓道：“我们从不敢与父汗作对。”

成吉思汗又板着脸，说道：“你们真的这样想的吗？”

察合台发誓道：“长生天可以做证！”

成吉思汗说道：“我说什么你做什么？”

察合台捶胸大声说道：“如果违背，我宁愿去死。”

成吉思汗不再板着脸，而是一脸悲伤地说道：“那好吧，我有个不幸的消息要告诉你，我的好孙子，你的好儿子蔑忒干已经战死了。我命令你，不许哭泣。”

察合台听到这个消息后顿时觉得天昏地转，但他忍住内心的伤痛，把已经在眼眶里的眼泪生生地憋了回去。

过后，察合台躲到一片林子中，一口气砍断了20多棵树，对着苍天痛哭。

不过，成吉思汗没有安慰察合台，因为他没有时间去伤怀，他的敌人札兰丁现在还活着。

成吉思汗率领大军，披星戴月，奔向可疾云。札兰丁知道后立马从可疾云撤退，准备横渡申河，到忻都去躲避风头。当成吉思汗的大军抵达可疾云时，札兰丁已经逃走了。成吉思汗立马下令摧毁了花剌子模最后的反攻基地，可疾云遭受了极大的破坏，逐渐变成了废墟。

札兰丁抵达申河河畔时，开始寻找船只，准备用船只将大军送到河对岸。但他们的船只遭受到了惊涛骇浪，被撞得一片粉碎。无奈之下，他只好用船把粮草武器先运到对岸，然后再来运送士兵。当知道成吉思汗的大军距离自己只有十几里的时候，他的兵团起了内讧。士兵们都害怕落入蒙古军的手中，争前恐后地上船，甚至为此而大打出手，申河河畔顿时浮尸遍地。

成吉思汗将蒙古军分成三路，慢慢靠近札兰丁的大军，札兰丁见此立马让自己人停止内斗，一致对外，而士兵们也在调整之后做好了迎战的准备。

乘胜追击，申河大战

成吉思汗亲自率领蒙古大军与札兰丁在申河河畔展开了战斗，由于成吉思汗在人数上占据了极大的优势，很快就击败了札兰丁。申河大战彻底地摧毁了花剌子模国的有生力量，给了它最后致命一击。最终，成吉思汗赢得了攻打花剌子模国的全面胜利。

札兰丁以最快的速度做好了防御，在距离申河一百米外，他用船只布下了弧形防御阵形，弓箭手躲在船只后面，骑兵则在弓箭手后面。帖木尔灭里是右翼的统领，额明灭里是左翼的统帅，札兰丁则为中路将领。

成吉思汗见此立马将蒙古兵分成三路，攻击札兰丁的三翼。蒙古军在人数上占据了绝对的优势，成吉思汗想借此冲破札兰丁的阵形，然后将其团团包围住，予以全部消灭。

战争开始前，成吉思汗对自己的部将说，这次一定要活捉札兰丁，他有话对他说。札兰丁则对自己的部将说，背后是悬崖，跳下去就是死，只有冲破蒙古大军的包围圈，他们才有生的可能。

成吉思汗的三路军渐渐地逼近，让他诧异的是，在人数上不占优势的札兰丁却没有进行防御，而是选择了进攻。他的弧形战阵如同弯曲的潮水般推了过来，与成吉思汗的蒙古大军阵形相贴合。

札兰丁冲锋陷阵，在中路高歌猛进，导致中路的蒙古军节节败退，但他忘了一个关键点，那就是他的军队以弧形阵形向外扩张的时候，士兵之间的间隔越来越大。很快，左翼处出现了空当，被蒙古军发现了，蒙古军加大攻击的力度。额明灭里还没来得及进行补救，阵线就被蒙古人冲破了。随后，他立马想要逃跑，但蒙古人没有给他这个机会。很快，他就死于蒙古军的乱箭之下。

左翼的失去打了札兰丁一个措手不及，他立马下达收缩阵形的命令。兵团人立马争先恐后地向后撤退，互相踩踏，申河河畔顿时变成了人间地狱。

蒙古人紧紧地抓住了这个机会，向札兰丁的右翼发动了猛烈的攻击。帖木尔灭里尽最大的努力在支撑，但无奈人数有限，士气低迷，最终溃败，而他则在混乱之中逃了出来。

如同大多数民族英雄一样，这位花剌子模国的民族英雄也有着悲惨的结局。从申河河畔逃走后，帖木尔灭里从一个战士变成了一个虔诚的伊斯兰教教徒，他逃到了叙利亚。多年之后，他因为太怀念自己的故乡而返回花剌子模的忽毡城，当时花剌子模国已经成为蒙古人的天下。他拜见了当时的领导人，窝阔台的儿子合丹，请求得到他的宽恕。但合丹心胸并不宽广，立马将其捆绑了起来，用一箭结束了他的性命。

目前申河只剩下札兰丁在孤军奋战，他率领 700 个士兵，与成吉思汗的几万大军相对峙，并且有越战越勇之势。

成吉思汗见此，情不自禁地赞美札兰丁："像狗一样差的父亲竟然有老虎一般的儿子。"他转过头来，对窝阔台和察合台说道："我的儿子也应该如此。"

当时，应该没有人的儿子想成为札兰丁，因为他的士兵越来越少，已经死到临头了。只是有一点他还没有明白过来，为何那些黑压压的蒙古人不射死他。突然，他灵光一闪，明白了成吉思汗是想活捉他，然后羞辱他，让他生不如死。

札兰丁意识到这个问题后立马想尽一切办法逃跑，既然围攻过来的蒙古人不敢把他怎么样，那他何不钻这个空子来实施自己的逃跑计划。拿定主意之后，他手举大刀朝冲向他的蒙古军狂砍。

敌人的鲜血溅到了札兰丁身上，将他染成了血人，他出现了幻觉，看到敌人砍下了他的脑袋，将他的脑袋悬挂在城门上方。

一个声音从天边传来："不能战死，也不能被成吉思汗活捉，还有大业等待着你去完成。"

札兰丁顿时清醒了过来，浑身充满了力量，他猛地向前冲击，此时战马已经筋疲力尽，每向前冲一步都要大口大口地呼吸。在他猛攻之下，上前擒拿他的蒙古人向后退了几十步。札兰丁马上抓住了这个机会，向后猛跑，然后跳上了另外一匹精力充沛的战马，向河边冲去。

在高处的成吉思汗看到后，立马叫喊道："他要跳河，阻止他。"

听到命令的蒙古大军全都冲向了札兰丁，但还是晚了一步，札兰丁已经抢先跳入了滔滔的河水之中。

成吉思汗感叹道："生子当如斯！真正的勇士就应该这样去战斗。"这时，蒙古士兵准备向河中放箭，被成吉思汗制止了，他说道："他是英雄，不能死于乱箭之下。"

蒙古大军将剩下的俘虏就地处决了，有人将札兰丁的儿子带到成吉思汗面前，他看都没看，说道："不要养虎遗患。"

经过这一战，花剌子模国彻底覆灭。札兰丁登上申河河岸之后，聚集了几百名残兵败将逃到了德里。成吉思汗派拖雷和巴拉前去追击，说道："此人不除，容易留下祸患。给他个机会，就能掀起大风大浪。"

拖雷和巴拉将木鲁坦（今巴基斯坦木尔坦）包围住了，但当地烈日炎炎，极其酷热，蒙古人难以忍受，所以空手而回。

在这一路，拖雷和巴拉率领蒙古大军攻下了木鲁坦、白沙瓦、剌火儿（今巴基斯坦拉合尔）、麦里克布鲁诸地，然后返回了可疾云，与即将班师回朝的蒙古军主力会合。

在申河战役结束后，札兰丁再也没能聚集起一支能够与蒙古大军相抗衡的军队了，1231 年，在蒙古大军的追击下，札兰丁逃进了库尔德斯坦山中，最后被当地的山民杀死。

第七章

结束远征及最后的荣光

不远万里，丘处机西游

成吉思汗不顾路途遥远派兵去请思想大师丘处机，原本是为长生不老药，可当丘处机让其大失所望的时候，他并没有勃然大怒。相反，他因为丘处机的坦诚而更加敬重他，从中可以看出他是一个伟大而高尚的人。

在成吉思汗西征的途中，有一个人不得不提，那就是长春真人丘处机。成吉思汗对他仰慕已久，在西征途中派出刘仲禄去邀请他前来。

1221年，丘处机离开河北，深入戈壁沙漠。这里衰草连天，“出沙陀，至鱼儿泺，始有人烟……皆黑车白帐，随水草放牧。尽原隰之地，无覆寸木。四望唯黄云白草”。再向北行，他抵达了捕鱼儿湖以东的合勒合河。“方见一沙河……河水濡马腹，旁多丛柳。”4月1日，丘处机抵达成吉思汗的大本营克鲁伦河。在老家坐镇的帖木格向其寻求长生不老之术，丘处机面带微笑地说：“你一身的杀气，需要吃素15天，我才能告诉你。”帖木格立马按照他所说的做了。到了约定的日期，天空中下起了鹅毛大雪。帖木格先出门巡视牲畜，等巡视回来，帖木格突然醒悟过来，说道：“成吉思汗不顾路途遥远派来使者，邀请你前去，是想第一时间听你讲长生之术，我怎么能先将其抢去呢？你还是赶紧上路吧。”

1221年4月17日，帖木格给丘处机提供100匹马、100头牛，10乘大车，派1000名士兵送丘处机上路。丘处机顺着克鲁伦河西行，途经图拉河、鄂尔浑河，来到成吉思汗位于乃蛮的营地。此时，营地里有许许多多的妃子都在等成吉思汗班师回朝。丘处机看着这群美丽的女子大为诧异，也许他从来没有想过，成吉思汗这个野蛮人会有那么多的美女相伴。

在离开前，刘仲禄挑选了100名漂亮的女子准备一起西去，丘处机尴尬地说道：“我是一个道士，怎么能和一群女子同行呢？”

刘仲禄为自己的鲁莽行为感到羞愧，不过他还是把这些女子都带上了，只不过走在后面，没有在丘处机面前晃悠。

1221年6月，丘处机抵达镇海城，他实在不想再奔波，气喘吁吁地对镇海城城主镇海说：“我不远千里才来到这里，穿坏了好几双鞋子，我想在这里过冬，等候成吉思汗的返回，你看可以吗？”

镇海说：“成吉思汗已经向沿途发布了命令：只要遇到了长春真人，不得让其行程有所延误。可以看出，成吉思汗十分希望见到真人。如果你留下了，就是让我犯下了罪行。我愿意与真人一起去，像照顾父亲一样照顾真人。”

话说到这份儿上了，丘处机已经无话可说了，这位 70 多岁的老人再次踏上了征途。他们一行途经金山、伊犁河、垂河、锡尔河，终于于 1221 年 11 月 18 日抵达了撒马尔罕，当时成吉思汗正在向申河推进，因此让丘处机在撒马尔罕等候。1222 年 3 月，他才想起了丘处机来，于是让人将其接过来。1222 年 4 月 5 日，丘处机终于来到了成吉思汗位于八鲁湾的临时住所与他见面了。丘处机从出发到见到成吉思汗共花了两年多的时间。

虽然丘处机一路上几次都想要放弃，但这并不妨碍成吉思汗热烈欢迎他的到来，他说道：“我听说金国皇帝和南宋皇帝都邀请过你，但你都直接拒绝了。现在却来见我，我十分感动。”

丘处机此时心潮澎湃，这一路历经了千辛万苦：大雪纷飞，能将人冻僵；高原反应，让人生不如死。当进入花剌子模国后，他发现尸骨遍野，如同人间地狱，但好在他是一个世外高人，一向不爱抱怨，并且他们道家讲究“既来之则安之”，让所有人快乐是他们的追求。

听到成吉思汗的一番话语后，丘处机脸上露出了微笑，不卑不亢地回答道：“我奉诏前来，是天意使然。”

成吉思汗立马给丘处机赐座，他开始认真打量着这个人们口中 300 岁的老人：仙风道骨、身形消瘦、神采奕奕，看着比自己都年轻，他急忙问道：“真人这次从遥远的地方来，带了长生不老之药了吗？”

快 60 岁的成吉思汗虽然依然是一个健康强壮之人，但总感觉自己老了，这个问题一直在困扰着他，所以才如此迫不及待地向丘处机讨要长生不老之药。

丘处机早有心理准备，说道：“世界上只有卫生之道，而无长生之药。短命之人皆因不懂卫生之道，而卫生之道以清心寡欲为要，即一要清除杂念，二要减少私欲，三要保持内心平静。”

成吉思汗大失所望，他不远万里将其接到身边就是为了得到长生不老之药，但因为丘处机极为坦诚，所以他克制住自己，没有表现出一丝一毫的不满。

在这之后，成吉思汗仍然十分敬重丘处机。一天，他向镇海提问道：“我应该怎样称呼这位世外高人呢？”

镇海说道：“有人称呼他为师父，有人称呼他为真人，也有人称呼他为活神仙。”

成吉思汗听完点了点头，说道：“那我们就叫他活神仙好了。”

经过一个月的相处，成吉思汗和丘处机结下了深厚的友谊，丘处机时时向成吉思汗讲授哲学问题。成吉思汗虽然不懂，但依然认真地听着。但是，这种交流的时间也是有限的，因为这时成吉思汗要与札兰丁对决了，他对丘处机说："等我扫平了花剌子模、回到撒马尔罕，我们再彻夜畅聊。"

之后，丘处机先去了撒马尔罕。

1222 年 8 月，成吉思汗返回撒马尔罕，与丘处机聊的话题更为深刻。

"怎样才能统一天下？"成吉思汗问道。

"不滥杀无辜。"丘处机回答道。

"怎样才能治理天下？"成吉思汗接着问道。

"敬重上天，热爱百姓。"

"怎样才能活得更为长久？"

"要清心寡欲。"

成吉思汗认为的确如此，说道："天赐仙翁，以寤朕志。"

年末，冬雷阵阵。成吉思汗忐忑不安地向丘处机询问这是什么天象。丘处机说："雷，天威也。人罪莫大于不孝，不孝则不顺乎天，故天威震动以警之。似闻境内不孝者多，陛下宜明天威，以导有众。"

成吉思汗听完后一声不吭，说到不孝这个话题，他突然想到了术赤。不知为何，自从攻下了玉龙杰赤后，他再也没有回到自己身边。他有些纳闷，这个儿子到底怎么了？难道还是对自己的身世耿耿于怀。

一想到这里，成吉思汗点点头，说道："神仙说得对。那些不肖子孙，就应该用雷来劈他。"

丘处机面带微笑，途经河北的时候，写过一首诗，这首诗的内容为："我之帝所临河上，欲罢干戈致太平。"其实这也是他来到这里的真实目的，他想用毕生所学劝眼前这位帝王放下屠刀，让天下太平。但是，与成吉思汗接触的时间越长，他越觉得自己的想法太过天真。眼前这位白发苍苍的老人依然有着强烈的征服欲和充沛的精力，他给丘处机一种感觉，那就是要永远征服下去，直到生命的尽头。

但是，丘处机又想到，纵使这位世界征服者被死神带走，他给后代灌输的思想也会根深蒂固下去，大蒙古帝国会永远四处征战、四处杀戮下去。

丘处机是一位思想家，集"以和为贵""慈悲为怀""不奢杀"思想为一体，面对以"永恒征服"作为毕生使命的成吉思汗，他丝毫没办法。

1222 年初冬时节，丘处机对成吉思汗说："山野学道多年，常乐静处，御帐军马杂乱，精神不爽，请允许我东归。"

成吉思汗听出了丘处机厌恶征战的言外之意，于是答应了他的请求。不过当时气候恶劣，路途遥远而艰难，他对丘处机说："我也想回去了，等扫荡的队伍归来，我们一起回去。"

丘处机一听成吉思汗不再征战、想要回到老家了，颇为开心，于是两人在撒马尔罕度过了那个冬天。

1223 年初，成吉思汗举行了一次大型围猎活动。当时，他正在追赶一只中箭的野猪，却不小心从马上跌落下来。那头受伤的野猪张着血盆大口盯着他，吓得他心脏都停止了跳动。如果当时野猪扑向他，他就要去见长生天了，但那头野猪只是嚎叫了几声。这个时候，侍卫赶了过来，轰走了野猪。那头野猪就消失在森林之中。

成吉思汗回到了营帐中，等他的心情平复了下来后，丘处机说道，"上天有好生之德。大汗年事已高，应该尽可能少打猎。这次从马上坠落，是上天在警告大汗，而野猪不敢靠近，是上天在保护着大汗。"

丘处机的这句话十分有道理，成吉思汗先感谢了他的好意，然后告诉他，他从小就骑马打猎，这个习惯并不是一下子就能够改过来的。

经历这次事情后，成吉思汗至少有半年没有狩猎了，可能在他内心深处是认可丘处机的话，也可能是他在用这种方式安慰丘处机。

1223 年 3 月，丘处机实在是等不下去了，再次请成吉思汗放他回去，成吉思汗愉快地答应了。

临走前，成吉思汗问道："你在中原的弟子多吗？"

"很多。"丘处机春风得意地回答道。

"免除神仙所有的门人的赋税。"成吉思汗对身边的部将下令道。

对此，丘处机十分感激。成吉思汗还派一千人护送丘处机返回中原，并给他送上了一份大礼：将中都北京城的天长观改名为长春宫，还对白云观进行了改造，将长春宫和白云观合为一体，命名为白云观。

在返回的途中，丘处机多次接待了成吉思汗派来的使者，其中有一封成吉思汗写给他的信极为出名：

丘神仙，你春月行程别来至夏日，路上炎热艰难来，沿路好底铺马得骑来吗？……下头百姓得来吗？……我这里常思量着神仙你，我不曾忘了你，你休忘了我者。

从这封信中，足以看出成吉思汗对丘处机的关心。1227 年，被成吉思汗称之为神仙的丘处机驾鹤西去，享年 79 岁。同年，成吉思汗因病逝世。

诱敌深入，血屠俄罗斯

哲别和速不台为了追击摩诃末，去了花剌子模国西北方向。一路上，他们征服了很多国家，然后到了俄罗斯的边境，与八万俄罗斯军对峙。在哲别和速不台诱敌深入的策略下，蒙古大军大胜而归，并对俄罗斯人进行了大屠杀。

1222年，成吉思汗占领花剌子模国后便留在撒马尔罕度过了整个冬天，享受着从里海吹来的温暖海风，从离开蒙古草原到现在已经有整整三年时间了。1223年春天，成吉思汗兴致勃勃地欣赏着阿姆河岸那美丽的风景。

一天，一个部将报告说：有人在树林中捉到一只十分奇特的怪兽，请大汗去看一下。成吉思汗饶有兴致地前去，只见草坪上拴着一只独角兽。当成吉思汗过来时，正在吃草的它停了下来，抬头说道："大汗回蒙，大汗早日回蒙。"说完，它便再次低下头吃草。成吉思汗目瞪口呆，于是找来了耶律楚材和博尔术，希望他们能解释他心中的谜团。

耶律楚材见野兽能够说话，并且劝成吉思汗回朝，心中便明白了几分。世界上哪有会说话的怪兽，想必是大汗自己想回蒙古草原了，只是目前还有些放心不下。他没有挑明，而是委婉地说道："这是瑞兽，名叫甪端，只出现在高加索山一带，能说多种语言。一般情况下，它是不会说话的。现在已经开口说话了，一定是吉祥的征兆。"

成吉思汗回答道："是呀，我征伐花剌子模国是得到了长生天的指示，所以才这样顺利。既然长生天让我回蒙古，那我就没有什么可担心的。"

耶律楚材说道："大汗真的准备回去了吗？这次征伐，我们已经花了三年多时间，跋山涉水一万多里，攻下的城池有一百多座，这是惊天动地的伟大壮举。现在大汗已经完成了帝国江山的统一大业，威震四方，班师凯旋，正当其时。"

成吉思汗心中豪情万丈，面带微笑地对耶律楚材和博尔术说道："你们知道人这一生最快乐的事情是什么吗？"

直爽的博尔术说："在这温暖的季节里，骑着快马，到野外去打猎，目睹一只只猎物死在眼前，享受着狩猎的乐趣。"

成吉思汗听完哈哈大笑，说道："兄弟只说对了一半，我觉得一生中最快乐的事情便是征服对手，征服天下。与自己的仇敌生死相搏，将最强悍的对手斩于马前，夺其宝马，掠其财物，目睹仇敌的亲人在我面前哭泣求饶，这才叫痛快。"

博尔术回答道："大汗以征服天下为乐，臣弟胸怀不及。"

随后，成吉思汗作出了一个决定，那就是班师回国。

1223 年 4 月，成吉思汗带着他的部将、侍从和一部分士兵向东北方向撤退，而剩下的任务由他手下的几员大将和儿子们去完成。1224 年春天，成吉思汗率领蒙古大军横渡锡尔河，下了诏书让术赤驻守在钦察草原，同时召速不台和哲别回国。不过此时的速不台和哲别一时是回不去了，因为他俩在下一盘很大的棋。

时间再回到 1220 年，这一年，哲别和速不台率领蒙古大军追击摩诃末。摩诃末放出假消息，说自己去了达城，哲别和速不台朝达城方向追击了两天，先进入了伊朗中部城市库姆，很快将其占领，然后兵临伊朗重镇哈马丹，任命一名蒙古人作为长官后离去。

由于没有一丁点关于摩诃末的消息，两人便意识到受骗了，于是折回进入了卡兹文山区。他们也不知道摩诃末逃到了哪里，只能进行盲目的寻找。

两人进入了波斯境内的阿哲儿拜占国，长驱直入都城帖必力思。该城城主六神无主，立马献上了财富，表示绝对臣服于成吉思汗。

两人不费一兵一卒就降服了一个国家，但依旧很不高兴，因为他们始终都不知道摩诃末逃到了哪里。他们向成吉思汗汇报说：花剌子模国西北方向还有很多国家，摩诃末可能去了那里。他们请求成吉思汗让他们去高加索山北和今格鲁吉亚地区寻找摩诃末，他们发誓一定要找到摩诃末，哪怕是尸体。

成吉思汗大惊，他一直以为西方只有一个花剌子模国，没想到还有这么多国家。他兴奋地搓了搓手，说道："我给你们三年时间，你们去西北方侦察一番，看看那边还有多少个国家。"

很快，哲别和速不台的万里长征开始了。他们先去了高加索山南西部的古儿只（今格鲁吉亚），逼近其都城梯弗利斯，都城外的探子向该城的女王鲁速丹汇报：来了一群像是从原始社会穿越而来的野蛮人。女王立刻打听消息，知道这支大军刚刚消灭了强大的花剌子模国，吓得张大了嘴巴。她立刻率领三万士兵迎战，很快，她就中了蒙古人一贯玩的诈降计。

但哲别和速不台并没有进城而是去了哈马丹（今伊朗哈马丹），消灭了花剌子模国的残余势力。两人将该城蹂躏一番后继续北上，进入了古儿只位于东方的边防重镇扎根，劝降了该城，拿走了大量的财富。他们带着大批财物向东推进，抵达高加索山东南方向的设里汪国。哲别和速不台用武力征服了该国后，历尽千辛万苦，翻越高加索山脉，之后在对高加索山地进行彻底大扫荡后，两人开始对钦察人展开大屠杀。

钦察人开始逃跑，由于觉得一大群人冲一个方向跑，目标太大，风险太高，于是兵分三路，一部分人逃到了匈牙利，一部分横渡多瑙河，去了巴尔干半岛，剩余的人去了基辅罗斯,向基辅罗斯求救。基辅罗斯并不知道蒙古人有几斤几两，于是向钦察人伸出了援助之手，决定和这支从东方来的野蛮人比拼一番。

此时的哲别和速不台还没有空和基辅罗斯较量，因为他们先率领大军进入了克里米亚半岛，和热内亚人交上了手。由于守军的战斗力不行，哲别和速不台很快就占领了热内亚的要塞苏达克。

这支蒙古大军的所作所为让整个欧洲都为之震动。此时，从1097年到13世纪初，欧洲各国互相残杀打了一百多年的战争，此时已经疲惫不堪了。更为严重的是，各国内部的政治宗教冲突十分严重，他们根本没有能力出兵。

欧洲各国动荡不安，因为没有实力，他们只能坐等蒙古大军的到来。还有另外一个原因，那就是他们都等基辅罗斯出兵，因为蒙古大军此时就在基辅罗斯的邻居钦察人的家中，但俄罗斯也是“囊中羞涩”。

当时的基辅罗斯正陷于四分五裂之中。基辅罗斯大公已经没有任何权威和号召力。大大小小的公国彼此独立，它们经常不给大公面子，互相掐架。它的邻居钦察人发现了这个情况后便不断地攻打基辅罗斯，要它献上贡品。1169年，基辅罗斯大公便把都城从基辅迁到弗拉基米尔，此后就更没有什么影响力。由于钦察人的不断侵犯，各个公国也是一副半死不活的样子。

那么，这次基辅罗斯为何对钦察人伸出了援助之手呢？有两个原因，首先，这次是位于第聂伯河上游的哈力克斯公国的一把手穆斯提斯拉夫对钦察人伸出了援助之手。穆斯提斯拉夫先前为避免钦察人的不断骚扰而主动迎娶了一位钦察贵族的女儿，这次前来求救的钦察人便是他的岳父。其次，穆斯提斯拉夫是一个聪明人，当他摸清蒙古人的底细后立马召集所有公国的一把手去了基辅罗斯大公那里开了一次会议。基辅罗斯大公与各个公国的一把手都认为，与其等蒙古人消灭了钦察人再来与俄罗斯打仗,不如去钦察人领土上与敌人打仗。如此一来，基辅罗斯的各个城市就不会被烧成废墟。

至此，历史上著名的卡尔米乌斯河战役打响了。基辅罗斯大公立马开始在第聂伯河上召集军队，大概有八万人。由于俄罗斯经常有内战发生，因此这些士兵都久经沙场、英勇善战。成吉思汗交给哲别和速不台的任务只是武力侦察，他俩没承想会招惹上了一个如此强大的敌人，关键两人现在也没有外援，于是决定采取怀柔政策，悄无声息地消灭敌人。

速不台先调查了一番，得知基辅罗斯多年来一直遭受钦察人的欺压。于是他派出了10个聪明的蒙古人担任使者,去见穆斯提斯拉夫。蒙古使者先装大尾巴狼,质问这个冷冰冰、一脸横肉的老人:“蒙古与基辅罗斯无冤仇,此次蒙古军前来,只是为了追讨钦察人。你将其交出就完事了,为何要出兵呢?”

穆斯提斯拉夫板着脸说:“你们来别人的地盘上打架,还强词夺理!”

一计不成,蒙古使者只好搬出离间计:“谁都知道,钦察人经常蚕食基辅罗斯的土地,你们和钦察人有仇。这个时候,你们是不是应该联合我们,干掉钦察人呢?”

穆斯提斯拉夫不愧是一个头脑清醒之人。他依旧板着脸道:“你们还要脸吗?现在我们最大的敌人是你们。”

蒙古使者终于没有了耐心,勃然大怒,因为多年来,他们习惯于把别人踩在脚底下。穆斯提斯拉夫也不是一个好惹的人,立马把这10个蒙古人斩首示众。

很快,穆斯提斯拉夫率领着八万士兵横渡第聂伯河向东推进,以迅雷不及掩耳之势击败了蒙古大军前哨部队。

速不台意识到两国的战争已经无法避免,于是再派出使者去下战书:“你们杀了我的使者,攻击我的警戒部队。你们想要战争,那我们就来一场好了。我们绝对不会耍阴谋诡计。长生天会当这场战争的裁判。”

显而易见,速不台说谎了,因为阴谋诡计向来是蒙古大军克敌制胜的法宝,他和哲别商量一番后决定采取诱敌深入的决策。在这之前,他们得到了敌人的情报。基辅罗斯兵团:弓箭手来自波洛维赤公国,步兵来自加利西亚,重装骑兵来自俄罗斯。由于俄罗斯兵团缺乏统一的指挥,因此整个兵团显得乱糟糟的。

哲别先出马了,率领5000士兵和俄罗斯兵团保持着不远不近的距离。只要对方的骑兵掉队了,他就会停住,等他们一会儿,攻打一次,然后迅速逃跑。此时速不台则率领主力部队撤退到顿河以西的地方,等敌人掉入陷阱。

基辅罗斯大军整整追了九天,追到了卡尔米乌斯河。蒙古人已经在河对岸等待他们了。

这个时候,穆斯提斯拉夫打算率领全军横渡卡尔米乌斯河,去河对岸与敌人作战,他大声喊道:“上帝呀,请保佑我们吧,让我杀光这些野蛮人。”

但这个时候,问题出现了,由于穆斯提斯拉夫的兵团有轻骑兵、步兵和重装骑兵。当他一下命令时,轻骑兵很自然地走在了前头,然后是重装骑兵。由于全副武装,他们的马一下河水,行走起来就累得气喘吁吁,原本最后面的步兵很快便走到了重装骑兵的前面。没有渡河的一万基辅士兵则用车辆布下防御阵形,他们正在从容不迫地布置战场。有人胸有成竹地说道:“我们就在后面看着就行,因为我大军一渡河，就会立马消灭蒙古人。”

在敌人渡河过程中，哲别和速不台就确定了作战计划。他们先派出一支精锐部队与钦察人开战。因为他们已经和钦察人交过手了，知道他们的作战实力，而且钦察人也知道蒙古人的厉害，自然也有恐惧的心理。只要消灭这群人，就能唬住整个基辅罗斯兵团。

果不其然，最先登上河岸的钦察人一见蒙古人冲了过来便一哄而散。速不台立即用自己的重骑兵对付敌人的轻骑兵，用自己的轻骑兵对付敌人的步兵，至于敌人的重装骑兵，他则留给了自己的弓箭手。在这种策略下，敌人很快就溃败了。速不台立马把所有的兵力集中在一起，将基辅罗斯兵团逼回到河里，一直把他们逼回到河对岸。登上岸后，蒙古大军便与敌人展开了肉搏战。

这个时候，那支用车辆摆出防御阵形的基辅罗斯部队则派上了用场。侥幸活下来的俄罗斯士兵纷纷藏在大车围成的圈子里面，用弓箭和飞斧来对付蒙古军。

蒙古士兵将其团团包围住，射出火箭，点燃了他们的大车。但圆圈里的俄罗斯人丝毫不畏惧，用飞斧来对付他们。

速不台再次派出了使者，使者大喊：“放下屠刀，我饶你们一命。”

穆斯提斯拉夫不屑地回答道：“这些野蛮人一向有仇必报，这次必然是哄骗我们的，先杀了他们的使者，然后突围。”

所有人都同意了，很快他们便开始突围了，以自己的身体作为盾牌。在无数人的努力下，穆斯提斯拉夫成功地逃跑了，一万多士兵全部都倒下了。

在这场战争中，哲别和速不台抓获了至少六名基辅罗斯王公和 70 名贵族，最后将他们全部处死。八万人的基辅罗斯兵团活下来不到 8000 人，而蒙古军几乎没有遭受损失。

在基辅罗斯兵团溃败之后，速不台和哲别在基辅罗斯南部如入无人之境。但是，他俩清醒地意识到，仅仅三万蒙古大军是征服不了基辅罗斯的。他们在俄罗斯边疆武力侦察一番后就北上了，然后从南俄罗斯草原上消失得无影无踪。俄罗斯的各个公国的一把手又开始争吵。他们认为蒙古大军这一走便不再回来了。

哲别是确定回不来了，1224 年春天，成吉思汗下达了让哲别和速不台返回蒙古草原的命令，两人便带着数不清的战利品一路飞奔。在途中，骑在马上的哲别突然两眼昏花，四肢无力，从马上栽了下来，昏迷了过去。速不台冲过来将他扶了起来，命令大军停止前进，他鼓励哲别道：“你是一个永远不会倒下的英雄。”

哲别迷迷糊糊地昏睡了一夜，到了次日早晨才苏醒过来。他张了张嘴，但努力了半天也没说出话来。速不台关切地问他想说什么。他指了指他腰间的弯刀。

速不台赶紧将他的弯刀取了下来，递给了他。哲别费劲地将其接了过来，却怎么也举不起那把刀。他突然喊了一声："我太……累了！"刀掉落在地，缓慢地闭上了双眼。

哲别——这位成吉思汗最忠心耿耿的臣子、最勇敢的神箭手、战功卓著的将军，征战一生，终年只有50岁。

几天后，速不台率领大军赶到了成吉思汗的营地。一见到哲别的遗体，成吉思汗悲痛得不能自已。他抚摩着哲别的遗体，泪流满面。哲别是在西征的过程中献出了自己最宝贵的生命的，因此成吉思汗决定把他安葬在西征的路上。

经过这场战争，成吉思汗的蒙古帝国版图进一步扩大。他把钦察人的领地、玉龙杰赤以及呼罗珊地区分给了大儿子术赤，将西辽分给了察合台，将新疆天山以北、西到伊犁河流域的地方分给了窝阔台，将蒙古本部、克烈部、乃蛮部故地则分给了拖雷。

得到这些分封土地后，察合台、窝阔台以及拖雷都笑容满面，而此时的术赤还在钦察草原。当成吉思汗招他回蒙古草原时，他回复说自己生病，暂时不能回去。术赤因为水土不服，还真的生病，但关于他的谣言却从来没有间断过。

有人告诉成吉思汗，术赤根本没有生病，每天都在畅饮美酒；有人说他正在收容被蒙古军击败的各国的残余势力，以图壮大自己的实力；有人说他准备谋杀成吉思汗，自己称王称霸。为了这个事情，成吉思汗还接见了一位从钦察草原回来的蒙古官员。

"术赤生病了吗？"成吉思汗问道。

"没有哇，我走之前，术赤还举行了几次声势浩荡的狩猎大会。"蒙古官员说道，蒙古人的猎狩大会就是军事训练，每次有大战来临必然频繁举行。

成吉思汗听后勃然大怒，但很快又平静了下来，他把耶律楚材叫了过来，说道："我要出征钦察草原。"

耶律楚材目瞪口呆，成吉思汗对他说道："术赤要造反。"

耶律楚材自然不相信。成吉思汗叫来了自己的三个儿子，问道："术赤要造反。这件事情你们知道吗？"

窝阔台和拖雷沉默不语，察合台愤怒地说道："父汗，让我去讨伐他，我要杀了他。"

窝阔台拽了一下察合台的衣角，一直在给他使眼色，而拖雷则一脸愤怒地看着察合台。成吉思汗见此立马清醒了过来，叹息了一下，说道："我想想再说。"

在想好之前，成吉思汗接到了一封加急的文书：术赤病逝了。在一片哭泣声中，成吉思汗木然呆立，一种无法言喻的悲伤涌上心头。他一直怀疑儿子装病是为了谋权篡位，现在所有的谣言都不攻自破，他长长地叹息了一声，流下了伤心的泪水。

各个击破，大破西夏军

成吉思汗攻下花剌子模国后决定攻打“叛徒”——西夏国。他决定对西夏军进行各个击破，自己率领东路军进入西夏国，而速不台则率领西路军，迂回向西夏兵力薄弱的西部推进。蒙古军先后攻下了沙州城、灵都、兴庆府、积石州等。至此，西夏国灭亡。

1225 年，成吉思汗结束了持续了七年的远征，回到了令他魂牵梦萦的蒙古草原。这位伟大的世界征服者，圆满地完成了自己的征战目标。

回到大本营的第二天，成吉思汗来到了不儿罕山上。虽然他是那么地熟悉这里的一草一木，但是他觉得心里空落落的。他徘徊，但始终没有找到母亲诃额仑的坟墓。这里的山林已经蔓延开来，彻底地将诃额仑融入了它的怀抱之中。成吉思汗跪了下来，对着不儿罕山跪拜，然后向长生天祈祷，要消灭所有与蒙古国对着干的人，请长生天赋予他力量。

在蒙古草原上休息了一段时间后，成吉思汗便把目标对准了那个跳梁小丑——西夏国。在他准备与花剌子模国开战时曾向西夏借兵，而西夏那种冷嘲热讽的态度一直让他耿耿于怀。一直在蚕食金国的木华黎于 1223 年 3 月病逝，其子孛鲁继承了他的官位，继续蚕食金国，成吉思汗准备动身去花剌子模国时便命令孛鲁征伐西夏。

1224 年 7 月，孛鲁和大将刘黑马率领蒙古大军对西夏发动了突然袭击，占领了西夏的银州，屠杀了几万人。此时西夏的皇帝是李德旺，也就是李遵顼的儿子，同样是一个庸君，在目空一切的大臣阿沙敢不的辅佐下是做一天活尚撞一天钟。面对蒙古军的再次进攻，李德旺只好再次求和，并同意派自己的儿子为人质，孛鲁才答应退兵。

很快，孛鲁又率领蒙古大军讨伐金国。金国的新皇帝完颜守绪凭借着黄河天险，边抵抗边派出使者去西域向成吉思汗求和。

当时成吉思汗正打算从呼罗珊地区撤退，他说：“当初我跟你们的皇帝说可以在黄河以南的地盘称王，把黄河以北的土地让给我，但他不答应。现在木华黎凭借实力将黄河以北的地方占领了，你们是在无可奈何的情况下才求和的，一点诚意都没有。我当然要继续攻打你们，直到占领黄河以南的地方为止。”

金国使者继续软磨硬泡，苦苦哀求，成吉思汗见此说道：“考虑你们不远千里而来，我再让让步，把你们陕西的地盘让给我。”

显而易见，金国使者没有这个权力，他继续苦苦哀求。最后，成吉思汗又作出了有限的让步，主要原因是因为西夏正在谋求与金国联盟。

金国将这件事情敲锣打鼓地昭告了天下，如此一来，成吉思汗知道西夏彻底背叛了蒙古国。西夏人没有金国人那般狡猾，他们对待蒙古军的态度便是：蒙古人一攻打他们就投降，蒙古人一撤兵他们就叛变。

成吉思汗想讨伐西夏还有一个更为重要的原因，那就是当时孛鲁正在全力攻打金国，想完全吞并它，这就要求蒙古人要完全控制与西夏接壤的金国地区，如果蒙古人在与金国接壤的西夏站不稳脚跟的话，蒙古人想要占领潼关等地就难于上青天。

为此，成吉思汗苦思冥想，终于想出了一个借口，那就是在孛鲁从西夏退兵的时候，西夏国皇帝曾答应送儿子过来当人质，但他并没有做到。

成吉思汗吞并花剌子模国后实力更为强大，在休整一段时间后，1226 年春天，成吉思汗召开了军事会议，向所有蒙古士兵宣布：“西夏背信弃约，与金国签订盟约，准备联合金国来攻打我们，我们应该给他们致命一击，让他们永生难忘。”

誓师大会后，成吉思汗立马率领八万多蒙古大军踏上了征途。几天后，浩浩荡荡的大军来到伊金霍洛（鄂尔多斯）草原。这里山清水秀、风光旖旎。成吉思汗很快便陶醉其中，说道：“梅花幼鹿栖息之所，戴胜鸟儿孵化之乡，衰亡之朝复兴之地，白发吾翁安息之邦。”他认为这里是极好的安息之地，没有料到的是，竟然一语成谶，他这一去后就再也没有回到蒙古草原。

当蒙古大军从贺兰山翻过时，山上草木郁郁葱葱，一群群的野驴、野鹿、野马从他们眼前匆匆而过。一向喜欢打猎的成吉思汗见此立马下令大军停止前进，准备进入森林中围猎。

随行的窝阔台立马劝道：“父汗，贺兰山树木茂密，渺无人迹，哪怕是猎户，都很少进入。父汗还是谨慎一点为好。”

耶律楚材也劝说道：“三王爷说得对，贺兰山是一座原始森林，里面会产生瘴气，这种气体对人体有毒。大汗年岁已高，还是不要进去吧。”

博尔术也说：“我的大汗啊，在一个陌生的地方狩猎，这与我们蒙古人狩猎习惯不相符。长春真人也多次劝我们要少打猎来养性，如果大汗想过过瘾，就守在山坡路口，让侍卫们把野兽赶出来。”

成吉思汗一声不吭，算是答应了。于是，博尔术让侍卫分成几路进入森林深处。成吉思汗则骑着马朝一处山坡奔去，那边有一条小路，是野兽踩出来的。

很快，侍卫们将一群野驴轰了出来，它们来到成吉思汗的马前，准备奔向山下，见成吉思汗拦在路中间，就赶紧停止了。但后面的野驴还在往外涌，挤在了一起，发出了响彻山谷的嘶鸣声。成吉思汗的坐骑受了惊，马首突然昂起，前蹄悬空而立，紧接着，便奋起四蹄，乱跳乱蹶。成吉思汗一时没有控制住，被重重地摔在了地上。他躺在地上痛苦地呻吟着，几个侍从见状立马冲了过来，将他抬到了临时的帐篷里面。

窝阔台下令停止狩猎，就地安营扎寨。

次日早晨，也遂皇后将成吉思汗的亲信召集过来，告诉他们关于成吉思汗的伤情，也遂皇后说道：“昨天夜里大汗神志错乱，高烧不退，浑身疼痛。现在该怎么办呢？大家商量一下吧。”

大将脱仑扯儿立马说道：“西夏人有固定的住所，不管我们攻打它还是不攻打它，它都在那里。要不我们把攻打西夏的事情向后推一推，先回蒙古草原，等大汗养好伤再说。”

大家都认为这个主意不错，但成吉思汗坚决拒绝。他毅然决然地说道：“西夏人知道我们兴师动众而来，如果我们现在撤兵，他们便会认为我们害怕了，不敢与他们交战，以后就更加猖狂了，那时我们再去征服他们就要付出更大的代价。”

博尔术说：“不撤兵也可以，我们可以先派使者去劝降，如果他们同意投降就撤军，不同意就再征伐。”

耶律楚材说：“不管是前进还是后退，我军必须要在气势上压倒西夏。既然派使者前去，我们要先造势，这样才能在谈判上占据更多的优势。”

窝阔台说道：“大家的意见都有道理，父汗先在这里养伤，等待使者的归来，我们也要做攻打和撤退两手准备。”

成吉思汗点点头，说道：“那好，我们就在这里等李德旺的消息吧。”

成吉思汗于是派几个使者前去西夏与李德旺谈判。在谈判过程中，为了造势，使者语气强硬地说：“你曾经说过要做我们的右手，可是当我出兵攻打花剌子模国，让你出兵支援，你非但不出兵，还讥讽我们大汗不配称汗。那时我们要攻打花剌子模国，没时间收拾你。现在我们西征凯旋，找你算账来了。说，你为何要讽刺我？”

李德旺一看，这哪里是谈判，分明是兴师问罪来了，但那是他父皇的事情，他心惊胆战地说道："当时表态的是大臣阿沙敢不，并不代表父皇的态度，还请成吉思汗不要误会。"

事实也是如此，在西夏，相国阿沙敢不长期专权，掌控朝政，他所说的话比西夏国王更有权威、更有分量。

阿沙敢不见李德旺如此懦弱，十分生气，他开门见山地说道："那些话是我阿沙敢不说的，我现在还是那个态度，回去告诉你们那个什么成吉思汗，有本事就放马过来，老子等着你们。要打仗的话，就到贺兰山，我在那里有营地；想要抢财产的话，就来中兴府，但抢不抢得走，就看你们的造化了。"

得到阿沙敢不的答复后，成吉思汗火冒三丈，说道："我就是死，也要吞了西夏。"这次攻打西夏与前几次过程相同，只是结果不同。这次战争后，这个世界上再也没有了西夏国。

1226 年 2 月，成吉思汗亲自率领东路军进入西夏国，而速不台则率领西路军，迂回向西夏兵力薄弱的西部推进。

因为成吉思汗身体始终没有恢复，因此东路军行军速度一直很慢。

而速不台率领四万大军，马不停蹄，一个月后便抵达了沙州城。沙州城由石头堆砌而成，十分坚固。来到城墙下，速不台先展开骂战。沙洲守将杰里不脱来到城墙上方，对速不台冷笑道："有本事你放马过来，我已经为你备好了美酒佳肴。"

速不台不想和他废话，于是将部队分成几个梯队来进攻，但攻打了一天也无济于事。部将忽都铁穆儿说道："沙州城虽然坚固，但这地带都是沙地，我们不如挖地道进去。"

说干就干，当天晚上，速不台派出一部分士兵与沙州守军对峙，一部分士兵开始挖地道。连续挖了三夜，蒙古军就挖出了十多条地道。

当天夜里，成吉思汗派出了 9000 勇士从地道里钻了进去，悄悄地来到了城内，一场肉搏战就这样开始了。由于蒙古兵在人数上占据了绝对的优势，很快就包围住了敌人。速不台趁乱活捉了沙州守将杰里不脱，沙州由此沦陷。

而东路军先占领了西夏的边城额济纳，西凉府的搠罗、河罗等县，黄河九渡、迎里等县，甘州，灵州。此时的成吉思汗正在浑垂山避暑，当各地的捷报不断传来时，他开心极了。唯一不开心的是，他的身体状况不太好，自从上次坠马后，身体始终不能痊愈。

1226 年末，蒙古大军东路军和西路军在灵都会合。这里距离西夏国的都城只有 60 里。速不台作为统帅，与阿沙敢不的军队对峙。蒙古军采用诈降计谋重挫了西夏军，逼得阿沙敢不使出了撒手锏——他的骆驼装甲军。速不台用铁车阵来阻挡西夏的骆驼队，派蒙古的轻骑对付西夏的中军。经过一阵拼杀，西夏军大败。阿沙敢不率领残余部队躲进了贺兰山之中。

西夏军的主力一部分被蒙古军歼灭，一部分逃进了山中，导致都城的防御如同虚设。西夏朝廷上下陷入了一片恐慌之中，君臣都手足无措，太上皇李遵顼开始埋怨李德旺："你不知道蒙古人的屁股摸不得吗？为何偏偏要去招惹他们呢？我看你接下来怎么办？"

李德旺嘟囔道："西夏是从你那里开始衰败的，怎么怪起我来啦？那个无法无天的阿沙敢不不是你提拔的？要不是他去招惹蒙古人，我们也不会遭遇这么大的危机。"

"对于蒙古人，要软硬兼施。打得赢就打，打不赢就逃跑，你看金国人就比我们聪明得多。"

"现在说这些也没用了，阿沙敢不也逃了，把乱摊子都扔给了我们，我们还是想想怎么保命吧。"李德旺说道。

李德旺想要活命，但经受不住蒙古军的威胁、逼迫，很快就一命归西了。他的侄子李睍被扶上了岌岌可危的王位，他是西夏的末代君王，职责便是做亡国之君。

在西夏最后的日子里，太师嵬名令公掌握朝中大权。李睍将朝中所有的事情都交给了他。

嵬名令公说："成吉思汗这次来就是要灭亡西夏，阿沙敢不虽然被打败，但精神可嘉。如果我们将他的人马召集回来，再从各地召集一些兵马，也许能够度过这次危机。"

等嵬名令公一说完，君臣纷纷为他鼓掌，表示赞成。

在嵬名令公的努力下，西夏从民间招到了八万多名士兵。嵬名令公的计划与阿沙敢不最初的计划相同，就是与蒙古军在贺兰山下对决。

此时的阿沙敢不带着几万残兵败将躲进了山林中，过着又冷又饿的日子，每天都流着悔恨的泪水。他曾请求朝廷支援，但一连几天都没有回音，此后便陷入了深深的绝望之中，几次都想一死了之，但都被部将拦了下来。到了后来，他听说嵬名令公准备与他合兵，信心大涨，准备杀下山，突出蒙古军的重围。

成吉思汗虚弱不堪地熬过了这个冬天，当听说西夏的情况后，他决定让速不台攻打兴庆府和围剿阿沙敢不。他自己则率领另外一部分士兵横渡黄河攻打积石州，将西夏兵的退路切断，同时命令此时还在金国作战的孛鲁前来支援。

速不台对兴庆府和阿沙敢不采取了围而不打的策略，在一个部将的建议下，他摸清阿沙敢不所占领的山头后立马放火烧山。阿沙敢不不想成为烤肉，于是乔装成士兵混在西夏军中准备逃走，但还是被蒙古军捉住了。速不台除了留下几千人作签军外，处死了剩下的西夏军。

这边的成吉思汗带着窝阔台和拖雷率领中军主力顺着黄河北上，去攻打嵬名令公的兵马。成吉思汗的主力于 2 月初横渡黄河，遇到了嵬名令公的先锋部队，双方在黄河两岸展开激烈的战斗。此时河面上还有冰，不适合骑兵作战，因此双方只能先使用弓箭，然后步兵上阵进行白刃战。顿时黄河水一片殷红。

这种消耗战使双方都遭受了巨大的损失，如果一直这样下去的话，等嵬名令公的主力一到，蒙古军就会损失惨重。成吉思汗再次急中生智，让拖雷迂回绕过河去，从敌人后方偷袭，全歼嵬名令公一万多人的前锋部队。

等嵬名令公的主力一到，他们不得不接受眼前的事实，立马作出了退守积石州这个决定。

正所谓“英雄所见略同”，这里也是成吉思汗想要争夺的地盘。他立马派蒙古轻骑部队快速冲击嵬名令公的主力，将其冲成几个部分，然后一个部分一个部分地消灭。在这场混战中，嵬名令公被杀，他的数万士兵大部分和他有着相同的命运，剩下的一部分士兵则逃到兴庆府或者积石州。

嵬名令公一死，成吉思汗攻打西夏就易如反掌了。他分析了一下，决定先攻打西夏的都城兴庆府，都城一破，积石州便不攻自破。

1227 年 3 月，成吉思汗调回中军主力，开始攻打兴庆府。李晛现在是忐忑不安、惊慌失措，右丞相高良惠临危受命，率领不到两万的士兵不分昼夜坚守城池，最后精疲力竭而死。

此时，蒙古军对兴都城围而不打，如同一群狼遇到一头巨大的猎物，先是围困它，拖住它，等它虚弱不堪之际，给予最致命一击。等大局已定，成吉思汗便留下拖雷来攻打兴庆府，自己则率领主力向积石州推进。

很快，时间到了 5 月，天气转暖，黄河河面上的冰已经融化，影响了行军的路线。成吉思汗只好率领士兵顺着金国的边境行走，攻下了金国的临洮城。

成吉思汗拿下临洮城后便让窝阔台去攻打西宁州。这次成吉思汗没有亲自参与，他身体上的疼痛越来越厉害了。在众多部将的建议下，他准备去六盘山休养。临走时，他嘱咐了窝阔台该如何攻打西宁后才依依不舍地离开，如同要永远离开战场一般。

积石州凭借黄河之天险，易守难攻，当窝阔台带领士兵抵达积石州时已经是炎热的夏季。夏季雨水多，黄河水泛滥开来，泥沙俱下，一个个巨大的漩涡翻滚着，窝阔台见此愁坏了，因为蒙古军不习水性。

“几万士兵要渡河，光依靠我们手工制作的牛皮筏是行不通的，你们有好的主意吗？”窝阔台问手下部将道。

“这一带既没有河桥，也没有渡船，一般情况下是伐木为舟。”察罕说道。

“木舟不适合这里，这里水流太过湍急，如果没有绳索牵引，很容易被冲走。”昔里钤部说道。

“只要岸上有绳子牵引，流水再湍急，也不怕被冲走，是吗？”耶律楚材问道。

察罕和昔里钤部点了点头。

“那这根绳子需要多长呢？多粗呢？我们怎样去对岸将其拴好呢？”

“我们可以去下游水流缓慢的地方，用几只牛皮筏渡河，再翻越对岸的悬崖，将绳子拴在对岸。但是，在翻越悬崖时一定要小心谨慎。”

“那我们还是试试吧。既然困难摆在了眼前，就要去克服它。我们先去多准备一些绳索，一次就能多牵引几只木筏过河了。”

窝阔台立马传令下去，让人准备了十多根粗大的绳索，并找到几个猎户出身的士兵，让他们来完成爬过悬崖、将绳子固定在对岸的任务。同时，他下达了伐木造舟的命令。

几天后，几百只木舟便准备好了。5月中旬，窝阔台下达了攻打积石州的命令。在清晨时分，蒙古军凭借木筏顺利渡过浪涛滚滚的黄河，冲向了积石州，对其发动了猛烈的进攻。到了晚上，蒙古军便攻下了西夏这个军事要地。至此，西夏已经名存实亡。

这时，孛鲁率领蒙古军也抵达这里，两军一会合，继续蚕食金国，先后占领了金国的洮州、河州、德顺等地。

1227年6月，西夏末主李晛在山穷水尽的情况下请求献礼求和，但成吉思汗没有饶了他。

1227年7月初，成吉思汗拖着已经被病痛折磨得虚弱不堪的身体来到了清水县。他形容枯槁地坐在了帐篷里，听到李晛已经被处决的消息后也只是点了点头。当时正值夏暑季节，部将们都热得难以忍受，而成吉思汗却蜷缩在厚厚的羊皮袄内。

在弥留之际，成吉思汗首先安排了继承人，对窝阔台和拖雷说道：“窝阔台继承我的汗位，拖雷继承我的产业，你们俩都不能违背我的遗命。另外，你们俩要齐心协力，不要让察合台生叛乱之心。”

窝阔台和拖雷流下了伤心的泪水，成吉思汗努力地摆了摆手，说道：“不要哭，我还没死。”

次日，成吉思汗被人抬到了山清水秀的西江河畔，看到清澈的河水不断流向东方，一阵伤感之情涌上了心头。他费劲地抬了抬头，对窝阔台和拖雷说道：“金人与我们有世仇，一定要灭了他们。”这是成吉思汗的第二个遗愿。

成吉思汗的计划是：金精兵在潼关，南据连山，北限大河，难以速破。如假道于宋，宋、金世仇，必能许我，则下兵唐、邓，直捣大梁。金急，必征兵潼关。然以数万之众，千里赴援，人马疲惫，虽至弗能战，破之必矣。

七年后，窝阔台依照这个战略方针吞并了金国。但与成吉思汗的计划稍稍有些不同，那就是南宋并没有主动借路，而是蒙古军用武力向南宋借路。

第三个遗愿便是秘不发丧。成吉思汗对儿子们和亲信说道：“在我死后，你们不要为我发丧，以求彻底剿除西夏的残余势力。”

这时，围在成吉思汗身边的人都痛哭流涕，他说道：“哭吧，该哭了。”

1227 年 8 月 25 日，一代天骄成吉思汗留下了庞大的帝国版图后离开了这个世界。

成吉思汗从起病到去世的时间十分短暂，最终魂归何处也是一个谜。成吉思汗既是一名伟大的军事家，也是一名优秀的政治家。在 20 世纪以前，很少有人能够与之相媲美，作为一代天骄的他，为子孙后代留下了丰富而弥足珍贵的遗产。